鴻圖之下臥龍世代

究竟諸葛亮

劉路 著

引言

你可能認識了一個假的諸葛亮！

說起中國古人，諸葛亮的知名度肯定排在前三。就算不認識字的人，都可能聽過諸葛亮的大名。不過，受到小說《三國演義》、相關影視劇和民間傳說影響，你可能認識了一個假的諸葛亮。不信？接著往下看。

你眼中的諸葛亮，小時候聰明淘氣，甚至有傳言說他大鬧學堂，其實他自幼父母雙亡，顛沛流離，放在電視劇裡都活不過三集。你眼中的諸葛亮可能是個書生，或者是個文弱卻聰明絕頂的軍師，其實他是個身高一百九十公分的標準山東大漢……你可能聽過諸葛亮家族那個嘆為觀止的關係圖（見下頁圖表）。

然而沒有什麼用，這只是一群塑膠親戚，一開始沒有一個看得上諸葛家族。你可能會說：「諸葛亮上知天文、下知地理，這個總沒錯吧？」其實他真的只是「略懂、略懂」。

《三國演義》裡，諸葛亮新官上任三把火——火燒博望坡、火燒新野、火燒赤壁，江湖人稱「村夫火燒」，其實他一出山就給劉備出了個餿主意……

諸葛亮與劉備本來是「君臣魚水」，不過他倆也鬧了好幾年彆扭，相當不愉快。白帝城託孤到底

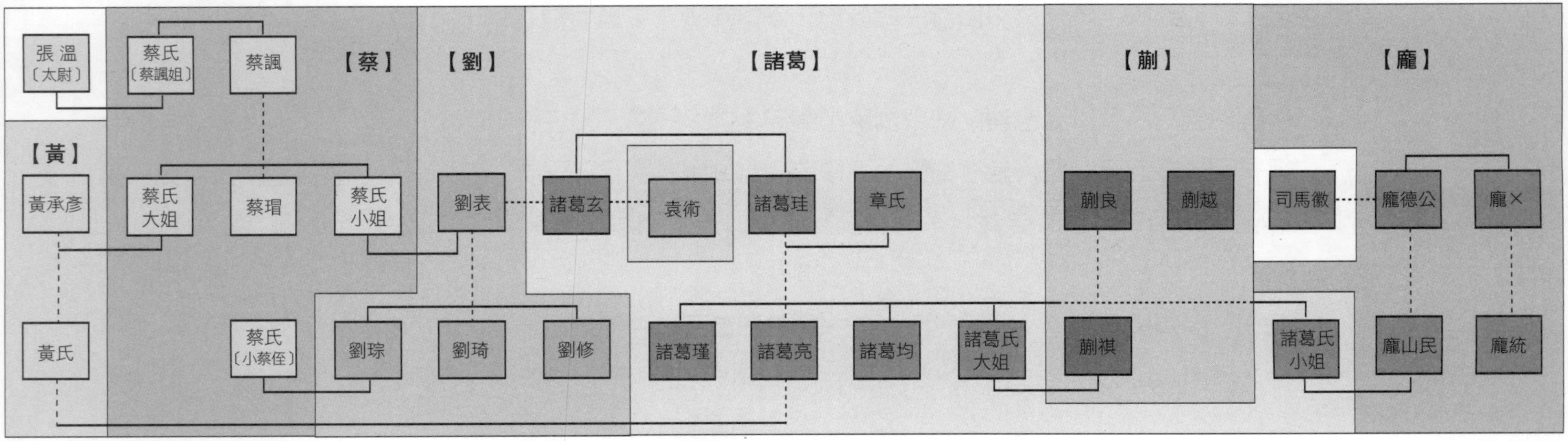
張溫〔太尉〕
蔡氏〔蔡諷姐〕
蔡諷
【蔡】
【劉】
【諸葛】
【蒯】
【龐】
【黃】
黃承彥
蔡氏大姐
蔡瑁
蔡氏小姐
劉表
諸葛玄
袁術
諸葛珪
章氏
蒯良
蒯越
司馬徽
龐德公
龐×
黃氏
蔡氏〔小蔡侄〕
劉琮
劉琦
劉修
諸葛瑾
諸葛亮
諸葛均
諸葛氏大姐
蒯祺
諸葛氏小姐
龐山民
龐統

諸葛家族關係圖

是君臣相知，還是陰謀詭計？有人說諸葛亮是大忠似奸，也有人說他排除異己、不擇手段。

過去總說諸葛亮「算無遺策，用兵如神」，其實一出祁山，他慌得一塌糊塗，打得亂七八糟。

現在有人抓著「應變將略，非其所長」這句不放，然而被教做人的司馬懿、張郃、郭淮表示：「非也，非也。」

有人說諸葛亮不懂管理，不會用人，但諸葛亮時期的蜀漢政治清明，人盡其職，這是公認的。

諸葛亮身後收穫古今第一粉絲團：皇帝有晉武帝司馬炎、前秦宣昭帝苻堅、唐太宗李世民、唐玄宗李隆基、宋孝宗趙昚、清康熙帝玄燁、清乾隆帝弘曆；宰輔謀臣有張華、王猛、裴度、王安石、文天祥、劉伯溫、方孝孺；名將有桓溫、李靖、岳飛、左宗棠；文人墨客有王羲之、杜甫、杜牧、蘇軾、陸游、辛棄疾、朱熹、宋濂、羅貫中、王夫之、梁啟超……

諸葛大名甚至名揚海外，日本戰國時代，輔佐豐臣秀吉的天才軍師竹中半兵衛，也被稱為「今孔明」。二〇〇五年，《週刊文春》雜誌對當代日本人最崇拜的世界一百位名人進行一次調查。中國只有諸葛亮和孔子上榜，諸葛亮排第二十八名，遠超過排在第八十七名的孔子。而其他上榜者，大多是日本人。

他年輕時屢逢不幸，父母雙亡，遭遇屠殺，顛沛流離，寄人籬下，卻成為中國歷史上最負盛名的宰相；他曾是世家大族摒棄的對象，姥姥不疼、舅舅不愛，最終卻成為士人領袖；他是個接盤俠，卻讓瀕臨崩潰的蜀漢雄霸一方；他曾經擁有巨額收入，卻一生清正廉潔，成為歷代官員公開財產第一人；他的政敵佩服他，他的死對頭尊敬他，所有反對他的人都在說他好。

在堅守中堅持，在逆境中逆襲，這才是真正的諸葛亮！

目次

第六章 內修政理

第七章 無雙國士

第一章 隆中臥龍

一、在死亡陰影中掙扎

連遭不幸，諸葛亮人生的最初十七年就是個折翼天使。

說起諸葛亮小時候，可能很多人腦海裡都是一片空白。他就和石頭蹦出來的孫猴子一樣，無父無母。可能你的印象中，知道有諸葛亮這號人物時，就是被劉備三顧茅廬，接著去火燒赤壁。但諸葛亮是個人，不是猴子，有自己的小時候。民間流傳著許多他小時候的故事，例如筆者上小學時，看過一本書，裡面講了許多名人的故事，其中就有諸葛亮，說他小時候很聰明，特別調皮，七、八歲上學，把老師司馬徽整得叫苦連天，完全就是一個熊孩子。後來被司馬徽治了一次，再加上司馬徽悉心教導，才把聰明用到正途上，成為人才。

那時候，我對這個故事深信不疑，長大才發現這不是瞎扯嗎？諸葛亮小時候不但沒有這麼大的主角光環，甚至可以說過得太慘了。放到電視劇裡，可能都活不過三集。

人這一生往往會遇到很多坎，跨過去了，前途一片光明；跨不過去，就做什麼都不順。

諸葛亮在人生最初的十七年裡，一直有道跨不過的坎。而且這道坎是環境強加給他的，他一點辦法都沒有。他的童年和青年經歷了三大不幸，用今天的話說，他就是個折翼天使，而且還一連折了三次，是個標準的「倒楣孩子」。

少年時代，父母雙亡

諸葛亮的第一個不幸是幼失恃怙，他很小的時候，父母雙亡。諸葛亮本來有個不錯的家庭，他是標準的山東大漢，老家是東漢的徐州琅邪郡陽都縣（今山東省沂南縣）。據說他們家祖上本來姓葛，叫葛嬰，是秦末農民起義領袖陳勝的大將。葛嬰的孫子後來在西漢被封為諸縣侯，就把姓改成諸葛。（見《三國志‧吳書‧諸葛瑾傳》裴注引《風俗通義》）

還有一種說法，也說諸葛家祖上姓葛，最早住在諸縣，後來搬去陽都，恰好當地有一個家族姓葛，為了區別，原來住在諸縣的葛氏家族就改姓諸葛。（見《三國志‧吳書‧諸葛瑾傳》裴注引《吳書》）不管哪種說法，都說諸葛亮家以前姓葛，要不是半路改姓，可能今天知道的就不是諸葛亮，而是葛亮了。

西漢漢元帝時，諸葛家出了個大官，叫諸葛豐。他當過司隸校尉，相當於今天的監察院院長兼首都的監察長官。

這麼一聽，你會說原來諸葛亮是官宦子弟啊！其實這個官宦子弟還真沒什麼好吹的，因為諸葛豐的時代距諸葛亮出生早了二百多年，就好比說你們家祖上在清朝乾隆年間當過都察院的左都御史，當過六部尚書。可以拿出來說嘴，但不能當飯吃。

諸葛豐為人耿直，執法公正嚴明，到處懲治貪官，搞得「官不聊生」，結果被皇帝撤銷職務，打發回家。此後的二百多年裡，諸葛家再沒出過一個拿得出手的人物。

直到諸葛亮的父親諸葛珪，才終於做到泰山郡丞。漢代的郡是管縣，郡丞是郡裡的二把手，僅次於一把手太守。這不是地方政府招的公務員（即「吏」），而是朝廷正式任命的官員（即「官」）。

雖然郡丞是二把手，但依照東漢官場的慣例，郡丞一般不太受郡太守重用和信任，手中權力有限。不過郡丞的工資（月俸）、年終獎金（臘賜）加在一起，一年差不多十萬錢。（月俸根據《續漢志·百官志五》折算，臘賜根據《後漢書·何敞傳》注引《漢官儀》折算。郡丞為六百石官員，無春賜。）此外，諸葛珪應該還有一些土地田租。漢朝根據家庭的財產情況，把各家庭分成「大家」、「中家」、「小家」。諸葛珪算是「中家」，就是今天的中產階級。

但問題是，這個家庭裡人太多。諸葛珪有個老婆叫章氏（諸葛亮母親的姓氏，見清人張澍《諸葛忠武侯文集》之〈故事·諸葛篇〉引《諸葛氏譜》），他們生了三個兒子，分別是諸葛瑾、諸葛亮、諸葛均三兄弟，還有兩個閨女。也就是說，一家七口七張嘴，就吃諸葛珪這十萬錢，一家子餓不著、凍不死，過得緊巴巴，絕對談不上富裕。

當然不管怎麼說，諸葛家還是比一般老百姓強一些。按說諸葛亮的童年應該挺幸福的，有人疼、有人愛，不愁吃、不愁穿，年齡到了就上學，該做官時就做官，和現在普通的孩子一樣，上完幼兒園上小學、國中、高中，接著考上大學，畢業找工作。

可是諸葛亮不是普通孩子，不是說他聰明，而是老天爺不讓他過得那麼幸福。諸葛亮三、四歲時，母親章氏突然去世。古人提到年齡都是用虛歲，按今天的演算法，諸葛亮就兩、三歲，可能學會叫「媽」才一、兩年，剛記住母親的樣子，突然親媽就沒了。

俗話說：「沒媽的孩子像根草。」諸葛亮這麼小就缺乏母愛成了草。諸葛珪一看這孩子太可憐了，快替孩子們找個後媽吧。於是，諸葛珪就續弦了。但沒兩年，諸葛珪去世，這時諸葛亮才八歲。（父母去世時，諸葛亮的年齡見清人張澍《諸葛忠武侯文集》之〈故事．諸葛篇〉引《諸葛氏譜》。原記載有誤，王瑞功做了修正。）

現代心理學發現，對兒童來說，如果父母缺位，他在心理上很難建立安全感。就是說，他會一直覺得自己很不安全，惶惶不可終日。而且一般兒童要到十歲才逐漸懂得死亡，如果在這之前，非常親近的人，特別是父母去世了，對他的影響極大。父母離他而去，死亡隨時降臨，讓童年時的諸葛亮一直生活在「死亡焦慮」中，沒有安全感。「諸葛一生唯謹慎」，他後來小心謹慎的辦事風格，和這個童年陰影有很大關係。

這是諸葛亮的第一個不幸。

徐州屠殺，死裡逃生

諸葛珪夫婦去世後，諸葛一家的三兄弟，最大的諸葛瑾十五歲，最小的諸葛均僅五、六歲，諸葛亮八歲，他還有兩個姊姊，以及一個和諸葛家半生不熟的後媽，日子過起來就比較尷尬了。更尷尬的是，諸葛珪一死，誰養活他們呢？

幸好，諸葛珪有個弟弟叫諸葛玄。史書上沒說諸葛玄有沒有成家，反正不管他是不是光棍，做為諸葛珪的弟弟，諸葛玄二話不說，就把這一家人都接過來，從此諸葛亮一家就跟著諸葛玄過日子。

叔叔和後媽雖說不能和親生父母比，但好歹日子還能過下去。可是接下來，諸葛亮一生的宿敵來到了徐州，直接搞得諸葛亮的日子徹底過不下去了。從此，諸葛亮恨他一直恨到自己去世。

這個人，就是曹操。

有人會說這時諸葛亮還是個小孩子，和曹操八竿子打不著，怎麼恨上曹操了呢？

這事還要從東漢王朝的局勢說起。

諸葛亮出生時，東漢王朝已經行將就木。諸葛亮生於漢靈帝光和四年（一八一年），三年後，他四歲時，黃巾起義爆發。雖然很快被鎮壓下去，但有識之士都預感到天下即將大亂。

諸葛亮九歲那年，漢靈帝駕崩，隨後東漢朝廷接連發生政變和兵變，直到董卓進入東漢首都雒陽（東漢光武帝改洛陽為雒陽，曹丕稱帝後又改為洛陽），開始胡作非為；關東各路諸侯以討伐董卓為名，各自起兵，割據一方，互相打來打去。最後，漢王朝土崩瓦解，各地的軍閥、土匪、變民，今天你打我，明天我打你。當時，諸葛亮的老家陽都縣總體上還算太平，可自從和曹家扯上關係，徐州的太平日子就算到頭了。

曹操有個小妾叫卞氏，後來成為他的正妻，曹丕、曹植、曹彰都是她生的。卞氏也是徐州人，老家在琅邪郡的郡治開陽縣。當時中原大亂，曹操的父親曹嵩跑到琅邪避難。據一些學者研究，很可能就是找親家卞氏家族。

曹嵩是什麼人呢？大宦官曹騰的養子。靠著養父的關係混官場，當上大司農（相當於財政部長）。此時漢靈帝正在公開賣官，曹嵩就準備花錢買個太尉。太尉是三公之首，是宰相。不過當時能當宰相的本來都是名門望族，出身好，品德好，學術水準高，至少表面上是這樣。

漢靈帝一看，曹嵩是個宦官養子，不學無術，什麼都不懂，當財政部長讓人跌破眼鏡，現在居然要跑來當宰相。太不像話了！曹騰和漢靈帝關係雖然還不錯，可是漢靈帝一點面子都沒給曹騰：「你一個宦官的兒子當宰相，太不像話了，這樣吧，你多出點錢！」

對，你沒看錯，漢靈帝才不管誰來當宰相。資歷不夠格？太棒了，這是大好商機！於是，漢靈帝獅子大開口。除了交錢給皇帝，曹嵩還要賄賂、打點漢靈帝身邊的宦官，全部算下來，從當大司農到當上太尉，曹嵩一共花了一億萬錢。（見《後漢書・曹騰傳》附〈曹嵩傳〉及《太平御覽》引華嶠《漢後書》）

這是什麼概念呢？把曹嵩的工資（月俸）、年終獎金（臘賜）、過節費（春賜）折算一下，一年大概三十萬錢。（春賜根據《通典》卷三五〈職官祿秩〉折算。）他還有爵位，應該還置辦田產，都能帶來一些收入。假設這些和工資水準持平，曹嵩一年的合法收入就是六十萬錢。曹嵩要賺一億萬錢，靠合法所得，得一百六十六・七萬年。

中國最早的原始人元謀人，一百七十萬年前才出現。他當官貪了多少，大家自己琢磨。當然，這個數字過於誇張，其實筆者也很懷疑。不過史書上都這麼記載，即便有誇張成分，但曹嵩是一代巨貪，卻是假不了的。

開陽縣距離諸葛亮的老家陽都縣不遠，曹嵩又是名人，他來徐州後做的那點事，諸葛亮想必也有所耳聞。就這麼一個人聽說兒子曹操發達了，趕緊捲鋪蓋去投奔曹操。當時曹嵩運了一百多輛車的金銀珠寶，這麼大動靜，誰不知道你有錢。果不其然，曹嵩半路被殺人越貨了。

這事有人記載，說是徐州牧——徐州的老大陶謙派人幹的。也有人說，陶謙本來派部將張闓護送曹嵩，拍拍曹老闆馬屁，結果拍到馬蹄子上了，張闓貪財，滅了曹嵩搶錢跑走。

砍曹嵩的真凶是誰已經不重要，因為曹操把這筆帳全算在徐州人頭上。興平元年（一九四年），曹操發兵東征，血洗徐州，進行一次慘絕人寰的大屠殺。他是打一路、殺一路，連兵帶民，殺了不少人，有的說是幾萬，有的說是十幾萬，也有說是幾十萬。總之，曹軍過處，雞犬不留。連向來在傳記裡對傳主的惡行多有避諱的陳壽，在《三國志．魏書．武帝紀》中都忍不住吐槽一句「所過多所殘戮」，可見曹操在東征徐州之時的殘暴。由於殺人太多，屍體大量堆積，把泗水都堵住了。

就這樣，曹操一路殺到郯縣。郯縣距離陽都，大約一百公里。今天走高速公路，不塞車，一小時的路程。古代騎兵要進行突襲，最慢兩、三天也殺到了。

這時的諸葛亮十四歲，放到現在就剛上國二。按照古代的規矩，諸葛亮本來應該外出遊學，拜名師，結識新同學，系統學習儒家經典。這對他學習知識，積累名望、人脈，都有極為重大的意義。比他大七歲的諸葛瑾，就曾到首都雒陽學習《毛詩》、《尚書》、《左傳》。

到了諸葛亮這裡，外面兵荒馬亂，雒陽是去不成了。這時的雒陽因為戰亂變成一片焦土，皇帝到處亂竄。雒陽去不成，別的地方還是可以去遊學。結果曹操一來，別說遊學，命都快沒了。說不定兩、三天後，全家人就得一起掉腦袋。

本來就有「死亡焦慮」的諸葛亮，不得不再次直面死亡。這是諸葛亮的第二個不幸。

顛沛流離，人肉相食

厄運還沒結束，第三個不幸接踵而來。

曹操在徐州殺人如麻，他的大後方突然出現叛亂，呂布乘虛而入，曹操只好退兵。戰爭是結束了，可是曾經安定的徐州，已經變得滿目瘡痍。恰好此時，諸葛亮的叔叔諸葛玄受到老朋友袁術的邀請，到豫章郡（今江西省南昌市）去當太守。於是，諸葛家族決定讓諸葛瑾留在陽都，侍奉繼母，同時處理家裡的不動產；諸葛亮等姊弟四人，隨諸葛玄南下。這有史料記載，諸葛亮第一次離開家鄉琅邪，而且一去就沒有回來。這一路顛沛流離，路途遙遠。

從陽都縣到豫章郡治南昌縣，足有一千公里，現在開車走高速公路，還得十二小時左右，何況是在兵荒馬亂的東漢末年。諸葛瑾當年離家去雒陽遊學，好歹路上還有模有樣，諸葛亮這一路就怵目驚心了。

首先，這一路上逃難的人很多。孫權的孫氏家族立足江東，最初依靠的就是這些逃難的人。連諸葛瑾後來也逃到江東，但這還不是最要命的。

最要命的是，諸葛亮一路要穿過袁術在淮南的轄區。他是出了名的敗家子，把淮南人整得「相食殆盡」，就是大家最後沒飯吃，到了人吃人的地步。這一千公里的路，諸葛亮就是看著人吃人走過來的。

但這僅是噩夢的開始。

諸葛一家跋山涉水，翻山越嶺，好不容易終於到了豫章，結果諸葛玄傻眼。那個年代，各路諸侯在自己的地盤裡，往往自行任免官員；與此同時，朝廷也會任命官員。當然，這個朝廷也是諸侯控制，只不過因為有個皇帝，所以還叫朝廷。至於哪個官員能夠真正上任，就看誰的腰板硬了。

諸葛玄的豫章太守是袁術私署，不是朝廷封的官。袁術讓他當豫章太守，可是袁術根本控制不了豫章。漢朝朝廷也任命一個太守，叫朱皓。一下子蹦出兩個一把手，只能火拚了。

至於怎麼火拚，史書上有兩種說法。一種是，諸葛玄和荊州牧劉表是舊識，一看打不過，乾脆辭官，帶著一家人去荊州投奔劉表，最後應該是自然死亡。（見《三國志·蜀書·諸葛亮傳》）另一種是，朱皓借兵把諸葛玄打跑了，到了建安二年（一九七年），諸葛玄被城裡造反的民眾殺掉。（見《三國志·蜀書·諸葛亮傳》裴注引《獻帝春秋》）

不管哪種說法，諸葛家族在豫章都沒站穩腳跟，而且沒過兩年，諸葛家族最後的長輩、主心骨諸葛玄也去世了。戰火中，諸葛亮又一次直面死亡，再一次死裡逃生。

這是諸葛亮的第三個不幸。

諸葛亮這個童年哪有心思去調皮搗蛋？三歲親媽沒了，八歲親爹也沒了。十四歲那年，曹操在徐州大屠殺，連諸葛亮都差點沒了。到了十七歲，好不容易有叔叔帶去當官，結果這位叔叔也沒了。他這一路看的都是逃亡、人吃人。

到這裡，諸葛亮在「死亡焦慮」中，基本走完他的未成年時代。從心理學上講，這樣的諸葛亮應該是性格特別敏感的人，而且他的未來，要嘛懦弱不堪，要嘛焦躁不安，總之前景不太樂觀。

但歷史留給我們的卻是一個信念堅定、堅忍不拔的諸葛亮，是一個寧靜致遠、冷靜沉穩的諸葛亮。

那麼，後來的諸葛亮身上，究竟發生了什麼，又是什麼讓他克服早年的心理陰影呢？

二、秒殺「學霸」的「學渣」

連背書都不過關的「學渣」，憑什麼秒殺學霸，從一千人中脫穎而出？

漢末的「西南聯大」

興平二年（一九五年），十五歲的諸葛亮來到荊州的行政中心襄陽。和其他地區戰火紛飛不同，劉表治理下的荊州非常安定祥和。諸葛玄和劉表有舊識，透過這層關係，把諸葛亮的兩個姊姊分別嫁給荊州的豪族，先幫自己找一靠山。又把諸葛亮送進荊州的州立大學，當時叫學業堂。

漢末群雄裡，劉表比較有意思。別人都在招兵買馬，打得頭破血流。劉表可好，大門一關，在荊州進行文化建設。

當時東漢的太學（國立大學），因為戰亂早就關門大吉。劉表就在襄陽城南辦了一所學業堂。一時間，全天下的學者蜂擁而至。最後，學業堂招了三百名教授（見王粲〈荊州文學記官志〉），收了一千多名學生（見〈劉鎮南碑〉），還整理好多圖書，算得上東漢時期的「西南聯大」了。

很多人可能覺得諸葛亮這麼聰明，在學業堂一定是個學霸；但讓人很失望，諸葛亮的成績非常普通。不是說他不好好學習，而是他和學霸們的想法不太一樣。

在漢代，一般士人想要做官，最基本的途徑有兩個：一個是察舉，一個是征辟。察舉，就是由公、卿、太守等中高級官員考察舉薦人才，再由朝廷出題考試，通過後授予官職。雖然察舉有不同的科目，但東漢後期愈來愈重視對儒家經義的考察，要求被舉薦的人有較高的儒學學術水準。征辟，則是由三公、地方州郡選拔人才，到自己的府中擔任吏員。雖然征辟對學術水準的直接要求不高，但被征辟的人員想要有個好前途，未來多半還是要透過察舉。所以，當時想走仕途的人都很重視儒學。

但東漢的儒學極為繁瑣，甚至到了變態的程度。例如《尚書》有個詞叫「曰若稽古」，就這四個字，有人能解釋二、三萬字；更有甚者，《尚書》有一章的標題叫〈堯典〉，有人用十多萬字解釋標題用這兩個字為什麼好（見桓譚《新論》）。如果不是儒學世家，沒有家傳學問，不是從小學這個，這種文章別說寫，一般人連讀都讀不懂。

不過，絕大多數人為了前途，還是爭著做學霸。例如諸葛亮的同學徐庶、石韜、孟建，三人把書讀得滾瓜爛熟，恨不得倒背如流。

但時代畢竟變了，東漢末年，天下大亂。諸侯要爭霸天下，更需要能做事的人才。會打仗的，會掙錢的，能管人的，能談判的，諸侯需要的是這類人。你去考證兩個字，考出一本書來，在太平時代是學術大師，在亂世卻救不了人，也救不了國。

荊州就出現另一種現象，過去儒學大師們給《詩》、《書》、《禮》、《易》、《春秋》這五部儒家經典做解釋，弄得特別繁瑣。劉表在荊州整理典籍時就帶著一幫大儒，把這些解釋全部做了簡化，只留精華，用今天的話說，就是編了《一本書讀懂五經》、《三天讀懂儒家》這一類的書。（見

《三國志・魏書・劉表傳》裴注引《英雄記》）

來荊州教書的這些教授各懷絕技，不僅有經學、禮儀、音樂、聲律、天文、法律六個專業，還包括諸子百家各種學問，什麼都講，和蔡元培時期的北大一樣，開創一種學以致用、相容並包的風氣。（見王粲〈荊州文學記官志〉）

可惜的是，當時絕大多數學生沒有察覺到這股風氣，還在悶頭讀書。

讀書「觀其大略」

社會轉型期，誰先抓住時代潮流，誰就會前途光明。諸葛亮聰明就在他馬上覺察到社會風向。他在學業堂博覽群書，道家、儒家、法家、兵家、墨家、縱橫家和史書，什麼書都看，而且只看精華。你讓他背書，他反而背不下來。史書把諸葛亮這種讀書方法，叫「觀其大略」：只看精華，不管細枝末節。（見《三國志・蜀書・諸葛亮傳》裴注引《魏略》）

諸葛亮在學業堂獲得難得的平靜，可是沒兩年，他十七歲時，諸葛玄去世了。一家之長突然去世，家裡瞬間斷了經濟來源，別說上學，吃飯都成問題。而且諸葛家的社會關係也全指望不上了，俗話說得好，人走茶涼，何況現在諸葛玄直接走到黃泉路上。

諸葛玄一死，首先發愁的是諸葛亮的兩個姊姊。諸葛玄剛到荊州，把姊妹倆嫁給荊州豪族（後面會詳細說）。經常有人說諸葛亮這麼厲害，就是因為有這兩個姊姊，或者更準確地說，有兩個豪族姊夫。

這就太高看諸葛姊妹的能量了，古代女性地位本來就不高，諸葛玄一死，諸葛氏的娘家沒人了。放在今天，有的女方因為娘家沒有特別有力的人，在婆家還會受到欺負呢。何況是在古代，不僅嫁給豪族，而且還是外地人。有一點就能說明情況：諸葛玄死後，諸葛亮就不繼續在學業堂讀書，而是跑到襄陽城外二十里的隆中種田去了。

可見，兩姊夫沒有出錢再繼續供小舅子讀書；劉表也沒有賣諸葛玄面子，沒有提供點獎學金和助學貸款，諸葛亮一切還得靠自己。

隱居隆中，養性立志

建安二年，十七歲的諸葛亮正式告別學業堂，在隆中種田隱居，這一種就是十年。這十年裡，諸葛亮都做了什麼呢？

最基本的是三件事。第一件是種地，第二件是養性，最後一件是立志。

首先最重要的當然還是種地，畢竟要先把肚子填飽，何況他還帶著弟弟諸葛均。

關於第二件事養性，諸葛亮寫過一篇〈論諸子〉，開頭第一句就是「老子長於養性」。（見《諸葛亮集》，輯自《長短經．任長》注）

把「老子」和「養性」放在最開始，可見他對道家養性的重視。道家主張清靜無為，把「靜」做為修身養性的基本原則。老子就曾說：「致虛極，守靜篤。」意思是人要讓自己的心靈保持「虛」和「靜」的狀態，一切順其自然，不要受外面環境影響。

諸葛亮在此基礎上悟到了「寧靜」的方法，他在〈誡子書〉說：「夫君子之行，靜以修身，儉以養德。非澹泊無以明志，非寧靜無以致遠。」（見《諸葛亮集》，輯自《藝文類聚》及《太平御覽》）這句話一定很熟悉，說君子的行為操守是在寧靜中提高自己的修養，用節儉來培養自己的品德。如果不能做到清靜寡欲，就無法明確樹立志向；如果不能排除環境的干擾，保持心中的寧靜，就無法達成遠大的目標。

簡單來說，就是你想要的太多，眼睛就花了，心就亂了，這個也想要，那個也想拿，最後把自己搞得很累，還什麼都沒拿到，也不知道最想要什麼。這不叫努力，叫貪得無厭、瞎折騰。這個情況其實很像三顧茅廬前，每天都很努力、幹什麼什麼不行的劉備。

「寧靜」是諸葛亮養性的方法，而養性的目的是「明志」和「致遠」，就是給自己樹立目標，有個奮鬥方向。

諸葛亮早年的三大不幸中，兩個和曹操打徐州有關，包括窩在山裡種田，也是拜曹操所賜。他親歷過戰爭的恐懼，目睹軍閥混戰給人民造成的巨大創傷，很容易產生憂慮。

由己及人，諸葛亮開始有了最初的目標。漢朝做為統一的國家時，人人安居樂業，後來諸侯混戰，天下大亂，只有讓漢朝重新統一，國家安定，人民才能擺脫這種苦難。

曹操在徐州大屠殺，製造人間慘劇；他挾天子以令諸侯，大逆不道，這樣的人控制國家，對民眾來說不是好事。要天下太平，就要興漢；要興漢，就要反曹。

興復漢室的目標，開始在青年諸葛亮心中生根發芽。

確立目標後，諸葛亮找了兩個學習榜樣。一個是管仲，另一個是樂毅，都和老家山東有些淵源。

管仲輔佐齊桓公，幫助齊桓公成為春秋時期的第一個霸主；樂毅輔佐燕昭王，帶兵打殘齊國，為燕國報仇。而且，這兩個人的身世和諸葛亮很像，生活在天下大亂的春秋戰國時期，出身沒落的官宦家庭，都有匡扶天下的宏大目標。

我們看諸葛亮後來的發展軌跡，簡直和兩人如出一轍。管仲輔佐齊桓公，是他的好友推薦；樂毅輔佐燕昭王，是燕王禮賢下士。諸葛亮出山，先由好友徐庶推薦，後有劉備三顧茅廬。管仲是政治家、外交家，被齊桓公尊為「仲父」；樂毅是軍事家。諸葛亮兼而有之，出將入相，被劉禪待若「相父」。諸葛亮的人生軌跡，從某種意義上講，就是照著管仲和樂毅的劇本走。

諸葛亮在隆中時，自比管仲和樂毅，有人覺得他在吹牛，只有他的朋友崔州平和徐庶相信。因為他們明白，諸葛亮的人生目標是要成為管仲和樂毅那樣的人，從而實現興復漢室，就是「平天下」的理想。

諸葛亮，字孔明。孔者，大也；明者，亮也。人如其名，成年的諸葛亮，開始去尋找那非比尋常的光明。

三、諸葛亮一生的轉捩點

他們是諸葛亮最重要的四個朋友，諸葛亮如何打造優質朋友圈？

勢利之交，難以經遠

諸葛亮來到荊州後，養性立志，讀書學習，提高自己的修養與知識水準，都屬於「苦練內功」。但光有內功還不行，還得有朋友。《禮記》有言：「獨學而無友，則孤陋而寡聞。」沒朋友，自己學習再好，也是沒見識的井底之蛙，只有交朋友才能開拓眼界。古人特別重視交朋友，《論語》稱君子「以友輔仁」，把交朋友做為提升自己的方法。

諸葛亮的叔叔諸葛玄非常愛交朋友，離開徐州前，諸葛玄沒有走仕途，而是把精力放在交友上。他的朋友圈裡，有兩個特別著名的大人物——袁術和劉表。

袁術，就是邀請諸葛玄當豫章太守的那位。他出身世家大族，這個家族在四代人裡出了五個宰相，有錢，有權，有勢力，有人脈。劉表是漢室宗親，也是名士，在當時名望非常高。正是這兩個人，在徐州大屠殺時，拉了諸葛家族一把。

諸葛亮八歲後，一直跟著諸葛玄生活，這方面肯定受到影響。諸葛亮來到荊州後，馬上開始交朋友。他還總結出一個交朋友的原則：「勢利之交，難以經遠。士之相知，溫不增華，寒不改葉，能貫四時而不衰，歷夷險而益固。」（〈論交〉，見《諸葛亮集》，輯自《太平御覽》引《要覽》）

用今天的話說就是，交朋友如果只是為了利益，這樣的友誼難以長久。士人交朋友，彼此之間心意相通。他們的友誼就像松柏一樣，天暖和了，不會多開花；天冷了，葉子也不會變黃。這樣的友誼，四季常青。一起同甘共苦後，他們的友誼會更加牢固。

中國人經常把朋友掛在嘴邊，但有些朋友其實是合作關係。大家坐在一起互通有無，一起發財；發不了財，一拍兩散；甚至有的朋友還產生利益衝突，鬧上法庭，這就是「勢利之交」。

諸葛亮認為這種不算真朋友，真正的朋友是知己。彼此之間，三觀基本一致，我有什麼想法，不說你也知道，心照不宣。這種朋友才是莫逆之交，才靠得住。

諸葛亮在荊州，就交了這麼四個朋友，分別是石韜、孟建、徐庶和崔州平，後來人們把這四個人稱為「諸葛四友」。

士之相知

石韜（字廣元）、孟建（字公威）和徐庶（字元直）是諸葛亮的同學，石韜和徐庶是潁川人，孟建是汝南人，這兩個地方在今河南東南部和安徽西北部，是漢末戰爭重災區，他們三人跑到荊州避難。石韜和孟建可能出身中產之家，和諸葛亮差不多；徐庶是寒素子弟，家裡不富裕。相近的出身和類似的經歷，他們四個很有共同語言。

有段日子，諸葛亮經常從早到晚抱膝坐在田間或山上長嘯。他不僅長嘯，還喜歡唱〈梁父吟〉，這是漢末在今山東地區流傳的一首民歌小調。

再解釋一下，常有人說諸葛亮寫了一首〈梁父吟〉，內容是春秋末年齊國宰相晏嬰設下計謀「二桃殺三士」的故事，甚至還有人用當代音樂替這段詞重新譜曲。

傳世的〈梁父吟〉是這麼寫的：「步出齊城門，遙望蕩陰里。里中有三墳，纍纍正相似。問是誰家墓，田疆古冶子。力能排南山，文能絕地紀。一朝被讒言，二桃殺三士。誰能為此謀，國相齊晏子。」這段內容充滿陰謀詭計，諸葛亮又喜歡唱，因而從古至今，有不少人都在揣摩諸葛亮當時到底是什麼心態。

這首傳世的〈梁父吟〉最早見於唐代的類書《藝文類聚》，可能既不是諸葛亮寫的，也不是諸葛亮吟唱的那一首。〈梁父吟〉的曲子固定，但詞卻可以隨便填。諸葛亮經常吟唱的〈梁父吟〉寫的究竟是什麼，恐怕很難得知了。

不過長嘯也好，〈梁父吟〉也罷，都是諸葛亮內心的一種表達。裡面既有思鄉之情——〈梁父吟〉是他老家的民歌；又有對家人的懷念之情；還有對社會和自己的憂慮，對壯志未酬的惆悵。

有一天，諸葛亮長嘯完了，對徐庶、石韜和孟建說：「你們幾個以後當官，能當到太守（地方市長）、刺史（省長）。」（「卿諸人仕進，可至郡守、刺史也。」見《三國志．蜀書．諸葛亮傳》裴注引《魏略》）徐庶他們就問：我們做省長，那你的官要做多大啊？諸葛亮笑而不語。很多人認為諸葛亮覺得自己能當丞相，而且他後來不是真當上了嘛。這話有一定道理，但不全面。

前文提過，諸葛亮的人生目標是做管仲、樂毅，文武雙全，出將入相，輔佐明君，匡扶天下。當然，大官還是要做，想做事不能沒有權力，但這些都是實現理想的途徑，而不是理想本身。

諸葛亮什麼都不說，但徐庶已經明白了，因為他懂諸葛亮。這就是諸葛亮說的，交朋友要「士之相知」。我要做什麼，不用說，你都知道。

第一個「暴發戶」朋友

除了徐庶，還有一個人也懂諸葛亮，就是「諸葛四友」中的崔州平。州平是他的字，關於他叫什麼名、他是誰，歷史上有爭議。有人說他是漢末以西河太守身分參加討董的崔鈞（《新唐書・宰相世系表》），但從年齡和經歷來看，似乎又不是。不過，沒有爭議的是，他的父親是以前的宰相崔烈；他的哥哥是以忠直著稱的崔均（字元平）。他的家族博陵崔氏在東漢時期是世族豪門。這個家族直到隋、唐時期仍然盛產宰相，《西廂記》裡崔鶯鶯的原型就出自博陵崔氏。崔州平是諸葛亮結交的第一個世家大族的朋友。

崔州平和徐庶懂諸葛亮，和他們的見識有關。崔州平是大族出身，起點高，站得高自然看得遠；徐庶年輕時闖蕩社會，見多識廣。這兩個人還經常提意見給諸葛亮，諸葛亮哪裡做得不好，他們兩人都直言不諱。這件事讓諸葛亮記了一輩子，後來他當丞相，還經常舉這個例子，鼓勵大家替自己挑毛病。

結交到崔州平和徐庶，諸葛亮就不再是井底之蛙。別人還在埋頭苦讀、盯著荊州學業堂這點事時，諸葛亮的眼界已經徹底打開去關注天下大局了。

徐庶背後的關係網

講到這裡，你可能會說諸葛亮的四個朋友，確實是良友、摯友。可是很多時候人交朋友，也是有期望的。遇到自己搞不定的事情，最希望的就是有朋友幫忙，最好能幫大忙。朋友坐在一起，不能整天只談理想、談人生，不談柴米油鹽醬醋茶呀！

沒錯，這一點諸葛亮也注意到了。「諸葛四友」裡還真有這麼一位，諸葛亮能夠揚名天下，一半功勞都歸他。

這個人就是交際達人徐庶。

徐庶以前叫徐福，家境很差，小時候喜歡練劍，有一副俠骨柔腸——說好聽是當大俠，說不好聽是混黑社會。諸葛亮八歲喪父時，徐庶早已混得風生水起。他幫人報仇，成了殺人犯，被逮捕後差點五馬分屍。後來被一幫小兄弟所救，從此洗心革面，拜師求學。就在這段時間，他和石韜成為朋友，一起來到荊州。

徐庶比諸葛亮大幾歲，混社會的經驗很豐富，情商非常高，到了荊州後，立刻就變成交際達人。「諸葛四友」裡，崔州平是世家大族出身，與中產階級的石韜、孟建沒什麼交集。但出身寒素的徐庶卻和這三人處得不錯。

徐庶與崔州平是鄰居，都住在檀溪（就是劉備逃脫蔡瑁追殺、檀溪躍馬的地方）水畔。（見《水經注·沔水注》）據諸葛亮說，他先認識崔州平，後認識徐庶。（「昔初交州平，屢聞得失；後交元直，勤見啟誨。」見《三國志·蜀書·董和傳》）我們不知道諸葛亮如何與徐庶相識，或許是崔州平引薦。

徐庶不僅能結交世家大族崔州平，而且與荊州的諸多名士也往來密切。當時荊州有個大名士叫司馬徽，和徐庶是老鄉。司馬徽有個弟子叫向朗，就是〈出師表〉提到的將軍向寵的叔叔。據筆者估算，向朗比徐庶大十歲左右，這時已經是臨沮縣（今湖北省遠安縣西北）的縣長，家族在荊州中等偏上，平時結交的都是大族名士。而寒素出身的徐庶和他的交情竟然相當深厚。（《三國志·蜀書·向朗傳》裴注引《襄陽耆舊記》：「朗少師事司馬德操，與徐元直、韓德高、龐士元皆親善。」）

更誇張的一點是，徐庶後來直接和司馬徽拉上關係。當時荊州的頂級家族有四個，其中一個是龐氏，頭號人物叫龐德公。司馬徽比龐德公小十歲，但和他的關係好到可以不分主客、沒大沒小。這樣一個人在龐德公老婆面前，可以很自然地聊著徐庶，足見徐庶和他的關係了。（見《三國志·蜀書·龐統傳》裴注引《襄陽耆舊記》）

諸葛亮想不到死黨裡居然有這麼一位社交達人，交朋友可以不分貴賤、不分長幼，想和你當朋友，一秒鐘的事。他更想不到的是，徐庶和司馬徽的關係，竟成為他混跡荊州圈子最重要的一環，第一個向劉備推薦諸葛亮的也是徐庶。

唐代詩人陳陶有一句詩：「近來世上無徐庶，誰向桑麻識臥龍。」沒有徐庶，誰知道諸葛亮是誰呀！徐庶的事暫且放一放，繼續說諸葛亮交朋友。前面說了，諸葛亮交朋友一是要交知己，他能懂你；二是要交有能力的，他能幫你；三是要交真性情的，他願意幫你。

諸葛亮對朋友也是真性情，一直很掛念這四位朋友。崔州平後來的情況史書沒有記載，其他三人都去曹魏。孟建做了征東將軍、涼州刺史，相當於今天的軍隊司令；石韜當了郡太守，就是地方市長；徐庶做到御史中丞，相當於監察部門的幹部。

諸葛亮第四次北伐時，寫信給司馬懿，還託他向孟建問好。聽說石韜和徐庶的官職後，心裡很不好受，說魏國有這麼多人才嗎？為什麼不重用他們？

這已經是和老友分別二十多年，也是與曹魏敵對二十多年以後的事情了。能有這樣的朋友，相信徐庶他們此生也能欣慰了。

四、從「荊漂兒」到荊州人

打造臥龍品牌，諸葛亮怎樣打入上流圈？

看似強大的家族背景

常講要做一番事業，首先要進入這個行業的人脈圈，才有平臺，才有人帶你一起做事。古人也是如此，非常重視圈子。諸葛亮透過結交諸葛四友建立自己的朋友圈。但要在荊州成就事業，還必須想辦法進入更高級的圈子。

東漢時期，地方豪族發展迅速，尤其到了東漢末年，能不能獲得當地豪族支持，往往是能否統治一個地區的關鍵。要在政界混，最佳途徑就是受到豪門認可。

當時荊州最頂級的四大家族是蔡、蒯、龐、黃，其中又以蔡、蒯兩家勢力最大。劉表能在荊州統治這麼多年，就是因為有蔡、蒯兩大家族支持。蔡家的頭號人物是蔡瑁，他的姑父張溫是宰相，妹妹又嫁給劉表做繼室。家裡有奴婢數百人，還有四、五十處別墅。史書上說東漢末年的荊州，「諸蔡最盛」。

除了蔡家，蒯家的勢力也很大，以至於曹操吞併荊州時說：「不喜得荊州，喜得蒯異度耳！」異度是蒯越的字，蒯越是蒯家的代表人物。蔡、蒯兩個家族走的是仕途，而龐、黃兩個家族則選擇當隱士。

龐氏家族最有名的人物，就是大名鼎鼎的「鳳雛」龐統。不過此時，龐氏最有影響力的是龐統的伯父龐德公。他是個著名的隱士，住在襄陽城外的魚梁洲上。平時不怎麼進城，就喜歡種地、彈琴、讀書，過得非常自在。劉表想請他出山，都被拒絕。但龐德公這個人愛交朋友，是個輿論領袖，用今天的話說，是個KOL。

黃氏家族的代表人物叫黃承彥，性格豪爽，說話直來直往，是個不願意當官的隱士。不過，他有個當官的小舅子——蔡瑁。

諸葛玄曾把諸葛亮的姊姊嫁給荊州豪族，大姊嫁給蒯祺（見心齋十種本《襄陽耆舊記》，有人質疑該書中的這條記載出自《萬曆襄陽府志》），後來官至房陵太守，屬於有權有勢的蒯氏家族。二姊嫁給龐德公的兒子龐山民，就是龐統的堂兄弟。諸葛玄想透過這兩樁婚姻，讓諸葛家在朝在野都有活動的餘地。

其實是一群塑膠親戚

可惜諸葛玄死得太早，諸葛姊妹的作用相當有限，四大家族沒拿諸葛家當回事。

先說蒯家，劉表去世後，他的小兒子劉琮投降曹操，蒯越是重要的謀劃者之一。當時諸葛亮已開始輔佐劉備，蒯越沒有因為諸葛亮和蒯氏聯姻就向他透露消息，導致劉備差點被曹操俘虜。可見蒯越根本不管諸葛亮死活，兩家交情其實很淺。

再說龐家，龐德公一直力挺龐統。龐統年紀輕輕就已經是南郡功曹（主管人事），他的交友也很廣泛，包括前面提到的司馬徽，還有司馬徽的弟子向朗。但投靠劉備之前，龐統和諸葛亮毫無交集。如果龐德公從一開始就提攜諸葛亮，兩家又是姻親關係，諸葛亮怎麼會和龐統沒往來呢？

諸葛亮的背景看似很強大，其實不值一提。

關鍵時刻靠兄弟出馬

真正讓諸葛亮一炮走紅的關鍵人物，是徐庶和司馬徽。

司馬徽，字德操，是個名士。和徐庶一樣是潁川人，來荊州避難。當時的士人要是被名士「按讚」了，立刻身價倍增。司馬徽善於識人，龐德公就給他一個「水鏡」的稱號，意思是像面鏡子一樣，能照出人的好壞。

不過司馬徽有個毛病，來的人不管怎麼樣，他都說好。他老婆看不下去，就批評他說：「你這樣見誰都說好，人家來找你哪是為了這個呀？」司馬徽只是淡淡地說：「妳這話說得也很好啊。」（見《世說新語．言語篇》劉孝標注引《司馬徽別傳》）後世就稱司馬徽為「好好先生」，誰也不得罪，這個詞就是這麼來的。

劉表的小兒子劉琮曾去見過司馬徽，劉表聽說司馬徽很有見識，也親自登門拜訪過。但司馬徽看不上劉表，就把自己裝得很掉價。劉表一看，這什麼玩意，趕緊說再見。（見《司馬徽別傳》）

劉表眼拙，但龐德公知道司馬徽很厲害，還知道他的侄子龐統很有前途。於是，龐德公就讓龐統在十八歲時去拜見司馬徽。司馬徽發現龐統是個人才，再加上這人是龐德公推薦，說龐統是「南州之冠」，就是荊州最出類拔萃的人物。自此以後，龐統名聲愈來愈大。龐德公藉機替龐統取個名號，鳳雛。龐德公是有心計的：我不是自己吹侄子，是司馬徽捧紅的。

司馬徽和龐德公的交情非常好，有一次司馬徽去找龐德公，正好老龐出門了。司馬徽也不見外，到客廳裡坐著，還和龐德公的老婆說：「徐庶說一會兒有人來找我和老龐聊天，妳趕緊做飯去吧。」龐德公的老婆也不生氣，真的乖乖準備飯菜。過一會兒龐德公回來了，進屋去拜見司馬徽。這可好，分不清楚他們誰是主、誰是客了，兩人好到這種程度上。（見《三國志・蜀書・龐統傳》裴注引《襄陽耆舊記》）

諸葛亮搞不定龐德公，如果能搞定司馬徽也不錯。而幫他搞定司馬徽的就是徐庶。

徐庶和司馬徽的徒弟向朗是好兄弟，這裡說明一下，民間傳言，諸葛亮、龐統、徐庶是司馬徽的弟子，甚至還把司馬懿、周瑜扯進來，其實他們幾個都不是，司馬徽的弟子另有其人，向朗是其中之一，徐庶很可能透過向朗結識司馬徽。

徐庶是諸葛亮的知己，非常清楚諸葛亮的志向，也知道諸葛亮最需要什麼。他走到哪裡，就把諸葛亮推銷到哪裡。徐庶出山輔佐劉備，就把諸葛亮推薦給劉備，估計把諸葛亮推薦給司馬徽的也是徐庶。

別看司馬徽見誰都說好，但這人是真好還是假好，他心裡有數。日後劉備讓司馬徽推薦人才，司馬徽毫不猶豫，把諸葛亮和龐統推了出去。可見，他非常欣賞諸葛亮。

回到前提的模式：你要出名，先到司馬徽這裡領評價，再去龐德公那邊領稱號。有司馬徽出面擔保，再加上有姻親關係，龐德公當然就重視諸葛亮了。

諸葛亮也會做人，每次見到龐德公都恭敬下拜，表達敬仰之情，龐德公也不攔著。接觸多了，他發現諸葛亮確實是個人才，於是給了諸葛亮一個稱號——「臥龍」。

這就了不得了，當年名士許劭說曹操是「治世之能臣，亂世之奸雄」，這評價雖然半褒半貶，曹操卻哈哈大笑。因為有KOL帶你玩，流量、粉絲瞬間就引到你身上，能不高興嗎？

曹操還是褒貶參半，諸葛亮得了一個「臥龍」，只有褒，沒有貶。而且這個臥龍和鳳雛是一對，品牌打包做行銷。司馬徽推薦人才給劉備，就說荊州有臥龍、鳳雛。鳳雛龐統是什麼人，出身豪門，能力出眾，享譽荊州，而且已經走上仕途，前途無量。諸葛亮一個外地來的中產破落戶，因為名士推銷，瞬間草雞變鳳凰，身價倍增。

獲得荊州大族的承認

最直接的結果是，黃家的代表人物黃承彥找上門來，對諸葛亮說：「我聽說，你在找媳婦。我有一閨女，特別有才，和你很配，就是醜了點，臉黑、頭髮黃，你願不願意？」（「聞君擇婦，身有醜女，黃頭黑色，而才堪相配。」見《三國志．蜀書．諸葛亮傳》裴注引《襄陽耆舊記》）

諸葛亮欣然同意，對這段婚姻，他有兩方面考慮。一是黃家的背景，結婚後，蔡瑁就是他舅舅，劉表就是姨父。你說諸葛亮很清高，完全不在乎這個，我覺得不太可能。諸葛亮是想做事的人，此時需要一個有名望的家族挺自己一把。另一個考慮就是黃承彥的女兒有才華，確實符合他的擇偶標準。

民間傳說黃氏其實沒那麼醜，是戴了一個面具，考驗諸葛亮是不是「外貌協會」。不過，諸葛夫人是真的不漂亮。諸葛亮娶了她以後，鄉里還編了首歌謠嘲笑：「娶媳婦別和諸葛亮一樣，就娶了阿承的醜閨女！」（「莫做孔明擇婦，止得阿承醜女。」見《三國志．蜀書．諸葛亮傳》裴注引《襄陽耆舊記》）

這是諸葛亮娶媳婦，再看黃承彥，為什麼一定要把女兒嫁給他呢？黃承彥的小舅子是蔡瑁，諸葛亮的兩個姊夫是蒯祺和龐山民，如果黃承彥再把女兒嫁給諸葛亮，透過諸葛家族，四大家族都是姻親了。諸葛亮本身水準就不差，現在更有龐德公替他背書，名氣愈來愈大。此時黃承彥認諸葛亮做女婿，等於荊州的高級人脈圈承認、接納了諸葛亮。你雖然是新來的，但我承認你不再是「荊漂兒」，而是荊州人了。

這下可非同小可，諸葛亮成為大熱門，人氣和人脈暴漲。

《三國演義》裡，徐庶因為母親被曹操控制，迫不得已離開劉備。臨走前，他推薦諸葛亮給劉備。其實歷史上，徐庶到劉備那裡面試，剛獲得器重，馬上就推薦諸葛亮。劉備說：你把諸葛亮叫來吧，徐庶說：這個人得麻煩將軍親自去請。

當然，劉備不會僅憑徐庶一句話就跑去請諸葛亮出山。可能也是徐庶搭的線，劉備又見到司馬徽。司馬徽說現在那幫死讀書的儒生俗士，哪認得清時務。識時務者，在乎俊傑。襄陽附近就有伏龍、鳳雛。（「儒生俗士，豈識時務？識時務者，在乎俊傑。此間自有伏龍、鳳雛。」見《三國志．蜀書．諸葛亮傳》裴注引《襄陽耆舊記》）

劉備一看這不就是徐庶推薦的人嗎？再一調查，好傢伙，這麼一個不到三十歲的小夥子，人氣極高。關鍵的荊州高級圈子全和他有關係。先不說諸葛亮的資源夠不夠硬，就衝這麼一個年輕的外地小夥子，能夠獲得荊州ＫＯＬ們的認可，這茅廬劉備是非去不可了。

到了此時，諸葛亮也隱居不下去，出山是早晚的事了。

第二章 初出茅廬

一、為什麼是劉備？

放棄大老，為什麼諸葛亮能選對老闆和平臺？

曹、劉、孫，哪家強？

諸葛亮在隆中隱居十年，到了建安十二年（二〇七年），好麻吉徐庶和經紀人司馬徽的推薦下，終於出山。但他這次出山，有點讓人跌破眼鏡。他選擇的不是曹操這些大老，而是一個寄人籬下、朝不保夕的小老闆劉備。

為什麼會做這樣的選擇呢？為什麼這次選擇能夠同時成就劉備和諸葛亮呢？

常有人說諸葛亮選劉備是投機。當時在別的老闆那裡，早就人才濟濟，諸葛亮去了得論資排輩。用諸葛亮的話說就是「中國饒士大夫」，北方人才太多了。而劉備是支潛力股，跟著劉備，混入核心管理層的機會要大得多。

這種說法不是沒有道理，但一定不是諸葛亮選劉備的主要原因。當時經過二十年混戰，漢末群雄已經亡的亡、降的降，剩下的淨是些半死不活。真正力量雄厚的只剩曹、劉、孫三家，不過這時的劉指的不是劉備，而是荊州的劉表。

先看曹操。挾天子以令諸侯，雄踞北方，政治和軍事上優勢最大，隱隱有一統天下的趨勢。放在今天，曹老闆就是個財大氣粗的壟斷巨頭，穩居「富比士」榜首。你去替他刷個廁所，賺得可能都比在創業小老闆那裡多，而且還省心。

再看劉表。劉表是漢室宗親，在荊州統治十多年，拓地千里，帶甲十萬，而且有世家大族的支持，政權穩定。諸葛亮稱呼劉表為姨父，稱呼蔡瑁為舅舅，稱呼黃承彥為岳父，又有ＫＯＬ龐德公幫忙。好比一個保守穩定的老牌企業開在自家門口，一把手和一幫大股東、高階主管全是自己親戚，走進內部推薦簡直易如反掌。

最後看孫權。孫權不姓劉，手裡沒有劉皇帝，但有孫策打下的基礎，又有一幫文臣、武將輔佐，江東政權蒸蒸日上，是地方上勢頭正盛的大型民間企業。諸葛亮的親大哥諸葛瑾，這時已經來到江東，在當地的名望愈來愈大，很受孫權重視。諸葛亮要投奔孫權，就是諸葛瑾一句話的事。

總而言之，曹、劉、孫三家各有各的優勢，諸葛亮無論選哪家都不虧。

劉備是什麼情況呢？辛辛苦苦二十年，勉強占過徐州，現在依然寄人籬下，在劉表手下當客將。現在就是個破產小老闆，唯一自豪的就是說一句：「哥曾經闊過。」

這時別說別人不看好他，連劉備都自覺很失敗。有一次劉備發現大腿上長了好多肥肉，竟然哭了。劉表問：「玄德，你怎麼了？」劉備很感慨說：「我以前常年在戰場上騎馬，大腿的肥肉都沒了。現在不騎了，這些肉都長回來了。時間過得飛快，我都老了，還沒混出個人樣，我難過呀！」（見《三國志．蜀書．先主傳》裴注引《九州春秋》）

劉備很迷茫，根本不知道明天在哪裡。不開上帝視角，換成你，敢選擇這麼迷茫的老闆嗎？

諸葛亮就敢選，而且事實證明他選對了，還把一個地攤都快擺不下去的個人企業，搞成全國前三強，自己更名垂青史，裡面就有諸葛亮選老闆的祕訣了。

三觀神契合

擇業這個問題上，諸葛亮應該是從三方面考慮。

首先，也是最重要的，職業發展方向要一致。

現代人力資源開發有個職能叫職業開發，就是說組織培養人才時，要幫助他進行未來的職業規劃。職業開發有個最基礎的前提，叫個人職業目標與組織目標相一致，即個人和組織在大方向、價值觀上要一致。找工作也一樣，一間公司要做人工智慧，你非要做影視劇；你想做高品質產品，公司天天做假冒偽劣。這種情況下，這個工作是做不下去的。

諸葛亮的目標和價值觀是什麼呢？諸葛亮要廓清宇內，興復漢室，讓天下太平。這是他的最終職業目標，所以他要找的老闆一定是公正、廉潔、愛民，還要有進取心、有能力，如果是漢室宗親就更好了。

根據這個標準，先來看看曹操，諸葛亮和曹操在深層次的價值觀上存在嚴重衝突。前文說過，曹操父親曹嵩是個有宦官背景的巨貪，漢末來到琅邪避難。而從諸葛亮後來廉潔奉公的主張和做法來看，從小受到的教育應該比較正統。十來歲正是三觀開始形成、比較容易對社會陰暗面憤憤不平的年紀，諸葛亮和曹嵩住在一個郡裡，對曹家是什麼印象，可想而知。

這麼一個巨貪，後來搬家被殺了，曹操竟因此進攻徐州牧陶謙，屠殺徐州的老百姓，連諸葛亮來荊州都是拜他所賜。曹嵩的貪婪，諸葛亮有所見聞；曹操的殘暴，諸葛亮親身經歷。曹家在他眼裡是這個印象，再加上後來又要篡漢，諸葛亮怎麼可能輔佐曹操？

話說回來，當初曹操在徐州進行屠殺時，突然有一支援軍冒死擋了曹操。雖然最後沒能擋住，但多少給了苦難的徐州人民一點希望。這個不怕死敢來擋曹操的人，正是劉備。

劉備來徐州時，已經是平原國相了，算是地方市長，在青徐一帶有點名望。早年關東諸侯討伐董卓，曹操去了，孫權的父親孫堅去了，劉備那時連個縣令都不是，但也積極回應。（見《三國志．蜀書．先主傳》裴注引《英雄記》）他後來到平原國，把那裡治理得井井有條，禮賢下士，深得民心。孔融被黃巾軍圍得很痛苦時，想到的也是找劉備求援。可見劉備的「仁義」不是小說一味吹捧，歷史上確實有仁義的一面。

陶謙這次被曹操攻擊，就近去找公孫瓚的屬下求援，劉備也帶兵跟來。最後曹操因呂布襲擊兗州大本營，被迫退兵。陶謙就給了劉備一支部隊，劉備乾脆留下來追隨陶謙。

不管劉備是出於什麼動機，在徐州人民來看，這個人敢在曹操屠刀底下幫大家擋刀，簡直就是救世主。一個愛民如子、救民於水火、敢擔當的形象，逐漸在徐州樹立起來。陶謙後來讓徐州，和這個也有一定關係。諸葛亮對劉備的好感，就是從此時開始的。

恰巧，劉備是漢室後裔，還一直和曹操作對，而且積極進取，想成就一番大事業，和劉表也不一樣。

劉表是漢室後裔，是個名士，治國有一套，放在治世是宰相之才；可是放在亂世，就只能守境安民。歷史學家何茲全先生說過，劉表是「治世之賢臣，亂世之庸人」。何況劉表已經老了，早沒進取心了。

官渡之戰時，劉備曾建議劉表乘機偷襲曹操，劉表拖了半天最後不了了之。荊州的世家大族，尤其是蔡瑁、蒯越這些人，沒什麼爭奪天下的心思。整個荊州混吃等死，愈來愈像一臺接近報廢的「老爺車」，諸葛亮雖然在荊州有很多政治資源，但他不想和荊州陪葬。

對諸葛亮來說，和曹操、劉表確實是話不投機半句多。而從職業發展和價值觀上看，劉備簡直和諸葛亮神契合。

賢我，盡我

解決了職業發展方向和價值觀，接下來諸葛亮對這份工作提出的具體要求是什麼呢？

找工作最常犯的錯誤就是對自己認識得不清楚，不知道自己想要什麼。別人去大集團，說大集團錢多，於是自己也去大集團，到那裡發現可能最想要的不是錢，而是創意文化；別人去創業公司，說那裡能鍛鍊人，於是自己也去創業公司，結果發現想要的不是鍛鍊，而是穩定。

諸葛亮想要的是實現平生所願的大平臺，至於票子、位子，諸葛亮沒有太高要求。如果真的只是為了錢和權，他完全可以去找曹操、劉表，還有孫權。

我們看古今中外那些成大事者，一開始對金錢、權力都沒有特別執著的追求。這就是無欲則剛，沒那麼大的物質欲望，很多事情就能看得比別人更清晰，更能面對自己的核心需求。

諸葛亮的要求就一條，很簡單，但非常難做到。

就是「賢我，盡我」。

賢我，是指能認識到我是個人才，不能拿我當個什麼都不會的一般人；盡我，是指真正讓我的才能發揮出來。

這條要求在他見劉備時，沒有明確提出來。但赤壁之戰後，張昭曾來挖角，希望諸葛亮加入江東。諸葛亮的回答是：「孫將軍可謂人主，然觀其度，能賢亮而不能盡亮，吾是以不留。」（《三國志・蜀書・諸葛亮傳》裴注引《袁子》）就是說，孫權是個很有能力的老闆，但我看他的度量，能認識到我是個人才，卻不能讓我充分發揮才能，所以我不能留下。

諸葛亮怎麼肯定劉備能「賢他，盡他」呢？

其中有一些感性色彩，例如前面說的諸葛亮本身對劉備印象就不錯。還有一點非常重要，就是他的麻吉徐庶在劉備那裡。

三顧茅廬這件事，一定程度上也是一次內推，徐庶把諸葛亮推薦給劉備。但我們看到的是內推給的機會，卻沒有注意實際上也是一次資訊溝通。劉備是個什麼樣的人，他重不重視人才，能不能專人專用，發揮人才的長處；他的團隊有什麼問題，需要什麼？透過徐庶，諸葛亮對這些方面都能充分了解。所以朋友很重要，不僅可以提供機會給你，還能為你提供真實信息，找工作，尤其是想找到非常合適的工作，離開朋友，離開圈子，哪怕你聰明如諸葛亮，都很難辦到。

知道自己想要什麼，對方也能給。接下來，才是我們平時最重視的一項工作：對方想要什麼，我能不能給。劉備需要什麼，徐庶早就透露給諸葛亮。諸葛亮憑著〈隆中對〉面試成功，使劉備折服，這是對症下藥。劉備最想要的是什麼呢？

劉備什麼都缺，缺兵，缺錢，缺人才，缺地盤，缺戰略。除了智商不缺，他五行全缺。

那麼，諸葛亮是怎麼把五行全缺的劉備，打造成全國三強的呢？

二、〈隆中對〉是不是大糊弄？

打破思維裡的牆，諸葛亮的SWOT分析。

戰略前提：站直了，別趴下！

建安十二年，劉備三顧茅廬，終於見到諸葛亮。這次會面中，諸葛亮提出大名鼎鼎的〈隆中對〉。現在通行本《諸葛亮集》裡，這篇文章又叫做〈草廬對〉。

〈隆中對〉是諸葛亮為劉備制定的立國和取天下的總戰略，這個戰略預測魏、蜀、吳三足鼎立的局面，並在此基礎上提出進取天下的方針，歷來被視為「千古奇策」。究竟「奇」在哪裡呢？諸葛亮提出〈隆中對〉時，劉備還是個三無小老闆，除了關羽、張飛、趙雲三人，沒有能拿得出手的了。赤壁之戰後，劉備按照諸葛亮的戰略規劃，東面與孫權結盟，北面暫時不與曹操正面衝突，先取荊州，再取益州，最終與曹、孫兩家鼎足而立。

再進一步，劉備北伐漢中，關羽北伐襄陽，阻止曹操代漢稱帝的腳步，甚至逼得曹操差點遷都，讓劉備的事業達到巔峰。可以說，此後十多年裡，劉備和整個蜀漢集團基本就是按照〈隆中對〉的規劃前進。〈隆中對〉把三無小老闆的地攤搞成全國三強，而且一度蒸蒸日上，甚至是咄咄逼人，這是它的「奇」。

那麼，〈隆中對〉究竟高明在哪裡呢？有人說，〈隆中對〉就是北讓曹操占天時，東讓孫權占地利，劉備占人和。但這種說法很不全面，就拿人和來說，劉備幫劉表守樊城時，曹操和孫權集團早已人才濟濟。包括赤壁之戰前後，荊州的頭等大族都降曹。要說占人和，絕對輪不到劉備。

我們要拋開天時、地利、人和的框架，換個方式來看〈隆中對〉。諸葛亮給劉備做戰略規劃，一共分成三個部分。第一個部分叫戰略前提；第二個部分是態勢分析；最後一個部分就是制定具體的發展戰略。

先來看戰略前提。諸葛亮提出的前提，就是替劉備樹立爭奪天下的信心。

《三國志》記載，劉備當時問諸葛亮：我想匡扶漢室，可是能力有限，做什麼都不行，以至於混到這副慘況。但我不想放棄，你有什麼辦法嗎？（「漢室傾頹，奸臣竊命，主上蒙塵。孤不度德量力，欲信大義於天下，而智術淺短，遂用猖蹶，至於今日。然志猶未已，君謂計將安出？」以下關於〈隆中對〉的對話，均見《三國志．蜀書．諸葛亮傳》）

劉備覺得自己一事無成，一點信心都沒有。

諸葛亮說：「自董卓已來，豪傑並起，跨州連郡者不可勝數。曹操比於袁紹，則名微而眾寡，然操遂能克紹，以弱為強者，非惟天時，抑亦人謀也。」

天下大亂，大家都在搶地盤。現在最強的曹操，當年也是要名沒名，要人沒人。但最後曹操逆襲，把袁紹滅了，靠的不僅是天時，更主要的是自己的能力。

諸葛亮的言外之意就是曹操能逆襲，劉備也可以，不要怕曹操。諸葛亮是先替劉備樹立信心：你行的！

這一點很關鍵，劉備的一些經歷和諸葛亮很像。例如劉備的家境本來算可以，爺爺曾當過縣令。可是劉備很小的時候父親去世，家道中衰，他不得不跟著母親賣草鞋過日子。後來劉備帶著關羽、張飛出來闖江湖，結果一敗再敗，愈混愈差，非常受打擊。

尤其是劉備有恐曹症——他怕曹操。怕到什麼程度呢？官渡之戰前後，劉備在徐州起兵反曹，有幾萬兵馬。結果曹操親征，劉備一見到曹操的帥旗，仗都不打了，拔腿就跑。老婆、孩子連帶關羽、張飛，全不要了。

這麼一個沒有自信的劉備，諸葛亮在他身上看到自己的影子。他對劉備說「你行的」，絕對不僅是安慰他。

一來諸葛亮知道人在逆境，沒自信，什麼都白搭；二來他覺得劉備確實能行。諸葛亮在荊州也是從顛沛流離到獲得世家大族的承認，這是諸葛亮的逆襲。曹操當年在徐州進行屠殺，劉備敢去擋他；後來曹操更是說天下英雄就是你和他兩個人。我諸葛亮都能行，你劉備是大英雄，有什麼不行的！

這是諸葛亮給劉備樹立信心，確定戰略前提。

破落戶劉備的三大優勢

接下來，〈隆中對〉的第二部分，就是諸葛亮給劉備做態勢分析。

這個態勢分析又叫SWOT分析，簡單來說，是由S、W、O、T四個英文字母組成，分別是優勢（Strengths）、劣勢（Weaknesses）、機會（Opportunities）、威脅（Threats）四個英文單字的首字母。SWOT分析法就是要分析自己的主觀優勢和劣勢是什麼，客觀環境又帶來哪些機會和威脅。

在現代社會，SWOT分析法是制定發展戰略和分析競爭對手情況時最常用的方法之一，而且用來分析自己的職業生涯也很適合。諸葛亮那時雖然沒有這個詞，但整個〈隆中對〉對局勢的分析，完全符合SWOT分析法。

首先來看劉備的主觀優勢（S）。諸葛亮認為劉備具有三個優勢，一是「帝室之胄」，二是「信義著於四海」，三是「總攬英雄，思賢如渴」。小說和影視作品裡，劉備逢人便說自己是中山靖王劉勝之後，孝景皇帝閣下玄孫。按照《三國志》記載，他確實是劉勝後代。但在歷史上，劉備的前半生很少把這件事拿出來講。

一來，他混得太慘，不好意思老提自己是宗室之後。現在整天炫耀自己祖宗的，大都是混得不行，只能拿祖宗來裝點門面。

二來，當時宗室之後太多了。不說別人，劉備這位祖宗中山靖王劉勝，光兒子就生了一百二十多個，今天能看到封王、封侯、有名有姓、有明確記載的也有二十來個。直到唐代，大詩人劉禹錫還自稱劉勝之後。他這一支有多少後人，可想而知。

更何況當時宗室之後有名望的人可多了，荊州的劉表，益州的劉焉、劉璋，揚州的劉繇，兗州的劉岱，幽州的劉虞都是宗室之後，還只是州牧、刺史等級。宗室之後在一般人眼裡沒什麼好稀奇的，和大白菜差不多。

可是諸葛亮從這裡看到劉備的政治優勢。

當時政治優勢最明顯的是曹操，他把漢獻帝弄成傀儡，自己專權，本來是受人詬病。說曹操挾天子以令諸侯，這個不確切，要讓諸侯聽話，得靠拳頭，光靠傀儡皇帝不行。

但手裡有皇帝，曹操就代表漢朝朝廷。他號令不了諸侯，卻可以號令世家大族。流亡荊州、江東的這些北方大族，例如荊州的韓嵩、江東的張昭，甚至荊州本土的蔡瑁、蒯越，關鍵時刻都主張投降。

現在劉備是曹操的死敵，你要和曹操作對，就是和漢朝朝廷作對，因此，你在世家大族那裡沒有合法性和號召力。更何況真要和曹操作對，論實力，孫權、劉表這些人比劉備強太多了，和他們比起來，劉備同樣沒有核心競爭力。

但漢室宗親這樣的身分，要嘛別人沒有，例如孫權；要嘛別人有卻不用，例如劉表和劉璋。這恰好是人無我有、人有我優的差別優勢，是劉備的金字招牌。把劉備的漢宗室身分提到戰略高度的，諸葛亮是第一個。

第二個優勢是「信義著於四海」，劉備雖然沒有事業，但反了這麼多年曹操，也反出名氣了。例如劉備投袁紹，袁紹到鄴城外二百里親自迎接；投劉表，劉表到襄陽郊外迎接。也就是說，劉備雖然非常狼狽落魄，但已經是網紅了，有二次創業的基礎。

第三個優勢是「總攬英雄，思賢如渴」。當時，劉備的手下只有關羽、張飛、趙雲這些人，說「總攬英雄」確實誇張；但關、張都是公認的虎將，而且是劉備的死黨，劉備集團的領導核心很穩定。「思賢如渴」就更好說了，諸葛亮是荊州年輕一代的新興網紅，劉備三顧諸葛亮，不僅進一步抬高諸葛亮的名氣，同時也提升自己的形象——求賢若渴啊！赤壁之戰後，荊州的年輕人，例如龐統、習禎、馬良、廖立、向寵等，就像雨後春筍一樣，都冒出來投奔劉備，這絕非偶然，和他「思賢如渴」的形象有很大關係。

以上說的是劉備的優勢。接下來分析劉備的主觀劣勢（W）。諸葛亮〈隆中對〉中沒有明確指出，不過劉備說得很清楚：他做什麼不行，寄人籬下，什麼都沒有，已經窮途末路。

北方・江東・荊州・益州

劣勢的問題上，諸葛亮沒有過度糾結，反正除了滅亡，不會比眼前的情況更差了。他把重點放在機會（O）和威脅（T）上，就是劉備面臨的處境。

先來說環境帶來的威脅。當時天下局勢已經比較明瞭，核心地區最主要的諸侯，有北方的曹操，西北的馬騰、韓遂，江東的孫權，荊州的劉表，漢中的張魯，益州的劉璋。但諸葛亮認為真正對劉備構成威脅的只有曹操和孫權。

他說曹操「已擁百萬之眾，挾天子而令諸侯」，曹操的勢力最強，又有漢朝皇帝背書。偏偏曹操和劉備是死敵，劉備在人家面前就是雞蛋碰石頭；劉備目前駐守樊城，主要任務是防範曹操南下，曹操對劉備而言是最大的威脅。

諸葛亮又說孫權「據有江東，已歷三世，國險而民附，賢能為之用」。孫權割據江東，和荊州接壤；他的父親孫堅是被劉表的手下打死，兩家是世仇。當時孫權和劉表一直在打仗，魯肅和甘寧替孫權規劃的戰略是以江東為根據地，進而吞併荊州。於公於私，兩家都是死敵，和劉備與曹操的關係有得拚。而江東現在內部穩定，人才濟濟，如果把他對劉表的關係延伸到劉備身上，同樣是一種威脅。

曹操和孫權都是威脅，都是劣勢，劉備的機會在哪裡呢？

在荊州和益州。

諸葛亮對劉備說：「荊州北據漢、沔，利盡南海，東連吳會，西通巴、蜀，此用武之國，而其主不能守，此殆天所以資將軍，將軍豈有意乎？」又說：「益州險塞，沃野千里，天府之土，高祖因之以成帝業。劉璋暗弱，張魯在北，民殷國富而不知存恤，智能之士思得明君。」

簡單來說，荊州是交通樞紐，益州是糧倉，兩地都有地理上的優勢可以利用。最大的機會在於荊州的劉表、益州的劉璋根本守不住他們的地盤，早晚要被別人搶了。

到這裡，諸葛亮的SWOT分析就做完了。總結一下：主觀方面，劉備的優勢有漢室宗親的金字招牌，有點小名望，有虎將，有求賢若渴的名聲；劣勢是寄人籬下，一無所有。他面對的環境，威脅來自曹操和孫權，機會在荊州和益州。

透過這四方面的分析，劉備的處境已經非常清晰地擺在面前。接下來，諸葛亮就要正式回答劉備的問題：我該怎麼辦？

打破思維裡的牆

諸葛亮認為劉備想要發展壯大，最大的威脅是曹操和孫權，這兩個人和劉備的關係都不怎麼樣。

曹操不用說了，和劉備是死敵。但諸葛亮明確指出曹操勢力太大，「此誠不可與爭鋒」。曹老闆財大氣粗，你什麼也沒有，人家不來找你麻煩就不錯了，還整天追著人家打。結果七年打下來，曹操地盤愈來愈大，劉備把自己打成瀕危保護動物。想要發展，劉備得換個思路，另找別人作對。

再說孫權。雖然和劉備沒有直接衝突，但與荊州勢不兩立，劉備從屬於荊州，理論上，和孫權也是交戰方。既然曹操打不動，劉備是不是應該和劉表商量打孫權呢？

這就是思維裡的一堵牆，誰對我有威脅，我就打誰。

可是諸葛亮又說了，曹操打不動，孫權也打不動。打不動的都別動，不僅別動，還要和孫權結盟，用諸葛亮的話說：「此可以為援而不可圖也。」諸葛亮就是在拆牆。對劉備有威脅的不但不要去打，甚至可以拉過來當盟友，〈隆中對〉徹底顛覆劉備的思維方式。

有了這些分析，接下來，諸葛亮「跨有荊、益」的戰略目標就呼之欲出。柿子撿軟的捏，避開曹操和孫權，去搶更容易得手的荊州和益州。諸葛亮指了一條明路給劉備，劉備不再是個無頭蒼蠅，第一次有了奮鬥方向。但僅有方向還不夠，諸葛亮又制定了具體的戰略步驟和實現戰略的原則。

三步走戰略

〈隆中對〉的戰略實際上是分三步來走。

第一步，占領荊州和益州，建立穩固的根據地。

第二步，固守根據地。具體的原則是「保其岩阻」，「西和諸戎，南撫夷越」，「外結好孫權」，「內修政理」。「保其岩阻」就是利用地理優勢來做好防禦，重點是「守」，不是「攻」。「西和諸戎，南撫夷越」就是要和邊地的少數民族建立好關係。當時荊州南部（主要在今湖南省）都是山地，生活著許多少數民族。益州也一樣，除了今四川、重慶以外，其餘的（如今貴州、雲南）都聚居著大量少數民族。諸葛亮是漢末戰略規劃家中，唯一重視民族關係的人。

接下來，「外結好孫權」，這是外交策略，是從地緣政治上做的考慮。最後「內修政理」，這是從政治上講的。

〈隆中對〉是把政治、軍事、外交、民族關係全部囊括進來，做通盤考慮。不僅是一份軍事發展戰略，更是綜合發展的整體規劃。做這樣的規劃，胸中必須有格局，眼界必然要開闊。

走完前兩步，第三步就是奪取天下，興復漢室。諸葛亮說：「天下有變，則命一上將將荊州之軍以向宛、洛，將軍身率益州之眾出於秦川，百姓孰敢不簞食壺漿以迎將軍者乎？」劉備鞏固荊州和益州的根據地後，東邊聯合孫權，北面對抗曹操，這時天下形成非常穩定的三國鼎立局面，就是第二步說的固守階段。

接著等待「天下有變」，具體是什麼變化，諸葛亮沒有說。例如曹操死了，或者曹操集團內部發生政變、政局不穩等。總之，要等曹操自己犯錯，有了新的機會，這時劉備才能北伐。

具體來說，劉備從益州翻過秦嶺打關中，荊州再派一名上將，例如關羽，打南陽和洛陽。兩路出擊，最後打敗曹操，興復漢室。這又是一個相對詳細的取天下規劃。

最後總結〈隆中對〉的精髓：首先，諸葛亮為劉備樹立信心；其次，分析劉備的優勢、劣勢、環境威脅和機會；最後，把取天下的步驟分為三步，並做出詳細的政治、軍事、外交、民族關係方面的規劃。

〈隆中對〉VS.〈河北策〉

說到這裡，你可能只覺得這個戰略規劃很細緻、全面，但仍然不能表明它比同時代的戰略出眾，不妨再將〈隆中對〉與漢末的另外幾個戰略規劃做對比。

第一個要說的是沮授給袁紹出的〈河北策〉，初平二年（一九一年），袁紹搶占冀州，手下沮授替他做了一個戰略規劃。

沮授說：「將軍弱冠登朝，則播名海內；值廢立之際，則忠義奮發；單騎出奔，則董卓懷怖；濟河而北，則勃海稽首。振一郡之卒，撮冀州之眾，威震河朔，名重天下。雖黃巾猾亂，黑山跋扈，舉軍東向，則青州可定；還討黑山，則張燕可滅；回眾北首，則公孫必喪；震脅戎狄，則匈奴必從。橫大河之北，合四州之地，收英雄之才，擁百萬之眾，迎大駕於西京，復宗廟於洛邑，號令天下，以討未復，以此爭鋒，誰能敵之？比及數年，此功不難。」（《三國志．魏書．袁紹傳》）

意思是，袁紹名望大，青州的黃巾軍、并州的張燕、幽州的公孫瓚和塞外的匈奴人，都不是他的對手。應該先立足冀州，吞併河北，然後迎回漢獻帝，挾天子以令諸侯，奪取天下。這就是〈河北策〉。

和〈隆中對〉一樣，〈河北策〉提出先建立根據地，再奪取天下。而且把政治手段上升到戰略高度，即挾天子以令諸侯，這是非常高明的地方。不過相比而言，〈河北策〉沒有提及袁紹的劣勢和周圍環境存在的威脅，分析得不夠充分，對地緣政治不夠重視。這和當時天下群雄並起，大勢還不明朗有關。

〈隆中對〉VS.二分天下之策

第二個，來看甘寧與周瑜的「二分天下之策」。

建安八年（二〇三年），甘寧為孫權分析局勢：「今漢祚日微，曹操彌憍，終為簒盜。南荊之地，山陵形便，江川流通，誠是國之西勢也。寧已觀劉表，慮既不遠，兒子又劣，非能承業傳基者也。至尊當早規之，不可後操。圖之之計，宜先取黃祖。祖今年老，昏耄已甚，財穀並乏，左右欺弄，務於貨利，侵求吏士，吏士心怨，舟船戰具，頓廢不修，怠於耕農，軍無法伍。至尊今往，其破可必。一破祖軍，鼓行而西，西據楚關，大勢彌廣，即可漸規巴、蜀。」（《三國志·吳書·甘寧傳》）

甘寧認為曹操早晚要簒位，漢室保不住。劉表父子守不住荊州，大將黃祖也守不住荊州的東大門江夏（今湖北省武漢市周邊地區），這是孫權的機會。威脅是曹操想吞掉荊州，所以甘寧提出先取江夏，再取荊州，最後取巴蜀，分三步與曹操形成南北對峙的局面。

七年後，周瑜占據南郡江陵（今湖北省荊州市），進一步提出：「今曹操新折衄，方憂在腹心，未能與將軍連兵相事也。乞與奮威俱進取蜀，得蜀而并張魯，因留奮威固守其地，好與馬超結援。瑜還與將軍據襄陽以蹙操，北方可圖也。」（《三國志·吳書·周瑜傳》）

曹操剛在赤壁大敗，一時半刻南下不了。趁這個機會，東吳先取益州，吞併劉璋、張魯，與關中的馬超結盟，再從荊州出兵占領襄陽，最後攻取北方。

應該說，甘寧和周瑜的策略合在一起，才是完整的「二分天下之策」。這個策略對總體形勢的分析還是很到位，先江夏和荊州，再巴蜀，最後取天下。與〈隆中對〉相比，「二分策」不夠精細全面。這是個純軍事的戰略，沒有通盤考慮，地緣政治、外交關係方面明顯不足。

周瑜把盟友鎖定在關中的馬超身上，要實現與馬超結盟，首先要迅速滅掉劉璋、張魯，其次是在這段時間裡，馬超不能被曹操滅掉。可是「蜀道之難，難於上青天」，滅掉劉璋，絕不是能夠速戰速決的事。

再看〈隆中對〉，諸葛亮完全沒有把關中的馬超做為聯合對象。他認為從益州出兵，關中的對手是曹操。可見在諸葛亮眼裡，劉備控制益州時，馬超早被滅了，這個判斷比周瑜精準得多。

另外，諸葛亮在〈隆中對〉裡對孫權的認識也很深入。孫權的江東政權很穩固，劉備打不動。由於穩固，孫權也有實力對抗曹操。一旦曹操南下，曹、孫就有利益衝突，劉備就能和孫權結盟，共同對抗曹操。

周瑜對盟友的認識卻相當含糊，他要聯合馬超，只是因為占據益州後，馬超在關中，可以做為爭取的對象。至於馬超有沒有實力，這個聯盟能不能達成，周瑜沒有更多分析。

更為致命的是，周瑜規劃時，完全無視劉備的利益。當時的劉備雖然地盤很小，只有荊南地區，但畢竟是孫權盟友，而且就在周瑜的側翼。周瑜的「二分策」無視盟友利益和地緣政治，很難說日後實行起來不會出問題。這樣的事情後來真的發生了，只不過無視盟友利益的變成劉備和關羽，孫、劉兩家在荊州的矛盾不斷升級，直到關羽敗亡失荊州。

〈隆中對〉VS.〈榻上策〉

最後要說的是可以與〈隆中對〉相媲美的〈榻上策〉，這是建安五年（二〇〇年），魯肅見孫權時提出的戰略規劃。

魯肅說：「昔高帝區區欲尊事義帝而不獲者，以項羽為害也。今之曹操，猶昔項羽，將軍何由得為桓文乎？肅竊料之，漢室不可復興，曹操不可卒除。為將軍計，惟有鼎足江東，以觀天下之釁。規模如此，亦自無嫌。何者？北方誠多務也。因其多務，剿除黃祖，進伐劉表，竟長江所極，據而有之，然後建號帝王以圖天下，此高帝之業也。」（《三國志・吳書・魯肅傳》）

魯肅提出的戰略前提也是「漢室不可復興」，他建議孫權別管什麼漢朝了，自己創業當皇帝吧。

魯肅的分析少了SWOT裡的S和W，沒有具體分析孫權的主觀優勢和劣勢，但對O和T，孫權的客觀環境，分析得非常精準。魯肅說「曹操不可卒除」，威脅來自曹操，但短時間內滅不了他。盡量不要和曹操正面衝突，先壯大自己再說，和諸葛亮〈隆中對〉說曹操「不可與爭鋒」是相同意思。可是諸葛亮提〈隆中對〉時，曹操已經統一北方，一家獨大。而魯肅提〈榻上策〉時，曹操還在和袁紹打官渡之戰呢。魯肅已經預見到曹操必勝，沒有把袁紹當對手。對天下格局的預判上，魯肅與諸葛亮旗鼓相當。

再看機會。機會來自北方，就是「北方誠多務也」。北方戰亂多，曹操和袁紹正在打，沒空理南方。趁此良機，孫權要盡快在南方擴張。

魯肅把孫權的發展分成三步，第一步，與曹操、劉表鼎足而立，在江東建立更加穩固的根據地。

第二步，趁曹操在北方東征西討，趕緊西征，先打江夏，再滅荊州，打破三分天下的格局，和曹操南北對峙。魯肅沒說要占益州，但提到要「竟長江所極」，把整個長江流域納入江東版圖，實際上也有占領益州的意思。第三步，孫權稱帝，和曹操一決雌雄。

從戰略眼光來講，〈榻上策〉和〈隆中對〉完全棋逢對手，難分伯仲。不過在具體戰略安排上，〈榻上策〉沒有〈隆中對〉詳細。例如第三步怎麼和曹操一決雌雄，需要什麼樣的天時地利，〈榻上策〉和其他所有戰略都語焉不詳。

當然，〈河北策〉、「二分策」、〈榻上策〉提出的時間都遠早於〈隆中對〉。當時天下形勢還沒有那麼清晰，很多細節上沒有〈隆中對〉如此精確和全面。諸葛亮能提出超越前人的〈隆中對〉，與其說是他天生聰明，不如說是站在巨人的肩膀上有更廣的視野。

〈隆中對〉是一部宣言

〈隆中對〉不僅是個規劃，更是一部宣言。〈隆中對〉以前，劉備的目標是找個好上司、好雇主，當客將，替別人賣命；而〈隆中對〉替劉備提供了新的可能：他可以有自己的事業，與曹操、孫權逐鹿天下。

到這裡，〈隆中對〉才徹底打破劉備思維裡的那堵牆。自從有了〈隆中對〉，劉備再也不滿足於寄人籬下。即便後來孫權、周瑜一度想壓制他，他仍然努力開創自己的獨立事業。

這是〈隆中對〉之於劉備最大的意義。

不過細心的你可能已經發現，〈隆中對〉雖然全面細緻，但在三步走戰略中，第二步和第三步很詳細，而第一步，如何得到荊州和益州，卻什麼都沒說。對於一無所有的劉備，和他說跨有荊益、爭奪天下，無疑就是畫大餅。這個大餅很美好，但不能解決眼前的問題。

是諸葛亮好高騖遠嗎？還是他壓根解決不了實際問題？劉備當時一定也很困惑。

三、初出茅廬，解決三大難題

資本、人力、根據地，試用期解決三大難題！

資本：向「暴發戶」融資

透過〈隆中對〉，諸葛亮替劉備做了SWOT分析，開天闢地第一次為劉備規劃戰略。劉備對此非常滿意，正式邀請諸葛亮加入自己的隊伍。

但取天下，光畫大餅遠遠不夠。同時期畫大餅的人也不少，而且有些大餅吃到一半就吃不下了。例如沮授給袁紹做的規劃，就被曹操在官渡強行終止。劉備這邊就更難了，一窮二白，錢、人、地，一無所有。

劉備雖然說「孤之有孔明，猶魚之有水」，但實際上，他很困惑：諸葛亮有沒有能力把自己的戰略具體落實？

赤壁之戰前，諸葛亮在劉備的陣營裡待了約一年。據史書記載，這一年裡，諸葛亮沒有職位。當然，有可能是職位太小，史書失載。不過按照《三國志》的慣例，這種可能性不大。更大的可能就是，劉備根本沒有給諸葛亮職位。

換句話說，劉備很可能要考察諸葛亮，看看這人是只會說大話，還是真能解決實際問題，諸葛亮進入試用期。

諸葛亮出山後，要解決的絕不是像《三國演義》寫的新官上任三把火，急著在博望坡、新野、赤壁放火玩；也絕不像網路寫的那樣一直吃飯領乾薪，直到赤壁前夕去弄孫、劉聯盟。首先要解決的就是錢、人、地的問題。

先看錢。創業最重要的是資本，沒有資本，既招不到人，也租不起房子，更別提後面的經營。劉備這輩子融資過三次，前兩次都是自己搞的。第一次是剛出道時，還在老家涿縣打拚，底下有不少粉絲。有一天來了兩個賣馬的大商人，一個叫張世平，一個叫蘇雙。他們覺得劉備這個人有點本事，就對他進行政治投資。

劉備靠著這筆錢招兵買馬、打黃巾，立了戰功，走上仕途，這是第一次。

第二次是在徐州。曹操進行大屠殺時，劉備支援徐州牧陶謙。陶謙臨終前，把徐州交給劉備。結果劉備去打袁術，徐州被呂布偷襲，不僅丟了地盤，連老婆、孩子都丟了。幸好徐州別駕（州裡的副手）麋竺也是個大商人，屬於豪族，又注資給劉備，還把妹妹嫁給他，劉備因此軍旅復振。這是第二次。

這兩次融資有三個特點：

第一，都是劉備靠個人魅力吸引投資方主動投資。

第二，投資的都是商人。這也好理解，商人都希望有個靠山，搞一搞政治投資，其實是為將來留後路。劉備曾當過買賣人，和商人能聊得來。

第三，這些投資人好像都血本無歸。張世平和蘇雙就不說了，劉備後來去了青州、徐州、冀州、豫州、荊州、益州，反正就是沒回老家，這筆投資毫無回報。麋竺好一點，至少後來做到安漢將軍，雖然沒什麼實權，但排名比諸葛亮的軍師將軍前面。不過他的成本有些大，把妹妹和弟弟都賠進去了。妹妹麋夫人不知所終，《三國演義》說是被曹軍圍困，為了讓趙雲把劉禪救出去，投井自盡。但實際情況如何，史書沒有記載。不過，以劉備一逃跑就丟老婆、孩子的作風，麋夫人至少也是進了戰俘營。麋竺的弟弟麋芳後來做南郡太守，和關羽很不和睦，呂蒙偷襲荊州，麋芳被迫投降。不到一年，麋竺鬱鬱而終。

這兩次融資，劉備雖然拉到錢，結果卻不怎麼好。可能是這個原因，劉備沒有再融到第三筆資金。尤其是在荊州，待了至少十年，拉不到投資，又做回個體小老闆。但諸葛亮來了以後，劉備終於贏得人生中投資回報率最高的一筆資金。

這一次，劉備從南陽大姓晁氏那裡借了一千萬錢，做為軍需之用（見明人何宇度《益部談資》）。和前兩次不同，這次不是向投資人白拿錢，而是借錢，諸葛亮親自做擔保，而且還打了欠條，據說一直到宋代還能見到這個欠條。

除了是「借」不是「拿」，這次融資還有兩個特點。一個是劉備的個人魅力不再發揮絕對作用，真正發揮作用的是諸葛亮這個擔保人。另一個是投資人不再是商人，而是南陽豪族。也就是說，劉備透過借錢這件事，終於和荊州豪強大族的利益捆綁在一起。

漢末三國，豪強發展非常快。想要在一個地盤上站穩腳跟，就必須得到當地豪強和世家大族的支持。豪強都是些有錢、有勢，但儒學水準一般、沒有太大政治勢力的家族；而世家大族則是有文化又做官的。

劉備當年能在徐州待住，是因為有當地的豪族麋竺、陳登支持；後來在徐州待不住，也是因為陳登這些人看上了曹操。

諸葛亮混進荊州的圈子後，在司馬徽和龐德公的加持下，得到「臥龍」的稱號，迅速提升名望，並獲得荊州世家大族的認可。

別看這種名望平時不顯山、不露水，關鍵時刻卻能發揮作用。荊州的豪強不認劉備，但認「臥龍」的牌子。

鼂氏這一千萬錢的投資，不僅為劉備重出江湖奠定資金基礎，也為之後的蜀漢注入新的血液。南陽郡後來雖然一直控制在曹魏手裡，但蜀漢後期，南陽人卻成為朝中的頂梁柱。透過這樣一筆融資，諸葛亮開始著手改造劉備集團的內部結構。

人力：向「荊漂兒」招人

有了錢，第二步就要有人。對劉備來說，經天緯地的人才倒是其次，首先要解決的還是得有人當兵。那樣一個戰火紛飛的年代，沒有兵根本無法生存。劉備當時手裡就幾千人，別說取荊州、實現〈隆中對〉的戰略，就是劉表有一天想滅了他，他都活不到第二天。

劉備此時駐紮的樊城是劉表的地盤，若是公開招兵買馬，等於搶人家的兵源，肯定不行。諸葛亮就給劉備出主意，說荊州的人不少，但真正有戶口的不多。直接徵這些人來當兵，他們肯定不高興，不如和劉表打個招呼，讓這些沒戶口的流動人口來申報戶口。當然，有了戶口，這些流民就能夠安家落戶，是好事；有了戶口，同時就有義務當兵，劉備便可以對他們徵兵，也是好事。（見《三國志・蜀書・諸葛亮傳》裴注引《魏略》及《九州春秋》）

這件事記載於裴松之注引的《魏略》，時間上說在三顧茅廬之前，歷史學者普遍認為這個時間不可靠。不過時間雖然不對，事件本身還是有一定的可能性。此後劉備南逃時，已經有了幾萬人馬，兵力翻了數倍，很有可能就是用諸葛亮的法子徵到。

還有，諸葛亮擔保融資的事情，最早見於明代史料，時間太晚；諸葛亮出主意徵兵的事情，時間點又有問題。因此，這兩部分史料的真實性都存在爭議，姑且當個故事一聽。但接下來的事情，可就是史書上言之鑿鑿的了。

根據地：向失寵公子要地

有了資金，有了兵力，現在差的就是地盤。你可能會說，劉備駐紮在樊城，不是已經有地盤了嗎？話是這麼說，但樊城是一座小城，發展前景有限；樊城還在襄陽眼皮子底下，襄陽又是荊州的政治中心，劉表等人不會眼睜睜看著劉備在這裡建設。後來曹操南征，劉表病逝，襄陽城裡的蔡瑁投降。劉備不敢取襄陽，只能去占江陵，結果帶著一幫老百姓，行軍速度極慢，半路上被曹操的虎豹騎追上，打得潰不成軍，險些成為喪家之犬。

之所以說「險些」，是因為當時劉表的長子劉琦還在江夏，而江夏就成為劉備的臨時根據地。這塊地盤正是當年諸葛亮事先替劉備留下的。

先來說說劉琦，他是劉表的長子，按理說劉表接班人應該選他。但劉表還有一個小兒子劉琮，他娶了劉表後妻蔡夫人的侄女，所以得到以蔡瑁為首的蔡氏家族支持。但劉琦很害怕蔡家的人會加害自己，由於和諸葛亮是姨表親，就找了諸葛亮好幾次，想讓他替自己出主意，結果都被諸葛亮拒絕。那時的諸葛亮，非常不想捲入劉表家族繼承人的內部爭鬥，一旦參與就等於是選邊站。蔡瑁和劉琮的邊固然沒什麼好站，道不同不相為謀；但劉琦岌岌可危，站他這邊根本沒什麼未來。

然而諸葛亮出山後，事情就不一樣了。先是劉琦出了個邪招，把諸葛亮誆到一座高樓，讓人把梯子搬走，對他說：「現在上碰不到天，下碰不到地，這地方就我們兩人，話從你嘴裡說出來，進我耳朵裡，沒別人聽見，你能給我出招了吧？」（「今日上不至天，下不至地，言出子口，入於吾耳，可以言未？」見《三國志．蜀書．諸葛亮傳》）

對諸葛亮而言，其實還是可以搪塞過去，但這次沒有，因為他要通盤考慮奪取荊州的事情。劉琦對於他、對於劉備來說，其實是「奇貨可居」。一方面，劉琦是劉表的長子，在荊州是一面政治旗幟。萬一日後和蔡瑁鬧翻，打仗也好，爭取人心也好，是一個很好的政治資源。另一方面，劉琦待在襄陽城很危險，如果能出去，一來可以保住性命，二來讓劉備多一塊儲備地盤。至於以後是和劉琦結盟，還是占掉他的地盤，可以根據情況隨機應變。總之，劉琦可以做為戰略資源儲備起來。

藉著劉琦的邪招，諸葛亮沒有再推諉。他對劉琦說：「春秋時的晉獻公想廢掉太子申生，另立奚齊。申生留在國都，被奚齊的母親驪姬誣陷自殺；後來驪姬又想害重耳，結果重耳逃出國都，不僅平安無事，而且若干年後又殺了回來，成為春秋五霸之一的晉文公。」（「君不見申生在內而危，重耳在外而安乎？」見《三國志・蜀書・諸葛亮傳》）

劉琦一下子就明白了，當時孫權正在攻打江夏，江夏太守黃祖剛陣亡，於是劉琦請命跑到江夏去做太守。這地方正好緊鄰孫權的地盤，劉備在長坂坡被曹操打得幾乎全軍覆沒，多虧有劉琦一萬多兵力的接應，才一路逃到江夏，總算沒被曹操滅掉。

然後，劉備以此為根據地和孫權交涉。特別是有劉琦這面政治招牌，使得劉備在荊州有一定的號召力與合法性。孫權去荊州和曹操打仗而與劉備結盟，最看重的正是劉備的合法性。

可見，要不是諸葛亮提前和劉琦打好關係，又為劉備留了這麼一塊地盤，劉備很可能就死無葬身之地了。

諸葛亮加入劉備集團，但沒有馬上獲得職位，而是進入試用期。劉備考察他的這段時間，諸葛亮初出茅廬就解決三大難題。他替劉備融資，想辦法招募軍隊，又結交劉琦，給劉備儲備一塊地盤和政治資源。

和一年前相比，劉備的陣營終於像點樣子了。就好比他的地攤終於有了門面，註冊了公司，招了固定員工，有了績效目標。劉備悶聲發大財，就等著荊州政局出現變動，趁機拿下荊州。可是當荊州真的發生變動時，劉備傻眼了。

因為曹操來了！

四、曹操來了，諸葛亮傻了

沒有經驗，出餿主意，鍵盤俠諸葛亮被老江湖劉備教做人。

曹操來了！

前文講了半天，都是諸葛亮教劉備做人。可是劉備畢竟比諸葛亮大二十歲啊。諸葛亮這時才二十七、八歲，初出茅廬；劉備則是奔五的老江湖了。難道劉備真的像小說裡寫的什麼都聽諸葛亮的，一點主見都沒有？

諸葛亮剛出山的幾個月裡，劉備確實對他言聽計從。可是建安十三年（二〇八年），一切都變了。這一年秋天，曹操來了，劉表死了，荊州亂了。毫無從政、從軍經驗的諸葛亮，突然失靈了。

建安十三年七月，已經統一北方大部分地區的曹操，正式出兵攻打荊州。到了八月，劉表連嚇帶病，一口氣沒喘上來直接咽了氣。劉表一死，荊州的格局全打破了。

首先，在以蔡瑁為首的荊州第一大家族蔡氏家族的擁戴下，劉表的小兒子劉琮繼位了。

其次，劉表的長子劉琦，就是之前找諸葛亮出主意，跑到江夏去保命的那位，也耐不住寂寞了。

他從江夏往襄陽跑，說是去奔喪，實際是去「辦事」，和劉琮搶位子。

這兩件事都是荊州內部的問題，第三件則來自外部：江東特使魯肅來了。

魯肅對天下形勢的預判能力不在諸葛亮之下，劉表一死，他立刻敏銳地察覺到形勢要變，馬上去見孫權，說：「劉表的兒子劉琦、劉琮，各有各的勢力，互相掐架。此外，荊州還有一個劉備，能力出眾，是曹操的死敵，但一直被劉表打壓。現在劉表死了，如果劉備能鎮住荊州，帶著荊州人抗曹，我們就和劉備結盟；如果劉備不行，荊州必亂，我們就渾水摸魚，吞併荊州。」（「夫荊楚與國鄰接，水流順北，外帶江漢，內阻山陵，有金城之固，沃野萬里，士民殷富，若據而有之，此帝王之資也。今表新亡，二子素不輯睦，軍中諸將，各有彼此。加劉備天下梟雄，與操有隙，寄寓於表，表惡其能而不能用也。若備與彼協心，上下齊同，則宜撫安，與結盟好；如有離違，宜別圖之，以濟大事。肅請得奉命弔表二子，並慰勞其軍中用事者，及說備使撫表眾，同心一意，共治曹操，備必喜而從命。如其克諧，天下可定也。今不速往，恐為操所先。」見《三國志‧吳書‧魯肅傳》）

魯肅此時還不知道曹操已南征荊州，但判斷出劉表一死，曹操不會放過這個好時機。和劉備結盟也好，趁機進軍荊州也罷，魯肅的意思是不能讓曹操奪走荊州。因為荊州在江東的上游，曹操若是占了荊州，對孫權的威脅太大了。

這是八月的形勢，當時諸葛亮還跟著劉備駐紮在樊城，和襄陽只隔著一條漢水，他什麼都沒做，靜觀其變。可是形勢變得太快，到了九月，曹操親征的部隊到了宛城（今河南省南陽市），荊州局勢又變了。

第一個變化，還是劉琮。在蔡瑁、蒯越這些荊州大族，以及一群從中原來荊州避難的大族操縱下，劉琮投降曹操。曹操收到消息時，軍隊已經到達新野。一仗沒打，整個荊州名義上已經全是他的了。

第二個變化，還是劉琦。劉琦一聽曹操來了，立刻認輸。他不去襄陽辦事了，拍拍屁股就往江夏溜。

第三個變化，終於輪到劉備。劉琮投降曹操，劉備一開始不知道。劉琮派名叫宋忠的大儒去見劉備，說我們投降了，你自己看著辦吧。劉備一看，你們投降肯定早就商量好了，現在曹操快殺到我家門口，你們才來通知我。我和曹操是什麼關係，你們又不是不知道，這不是把我往死裡整嗎？你們還挑個宋忠來報信，可真是來送終的！劉備氣得差點把宋忠砍了。（「卿諸人做事如此，不早相語，今禍至方告我，不亦太劇乎！」見《三國志．蜀書．先主傳》裴注引《漢魏春秋》）

諸葛亮也很無言，好歹姊夫姓蒯，蒯家主導的投降壓根沒通知自己，情報網在關鍵時刻完全失靈。這就是前文提到的，雖然諸葛家和蒯家聯姻，但蒯家從一開始就沒拿諸葛家當回事。

當時劉備手裡就是二、三萬的軍隊，保守點說，二萬，曹操至少二十萬，以一敵十，沒法打。劉備決定，捲鋪蓋走人。

劉備的攻心之計

可是劉備率人馬剛渡過漢水，逃到襄陽城外，諸葛亮就和他出現分歧。諸葛亮讓劉備攻襄陽，劉備說：「劉表生前對我太好了，我不忍心。」（「吾不忍也。」見《三國志．蜀書．先主傳》）他不但不攻襄陽，還跑到劉表墳前哭了一場。

有人說劉備太膽小，要是聽諸葛亮的話把襄陽直接拿下來，後面哪需要和孫權借荊州，更不會有關羽大意失荊州了。

也有人說諸葛亮出的這是什麼餿主意啊，劉琮好歹是荊州之主，蔡瑁、蒯越是世家大族的首領，也不是吃素的。襄陽城城牆又厚，劉備就那麼點人，就算加上劉琦的部隊，襄陽也不是一天、兩天能攻下來的。你攻不下來，曹操再殺過來，人家裡應外合，直接就把劉備包餃子了。就算攻下來，這時荊州兵力和襄陽城防都已受損，拿什麼抗擊曹操？最後還不是得跑路嗎？

到底是劉備膽小，還是諸葛亮的主意餿？我們來分析一下。

諸葛亮讓劉備攻城，其中的利弊，剛才說過了。劉備不同意進攻襄陽，有沒有道理呢？劉備的做法完全可以用十七年後諸葛亮征南中時，非常認可的十六個字來形容，就是：「攻心為上，攻城為下；心戰為上，兵戰為下。」

來看看劉備是怎麼攻心的。

第一步，攻平民之心。這其實是劉表死之前，劉備和諸葛亮一起完成的。前文提過，諸葛亮給劉備出主意，招納流民黑戶，給他們戶口，分他們田種，從裡面徵兵。這些人雖然要服兵役，要繳稅，但生活畢竟安穩下來，有了穩定的生活來源，便比較擁護劉備。

另外，劉備向來在地方治理方面有兩把刷子。早年在北方的平原縣當縣令，後來又在平原國當國相，把轄地治理得井井有條，非常得人心。按理來說，樊城裡的老百姓也擁護劉備。

與三國相關的小說和影視劇裡，有一個情節叫「攜民渡江」，說劉備逃亡，老百姓都捨不得，自願拋家捨業跟著他一起跑。歷史上雖然沒這麼誇張，但確實有很多人追隨劉備逃亡。

究其原因，除了得民心外，還有一個因素是徐州大屠殺的當事人——劉備和諸葛亮，此時都在樊城。也許兩人早就把他們在徐州的所見所聞，就是曹操怎麼屠殺，向樊城人民廣而告之，甚至還加油添醋一把，這是為獲取民心進行的一種政治宣傳。

第二步，攻豪強與世家大族之心。劉備帶著一幫老百姓跑到襄陽城外，拒絕諸葛亮的提議，沒有進攻襄陽。他做了兩件事，一是叫劉琮出來，估計是想問問你怎麼這麼膽小，一箭沒放，一仗沒打，就投降了？劉琮本來不甘心投降，但他還是個孩子，被蒯越這幫人一頓嚇唬，也不敢多說什麼。這會兒劉備又來了，劉琮自知理虧，嚇得趕緊躲起來，劉備連個人影都沒見到。劉琮不出來，劉備乾脆跑到劉表墳頭去哭墳。

這招可厲害了，歷史上的劉備和小說裡那個哭哭啼啼的劉備不一樣，他是喜怒不形於色的。一張撲克臉突然哭得稀里嘩啦，周圍人一看，這是動真情呀！劉備還沒說話，光這一陣哭，好感度就直線上升。

第三步，放長線，釣大魚。劉備不攻襄陽，決定向江陵轉移。一路南撤，結果成為宣傳隊。大量百姓、豪強、世家大族紛紛加入劉備集團。有些甚至不辭辛苦，特地趕來。例如枝江縣（今湖北省枝江市東北）的豪強霍峻，帶著幾百人的部曲，專門來投奔劉備。還有司馬徽的徒弟，時任臨沮縣縣長向朗，也代表向氏家族來投奔劉備。

夫濟大事，必以人為本

劉備到達當陽（今湖北省荊門市南）後，追隨的人數已達到十餘萬，每天只能走十幾里路，而當時正常的行軍速度是每天四、五十里。有人建議劉備說現在是逃命，別管這些人了，趕緊往江陵跑吧。現在帶的這些人能打仗的少，大多數是老百姓。曹操的追兵要是到了，你拿什麼擋？

劉備大義凜然地說：「要成大事，得以人為本。現在這些人來投奔我，我怎麼忍心拋棄他們！」（「夫濟大事，必以人為本，今人歸吾，吾何忍棄去！」見《三國志・蜀書・先主傳》）

我相信在這一刻，看著浩浩蕩蕩的隊伍，聽著劉備這番話，諸葛亮一定會想起當年徐州老百姓逃亡的場景；也一定會想起那時幫徐州百姓去和曹操作對的劉備。

除了不忍拋棄，劉備肯定還有別的動機。他這一路南下，其實是個移動式廣告。從襄陽到當陽，他已經走了總路程的三分之二。這一路上，老百姓、豪強、世家大族，紛紛加入他的陣營。劉備有理由相信，去江陵的最後一段路上，還會有更多人，甚至和自己、諸葛亮淵源頗深的劉琦、司馬徽、龐德公、黃承彥，都能加入進來。這樣，等劉備到達江陵時，才能真正維持住江陵的人心，組織對抗曹操，最終奪得荊州。

這是劉備慣用的政治手段，例如三年後，劉備受劉璋邀請入蜀，龐統曾建議劉備直接拿下劉璋。劉備照樣沒同意，而是廣樹人心，先確立自己的威望。劉備覺得如果不得人心，殺幾個人，奪幾座城，都沒用。你怎麼吃進去，最後還得怎麼吐出來。

到這裡，諸葛亮的主意與劉備的想法究竟孰優孰劣，應該很清楚了。年輕人的優勢是思維靈活，受到的束縛少，有很多新點子。可是年輕人也有劣勢，例如經驗不足，做事容易急功近利，顧前不顧後。諸葛亮是人不是神，也有一個成長過程。可以說，劉備南撤這件事，確實是給諸葛亮上了一課。後來諸葛亮出征南中，以及對南中地區少數民族採取的政策，都能見到劉備重視民心的影子。

劉備「以人為本」的思想，為他贏得了民心。在當陽，隨著一個人的到來，這種「民心紅利」達到頂點；但同樣是在當陽，隨著另一群人的到來，讓劉備前功盡棄，差點連命都丟了。

五、諸葛亮：進擊的鍵盤俠

經歷生死時刻，諸葛亮如何進階為實幹人才？

魯肅與劉備的「民心紅利」

劉備到達當陽後，發生兩件事。一件是江東的魯肅來了，讓劉備的「民心紅利」達到頂點；另一件是曹操的追兵也來了，劉備被打得潰不成軍。

先來說說魯肅的事。

劉表一死，魯肅立刻動身前往荊州來觀察劉備。在路上，魯肅聽說曹操南征的消息，也打聽到劉備正往江陵南撤，於是就去迎劉備，兩人在當陽相遇。魯肅一看，劉備浩浩蕩蕩十多萬人，從老百姓到世家大族，什麼身分都有。哪像逃命，這是搬家吧。

魯肅來荊州前和孫權說，如果劉備能鎮得住荊州，孫權就應該和劉備聯盟，共抗曹操。現在這場景，劉備深得人心。魯肅趕緊向劉備表達孫權的意思，勸劉備和孫權「並力」抗曹。注意，這裡說的是「並力」，齊心協力，是平等的，不是讓劉備去投奔孫權，做孫權的客將。

魯肅為了進一步拉攏劉備，還和諸葛亮套起關係。當時，諸葛亮的大哥諸葛瑾正在孫權手下。魯肅就說：「你哥諸葛瑾，那是我兄弟。」（「我子瑜友也。」見《三國志．吳書．魯肅傳》）很快，諸葛亮和魯肅結為朋友。

這時最得意的當然是劉備，首先，劉備一看，我很得民心啊。其次，江陵就在眼前，只要到了江陵，就有軍備糧草，也有根據地，抗曹也好，利用這個機會進一步控制荊州也罷，總算是有影子了。最後，外援也來了，之前諸葛亮在江夏埋了劉琦這麼一顆釘子，現在江東的孫權主動找上門來。劉備完全是走在〈隆中對〉的第一步戰略上，奪取荊州，指日可待！這裡多說一句，關於魯肅在當陽見劉備的時間，以前往往說是在劉備被擊潰以後，但這種說法在兩個問題上難以解釋。

一個是，如果當時劉備已經潰不成軍，魯肅為什麼還要和劉備談同盟？魯肅提出和劉備結盟的前提條件是劉備能夠鎮得住荊州。如果他見劉備時，已經潰不成軍了，還談什麼同盟？直接讓劉備去投奔孫權就行了。而魯肅始終說的是讓劉備和孫權聯合，除非是他見識過劉備在荊州的政治能量，否則說不通。

另一個是，如果劉備已經潰不成軍，玩命逃跑，魯肅又怎麼會那麼巧找到劉備，劉備又怎麼會刻意在當陽停下來等魯肅？這仍然說不通。

唯一的解釋是，魯肅見劉備時，劉備還沒有被擊潰。

為什麼劉備會失算？

可是有句話叫計畫趕不上變化，人算不如天算。劉備最得意時，曹軍突然從天而降！劉備這十餘萬人裡，本來能打仗的就一、二萬，再加上曹軍突如其來的都是騎兵，瞬間把劉備殺得人仰馬翻。最後，劉備只帶著諸葛亮、張飛、趙雲等幾十個人騎馬跑了。要不是在漢水邊上遇到關羽的水軍，把這些人運到船上，除了關羽以外的整個劉備集團，捎帶著江東的魯肅，都得被曹操團滅了。

劉備慢慢吞吞地去江陵，不是要攻心嗎？現在好了，命差點沒了，還提什麼移動式廣告，什麼心戰為上？這樣看來，劉備也是個二把刀，根本不行。

劉備到底是不是二把刀，我們來算個帳。按照漢代的計量方法，襄陽到當陽有三百里，正常行軍要六到八天，劉備走了將近二十天。從當陽到江陵有一百五十里，劉備大約還需要走十天。而整個襄陽到江陵的路程是四百五十里，正常行軍大概要走十一天。

劉備走到當陽時，曹操正好到襄陽。也就是說，如果曹操馬上發兵，按照正常速度行軍，到達江陵需要走十一天；而劉備需要十天。劉備不但能夠在曹操之前到達江陵，甚至還有點時間修整部隊，加強城防。更何況，曹操在襄陽再修整一、兩天，消化一下荊州的投降人士，鐵定追不上劉備。

但劉備忘了，曹操可是把他看得比袁紹這幫人還重要。曹操說了，天下英雄只有自己和劉備。（「今天下英雄，惟使君與操耳！」見《三國志．蜀書．先主傳》）劉備是人傑，不能給他機會，否則必成後患。曹操到了荊州，派出特種部隊虎豹騎追擊劉備。這支部隊是百裡挑一，戰鬥力非常高，可以說是當時威力最強的騎兵部隊。虎豹騎日行三百里，結果十一天的路程，虎豹騎一天半就殺到了，給劉備來了個措手不及。

這下可好，上一秒劉備還以為自己是荊州首富，是意見領袖，是網紅。結果這一秒，輸得連褲子都沒了。一萬多的軍隊沒了，十多萬民心也沒了；當年顧諸葛亮草廬時，看上諸葛亮的人脈也沒了；龐德公、司馬徽都降曹，最後徐庶因母親被抓，也跑了。現在好了，別說什麼〈隆中對〉，誰能給他一個草廬住，都阿彌陀佛了。

誰在堅持孫、劉結盟？

魯肅這時就問了：「現在劉豫州要去哪裡呀？」（「豫州今欲何至？」以下均見《三國志·蜀書·先主傳》裴注引《江表傳》）

劉備說：「我和蒼梧太守吳巨有舊，想投奔吳巨去。」（「與蒼梧太守吳巨有舊，欲往投之。」）當時，蒼梧（今廣西壯族自治區梧州市）人跡罕至，劉備要真去蒼梧，就和等死差不多了。

這時的劉備可能在想兩件事，其一，他現在元氣大傷，這個聯盟是不是成不了了。他也不好意思去和孫權合作，直接說我找兄弟，求他給口飯吃。其二，他其實非常希望和孫權合作，但沒本錢了，孫權還願不願意呢？所以他把皮球踢給魯肅，試試他的口風。

沒想到，魯肅連口水都沒吞一口，直接說：「劉豫州投什麼吳巨啊？吳巨人不行，蒼梧那地方也不行。我們孫將軍厲害了，你來江東吧，和我們聯合抗曹！」（「孫討虜聰明仁惠，敬賢禮士，江表英豪，咸歸附之，已據有六郡，兵精糧多，足以立事。今為君計，莫若遣腹心使自結於東，崇連和之好，共濟世業，而云欲投吳巨，巨是凡人，偏在遠郡，行將為人所併，豈足託乎？」）

魯肅明白劉備是在賣關子，大家都在船上，都在漢水上，而且後來又遇到劉琦派來的一萬多人。順著漢水入長江，下一站必然是江夏的夏口（今漢江與長江交匯處附近）。到了夏口，離孫權的地盤就很近了，還去什麼蒼梧啊。

魯肅懶得和劉備兜圈子，直接說按照最初的方針，你和我們聯合抗曹，別試探了，用不著。劉備等的就是這句話。

請纓出使江東

還有一個人一直在等魯肅這句話，就是諸葛亮。

自從出了個餿主意後，諸葛亮一直很沉默。以前在荊州時，覺得自己有管仲、樂毅之才，至少以後能成為這樣的人吧。初出茅廬，更是一顯身手。可是真遇到事，諸葛亮才真正見識到什麼叫一言興邦，一言亡國。每做一個決策可能會產生各種結果，有些是可預知的，還有很多是不可預期的。如果過去在隆中，諸葛亮還是個鍵盤俠，從襄陽南撤這一路，諸葛亮才真正開始向實幹人才轉變。

魯肅拋出橄欖枝給劉備後，諸葛亮坐不住了。大家剛到夏口，諸葛亮馬上向劉備請示：「事情非常緊急了！我請命向孫將軍求救！」（「事急矣，請奉命求救於孫將軍。」見《三國志・蜀書・諸葛亮傳》）劉備這時也著急，一看諸葛亮主動請纓，當即決定讓他跟著魯肅去江東見孫權。

孫權此時正在柴桑（今江西省九江市），距離荊州非常近。建安十三年初，孫權曾攻打江夏，還把劉表的江夏太守黃祖打死了。出於這個原因，劉琦才有機會跑到江夏。這之後不久，曹操開始在鄴城（今河北省臨漳縣）挖玄武池練水軍，很明顯，他在昭示天下：自己要南征了。孫權怕曹操先征江東，於是從江夏撤軍。我推測此後他和主力部隊一直駐紮在柴桑。

從側面已經給了諸葛亮一個訊號：孫權對荊州的態勢非常關注。從夏口到柴桑，這一路上，諸葛亮都和魯肅結伴而行，肯定從魯肅那裡了解到一些江東的情況。

沒有諸葛亮，孫權一樣會抗曹

江東現在是什麼情況呢？曹操寫了封信給孫權，大意是，曹操在荊州有八十萬駐軍，要和孫權在江東的首府吳郡打獵。（「今治水軍八十萬眾，方與將軍會獵於吳。」見《三國志・吳書・吳主傳》裴注引《江表傳》）說白了，就是要吞併江東。

孫權這時二十七歲，只比諸葛亮小一歲。曹操想嚇唬他，讓他和劉琮一樣趕緊投降，順便把劉備交出來當投名狀，不戰而屈人之兵，省大事了。

曹操挾天子以令諸侯，諸侯未必令得動，但世家大族都很買他的帳。江東也一樣，以張昭為首的大族都勸孫權投降。但孫權不是劉琮，他還想稱霸一方呢。直到魯肅回來，總算有人支持孫權。後來魯肅又說：你把周瑜叫回來，問問他的意見。結果在周瑜的支持下，孫權終於下定決心，戰曹操，保江東。

這就是孫權決策的全過程。過去小說總說諸葛亮到江東舌戰群儒，又說曹操要來抓孫權的嫂子和周瑜的老婆，激起孫權和周瑜的抗曹決心，純屬瞎扯淡。孫權見諸葛亮時，確實當面表態要抗曹，但要不是內部早就決策好，他怎麼可能輕易在外人面前，一時衝動做這麼大的決定呢？

既然孫權抗曹的決策和諸葛亮無關，諸葛亮幹什麼來了？對於後來的孫劉聯盟、赤壁之戰，豈不是半點功勞都沒有了？諸葛亮當然有功勞，不然赤壁之戰後，劉備不會封他為軍師中郎將。「孫劉聯盟」一共有四個字，前三個字「孫劉聯」，主要是孫權和魯肅促成。而諸葛亮最大的貢獻是第四個字──「盟」。諸葛亮來到江東，代表的是劉備，最大的貢獻不是讓孫權來幫自己打曹操，而是為劉備爭取到與孫權平起平坐的地位，共同對付曹操。

六、諸葛亮在赤壁之戰中的貢獻

結交魯肅，智激孫權，諸葛亮如何有尊嚴地求人辦事？

平等結盟的兩個難題

擺在諸葛亮眼前有兩個難題。第一個，孫權到底打不打曹操。魯肅親見劉備潰敗，孫權一直覬覦荊州。如果孫權想趁機撈一把，和曹操把劉備瓜分了，劉備毫無抵抗之力，必死。退一萬步，就算孫權不來瓜分荊州，一直在柴桑袖手旁觀，劉備肯定也無力抗曹，就算不死，夏口絕對待不住。

孫權和魯肅一開始就有心聯合劉備抵抗曹操，這一點劉備和諸葛亮心知肚明。那時的劉備有十多萬追隨者，可是現在這些追隨者都灰飛煙滅。就好比說你是百萬網紅，粉絲一大把，昨天在ＦＢ上振臂一呼，大家雲集響應，投資方拿著錢來找你談合作；結果今天你的ＦＢ被封了，買賣還怎麼談？

劉備的勢力遭到嚴重削弱後，孫權和魯肅還能不能堅持最初的態度聯合抗曹？這一點，諸葛亮需要確定。

除此之外，擺在諸葛亮面前的還有一個非常重要的問題，而又常被人忽略，就是即便孫權同意幫劉備打曹操，劉備在這場戰役中是什麼角色？什麼地位？八年前打官渡之戰，劉備也和袁紹聯手，但那時他是投奔袁紹，是袁紹的附庸，不是獨立的，和袁紹不平等。劉備還投奔過陶謙、劉表當客將，有一定獨立性，但始終獨立不起來。

現在的形勢是劉備隨時可能被滅，能不能活命，就看孫權出不出手。按照劉備的一貫作風，這一次搞不好還會變成投奔。當初魯肅問劉備去哪裡，劉備說到蒼梧投奔吳巨。雖然他未必真有這個打算，但無意之中，就把「投奔」這種潛意識說出來了。

但諸葛亮給劉備制定〈隆中對〉，前提就是劉備必須保持獨立，以後要和曹操和孫權三分天下，諸葛亮去見孫權，不僅要勸孫權一起打曹操，還要說服孫權和劉備平等聯盟，至少名義上要平等。說句公道話，劉備現在這情況，他真沒有資格要平等。

諸葛亮的這個想法不是多慮，孫權在權衡對曹操是戰是和的問題上，有沒有劉備可能不那麼重要。在江東，最支持孫權抗曹的兩個人是周瑜和魯肅，他們勸孫權決戰曹操時，劉備因素被完全忽略。

周瑜說：曹操不善水戰，水土不服，不用理這老傢伙，他就是個紙老虎，一捅就破。（「今使北土已安，操無內憂，能曠日持久，來爭疆埸，又能與我校勝負於船楫可乎？今北土既未平安，加馬超、韓遂尚在關西，為操後患。且舍鞍馬，仗舟楫，與吳越爭衡，本非中國所長。又今盛寒，馬無槁草，驅中國士眾遠涉江湖之間，不習水土，必生疾病。此數四者，用兵之患也，而操皆冒行之。將軍禽操，宜在今日。」見《三國志．吳書．周瑜傳》）

魯肅說：我們幾個降曹，以後還能繼續做高階主管，替誰打工不是打工，無所謂啊；可是孫將軍不行，你是老闆，要是投降了，曹操把你放哪裡呢？（「向察眾人之議，專欲誤將軍，不足與圖大事。今肅可迎操耳，如將軍，不可也。何以言之？今肅迎操，操當以肅還付鄉黨，品其名位，猶不失下曹從事，乘犢車，從吏卒，交遊士林，累官故不失州郡也。將軍迎操，欲安所歸？願早定大計，莫用眾人之議也。」見《三國志．吳書．魯肅傳》）

連最開始主張孫、劉聯盟的魯肅，在勸孫權抗曹時，都沒提劉備的事。再看孫權，他說：「曹操這個老賊想篡位，就怕袁紹、袁術、呂布、劉表，還有我孫權。現在群雄都死了，就我還活著。我和老賊勢不兩立！」（「老賊欲廢漢自立矣，徒忌二袁、呂布、劉表與孤耳。今數雄已滅，惟孤尚存，孤與老賊，勢不兩立。」見《三國志．吳書．周瑜傳》）孫權把曹操忌憚的人說了一圈，還是沒劉備什麼事。諸葛亮現在去見孫權很尷尬，因為不是雪中送炭，是錦上添花。添花還要談條件，就得好好動一下腦筋。

第一步：自抬身價

一般來講，遇到這種緊急情況，出門求人，常用的兩種辦法是「賄」和「哀」。「賄」就是賄賂，我給你錢，給你地，你幫我一把，說白了就是利益交換；「哀」就是和對方哭窮賣慘，博取同情。但這兩種辦法，一上來就讓人家知道底線在哪裡。你哭完，給完錢，人家幫你就不錯了，還談什麼條件呀？所以「賄」和「哀」都不是首選的辦法。

還有一種談判思路，就是讓對方相信，我來和你談判不是為了自己，而是為了你。別小看這種思維，大多數人在談判時，都想怎麼對自己有利，卻忘了怎麼說能讓對方也覺得有利。但從實力來看，劉備潰敗後，他對孫權只能錦上添花。光和孫權說，與劉備聯合有什麼好處，孫權可能根本聽不進去。孫權也不傻，你口吐蓮花，不就是來空手套白狼嘛！所以，這場談判的第一步是要讓孫權真正重視劉備。

諸葛亮和魯肅到了柴桑，估計等了幾天。這幾天孫權要見魯肅、見周瑜，對局勢有個內部判斷。等諸葛亮見到孫權，既不用「賄」，也不用「哀」，也沒有開門見山說我是為你好。他劍走偏鋒，用了「激」，就是「激將法」。

他開場說：「現在天下大亂，孫將軍您占據了江東，劉豫州（劉備）本來也在漢水之南，招攬了很多人，我們兩家都在和曹操爭天下。」（「海內大亂，將軍起兵據有江東，劉豫州亦收眾漢南，與曹操並爭天下。」以下均見《三國志・蜀書・諸葛亮傳》）諸葛亮一上來，就把劉備抬到和孫權一樣的地位，我們兩家是一樣的，都是曹操的心腹大患。

諸葛亮又說：「曹操現在把天下諸侯滅得差不多了，實力太強大，把荊州也打下來了。英雄無用武之地，劉豫州才逃到夏口去。」（「今操芟夷大難，略已平矣，遂破荊州，威震四海。英雄無所用武，故豫州遁逃至此。」）我們敗了，不是劉備弱，是曹操太強。言外之意，看看你，換你也不一定打得過曹操。

到這裡，孫權還沒什麼反應。吹牛誰不會？你接著吹。

第二步：激將下套

諸葛亮把前提設置好，話鋒一轉，開始說孫權：「將軍掂量自己的實力，再決定怎麼對待劉豫州。要是有本事和曹操決一死戰，現在就趕緊和他一刀兩斷；要是沒這能耐，還不如早點投降。現在將軍是外託臣服的名義，心裡卻一直猶豫是打還是和。曹操都打到你家門口了，還下不了決斷，你就等著倒楣吧！」（「將軍量力而處之。若能以吳、越之眾與中國抗衡，不如早與之絕；若不能當，何不案兵束甲，北面而事之！今將軍外託服從之名，而內懷猶豫之計，事急而不斷，禍至無日矣！」）

這話一說，孫權有點坐不住了。孫權比諸葛亮小一歲，才二十七歲，正是年輕氣盛的時候。你們家劉備都被打得迷失方向，上門來求我，你還挖苦我，讓我投降。你怎麼不投降，你全家都投降！

孫權說話就有點酸了，他問諸葛亮：「要真像你說的這樣，你們家劉豫州怎麼不投降呀？」（「苟如君言，劉豫州何不遂事之乎？」）諸葛亮一看，行，上鉤了，有戲，趕緊對孫權加油添醋：「將軍知道田橫吧？齊國的壯士，還知道要守道義，不受屈辱呢。何況劉豫州是漢室之後，英才蓋世，士人仰慕他，就和水歸大海似的。要是打不過曹操被滅了，那是天意，滅了就滅了，劉豫州哪會甘心投降呢？」（「田橫，齊之壯士耳，猶守義不辱。況劉豫州王室之胄，英才蓋世，眾士慕仰，若水之歸海。若事之不濟，此乃天也，安能復為之下乎！」）

這話就很氣人了，田橫是楚、漢之際的齊國宗室後裔，不肯向漢高祖劉邦投降，最後自殺了。孫權再這麼猶猶豫豫，你連一個壯士都不如，算什麼英雄，還不如真投降算了。你再看劉豫州，要能力有能力，要人心有人心。反正我們寧死不屈，打死也不投降！

孫權氣啊！剛才你讓我投降，現在好了，田橫就一匹夫，你居然說我不如一匹夫。你們家劉備不就賣草鞋的嗎？被人攆著跑，還寧死不屈？我孫權是什麼人，還比不上一個賣草鞋的？誰投降啊，我和你說，老子早就表態要和曹操老賊打到底了。

孫權本來還想擺架子，讓諸葛亮求求自己，好開條件。這下可好，他被諸葛亮氣得勃然大怒，架子也沒了，當場咆哮上了：「我絕對不能舉全吳之地，十萬之眾，受制於人。我計決矣！打！」

諸葛亮這時就偷笑了，嘿嘿嘿，我要的就是你這句話。孫權表態要打曹操，底線全暴露，我也踏實了。現在再來談條件，要錢、要地，可就沒那麼容易了。

第三步：除了利益，還是利益

孫權激動完了，知道自己掉進坑了。但對於劉備，他不能視而不見。諸葛亮這麼一搗亂，孫權明白了，劉備是寧為玉碎，不為瓦全。劉備不會降曹，當然也不會投奔孫權。現在荊州的局勢，要嘛曹操滅劉備，然後孫權單獨打曹操；要嘛孫權先滅劉備，再去打曹操。哪個划算？哪個也不划算。最划算的是和劉備一起打曹操。

於是，談判進入下一個議題：聯合劉備，對孫權有什麼好處？

孫權先問：「你說除了劉豫州，誰也擋不了曹操。可是現在劉豫州剛被打敗，他哪裡有本事去擋呀？」（「非劉豫州莫可以當曹操者，然豫州新敗之後，安能抗此難乎？」）孫權說出這種話，顯然已經開始考慮和劉備聯合的可能性了。諸葛亮終於等到這個機會，分三點向孫權闡釋孫、劉聯盟的可行性。

第一點，劉備有實力。諸葛亮說：「劉豫州雖然剛被打敗，但現在手裡的人，加上關羽的水軍，還有一萬人。劉琦在江夏的部隊，也有一萬人。」（「豫州軍雖敗於長坂，今戰士還者及關羽水軍精甲萬人，劉琦合江夏戰士亦不下萬人。」）也就是說，劉備手裡至少還有二萬人。

孫權一聽，可以。他讓周瑜等人去打曹操，才給三萬人。劉備二萬，入股也占四〇％了，看來劉備還沒到山窮水盡的地步。而且關鍵是劉備之前的號召力，魯肅見過；劉備和劉琦的部隊，魯肅也見過。眼見為實，在孫權看來，諸葛亮不是虛張聲勢，確實是實話實說。

可是孫權忘了，劉備這二萬人有一半是劉琦的。劉琦雖然和劉備關係不錯，但兩人是半合作的關係。更何況，劉備沒有諸葛亮說的有那麼大決心。劉備這時早就聽魯肅的，跑到孫權的地盤樊口來了。這說明劉備怕得要死，你再嚇唬、嚇唬，說不定就來當客將了。還有，劉備手裡那一萬兵，也不敢全投到戰場上。萬一打輸了，還得留點本錢給自己。後來周瑜率軍去打曹操，自己帶了江東三萬水軍，劉備一開始只帶二千人跟在後邊。這一點，孫權是被諸葛亮給糊弄了。

再看第二點，曹操打不贏。諸葛亮說曹操從南陽一路下荊州，一天跑三百里追劉備，士兵已經很疲憊，這是「強弩之末，勢不能穿魯縞」。《兵法》上說，這樣的軍隊將領必然受挫。而且北方人不善水戰，荊州民心沒有完全歸附曹操，所以曹操打不贏。（「曹操之眾，遠來疲弊，聞追豫州，輕騎一日一夜行三百餘里，此所謂『強弩之末，勢不能穿魯縞』者也。故《兵法》忌之，曰：『必蹶上將軍。』且北方之人，不習水戰；又荊州之民附操者，偪兵勢耳，非心服也。」）

孫權一聽，嗯，這個分析也可靠，和周瑜說的差不多。

最後一點，是對孫權有好處。到此時，諸葛亮已經把孫權的心理摸透了。孫權一開始派魯肅來結交劉備，可以說本意就是聯合荊州；萬不得已才會考慮在荊州獨當一面。說明從長期來看，孫權還沒有單挑曹操的實力，至少他沒這個信心。

別看孫權是一方之主，其實他一直活在父親和兄長的陰影之下，此時還處在想證明自己又怕技不如人的階段。從心理上講，能把曹操打跑，對孫權來說，已經是個巨大勝利。至於要不要直接吞了荊州，這是以後的事，現在顧不了這麼多。眼下只要荊州不在曹操手裡，他就放心了。

諸葛亮給孫權分析好處，就說：「如果孫將軍能派猛將統兵數萬，與劉豫州勠力同心，必然能攻破曹操。曹操一敗，必然北還。到時候，劉豫州在荊州，孫將軍在江東，我們兩家的勢力就強大起來，三足鼎立的形勢就正式形成了。」（「今將軍誠能命猛將統兵數萬，與豫州協規同力，破操軍必矣。操軍破，必北還，如此則荊、吳之勢強，鼎足之形成矣。成敗之機，在於今日。」）

孫權一聽，我要的就是這個。於是興高采烈，當即決定出兵，讓周瑜等人帶著三萬人，跟著諸葛亮去見劉備，打曹操。孫、劉聯盟的事，就這麼愉快地決定了！

可以說，對於抗曹和孫、劉聯盟，孫權早就有意願。但從劉備的角度，要爭取平等的聯盟機會，不帶附加條件，則非常困難。諸葛亮這次出使，展現高超的外交天賦和談判技巧。

第三章

昭烈興漢

一、「借荊州」，借的到底是什麼？

搶占先機，平等談判，劉備突破封鎖線。

建安十三年，諸葛亮代表劉備出使江東，為劉備爭取到與孫權平起平坐、結盟抗曹的地位。緊接著發生的就是著名的赤壁之戰。

小說和影視作品裡，諸葛亮草船借箭，祭東風；龐統獻連環計，讓曹操把戰船連在一起；周瑜用反間計除掉蔡瑁，最後用黃蓋的苦肉計騙過曹操，火燒赤壁。整場戰役裡，諸葛亮的東風是關鍵，沒有東風，什麼都白搭，所謂「萬事俱備，只欠東風」。

可是歷史上除了「火燒赤壁」，其他的事全是虛構。整場赤壁之戰，主導者是周瑜，根本就沒有諸葛亮什麼事，諸葛亮真正大放異彩是在赤壁之戰之後了。

赤壁之戰後，劉備的困窘

赤壁戰敗，曹操率主力返回北方。次年（二〇九年），周瑜和劉備的聯軍又攻占江陵（今湖北省荊州市）。劉備還渡過長江，打下長江以南的四個郡。原本統一的荊州，被曹、劉、孫三家瓜分。

此時，荊州共有十三個郡，相當於今十三個直轄市。這十三個郡裡，北部的五個郡，包括南陽、章陵、南鄉、襄陽，以及設在江北的江夏郡，屬曹操；其區域大體包括今河南南部、湖北北部。中部的四個郡，包括南郡、臨江、蘄春，以及設在江南的江夏郡，屬孫權；其區域大體包括今湖北南部，就是長江沿線地帶。南部的四個郡，包括武陵、長沙、桂陽、零陵，基本屬劉備；其區域大體包括今湖南。其中武陵郡和長沙郡，還有一部分在孫權手裡。

這三大地區中，曹操占的荊州北部最富庶，人才也多。孫權占領的中部有長江水道，是交通樞紐，東接江東，西入益州，北連曹操的襄陽，南通劉備的四郡，是戰略要地。可以說，曹操和孫權的兩塊地盤都不錯。

再看劉備占領的南部，雖然面積最大，但在漢末還沒怎麼開發，人口少、經濟差，就一個字：窮！而且北邊被周瑜在南郡一攔，不管是打曹操，還是打益州的劉璋，沒門！門讓人家堵著呢。戰後的一年裡，劉備處心積慮想要得到南郡，只有得到南郡，他才能得到條件好的地盤，才能得到繼續向外擴張的出口。

求督荊州

劉備是怎麼做的呢？

第一步是把大本營安在靠北的地方，他就賴在長江邊上，堅決不往江南四郡的腹地去。當時周瑜是南郡太守，劉備就和周瑜在南郡和武陵交界的地方、長江南岸邊上要了塊地，把主力部隊駐紮在這裡，取名叫公安。不是「公共安全」的意思，而是「劉公安全」，即劉備安全的意思。這個地方就在今湖北省公安縣西，離江陵不遠。

劉備的第二步就是借荊州，或者更準確地說，是借南郡。本來孫、劉聯軍打南郡時，劉備擁立劉表的長子劉琦當荊州刺史。結果南郡是打下來了，劉琦卻死了。但是，名義上荊州總得有個管事的。按說周瑜控制著南郡，又是赤壁之戰和南郡之戰的總指揮，由他來當刺史州牧，或者江東方面出人當，完全說得通。但周瑜得聽孫權的，他主管荊州，需要有孫權的任命，一來一回，得有些日子。

劉備就不一樣了，人就在荊州，他要說自己是荊州牧，就是一句話的事，馬上生效。再加上他之前就在荊州混，又和劉琦合兵來打曹操，繼承荊州有一定的合理性。劉琦死後，劉備在關羽、張飛、諸葛亮等人的擁護下，馬上自稱荊州牧，先把這個商標註冊了。

此時，諸葛亮在戰前爭取來的平等地位發揮作用。劉備自立為荊州牧，孫權這邊也沒說什麼，畢竟大家是盟友，至少名義上劉備和孫權是平等的，不是孫權的附庸。劉琦之前一直在劉備手裡，劉備又是代表荊州參戰，在那四個郡上自立州牧，孫權完全沒有立場反對。不僅不反對，還把自己的妹妹，就是民間傳說的孫尚香嫁給劉備。希望透過這次政治聯姻來維持聯盟，也算是對劉備稱荊州牧的認可。

從這個角度來看，孫權在此時，對孫、劉聯盟還是比較誠懇。不過孫權畢竟年輕，有時底線暴露太快。諸葛亮出使江東時，用了一個激將法，就把孫權打曹操的底線摸透了。這次也是，孫權主動聯姻，說明他很重視孫、劉之間的同盟關係。

劉備一看，趕緊借坡下驢，親自跑到京城（今江蘇省鎮江市）見孫權，說是求都督荊州。這話說得比較委婉，荊州一分為三，劉備那一塊不用求孫權；曹操占的北部，求孫權也沒用。劉備來求的是孫權控制的荊州中部，更準確地說，是周瑜控制的南郡。

孫權與周瑜的小九九

對於劉備的提議，周瑜堅決反對，還上疏給孫權說：「劉備以梟雄之姿，而有關羽、張飛熊虎之將，必非久屈為人用者。愚謂大計宜徙備置吳，盛為築宮室，多其美女玩好，以娛其耳目，分此二人，各置一方，使如瑜者得挾與攻戰，大事可定也。今猥割土地以資業之，聚此三人，俱在疆埸，恐蛟龍得雲雨，終非池中物也。」（《三國志．吳書．周瑜傳》）說劉備是梟雄，早晚還得起來搞事情。現在來都來了，乾脆把他軟禁，用美女、金錢消磨他的意志，再透過他來控制關羽、張飛，實際上就是慢慢消化劉備集團。

這條建議可謂釜底抽薪，把劉備軟禁了，能不能指使關羽、張飛替自己賣命，這個不好說，但至少能夠防止他坐大。可以說，周瑜當時眼中最大的威脅，不是曹操，因為曹操剛打了敗仗，不會馬上南下。他認為最大的威脅是劉備。

但魯肅不贊成周瑜的想法，他覺得曹操才是最大的敵人。魯肅一向主張孫、劉聯盟。現在周瑜占據南郡，像條舌頭一樣從江東伸出去，夾在曹操和劉備中間，就靠一條長江水道來維繫，孤軍深入，沒有戰略縱深。你要抗曹，劉備躲在你後邊，使不上勁，你成了劉備的盾牌；你要西征打益州，又怕被曹操、劉備抄了後路。而且江東孫氏以前一直和荊州為敵，現在剛進入荊州，還沒得民心。這種情況下，夾在曹、劉之間，非常危險。

魯肅說：「不可。將軍雖神武命世，然曹公威力實重，初臨荊州，恩信未洽，宜以借備，使撫安之。多操之敵，而自為樹黨，計之上也。」（《三國志・吳書・魯肅傳》裴注引《漢魏春秋》）說曹操太厲害，我們在荊州沒有群眾基礎，索性把南郡借給劉備，曹操要南下，就得同時對付孫、劉兩家。

周瑜和魯肅眼裡的敵人不同，在借荊州的問題上有不同看法。最後孫權還是認同魯肅的觀點，沒有軟禁劉備，而且許諾把南郡借給劉備。目的達成的劉備立即投桃報李，表孫權為行車騎將軍，領徐州牧。

劉備早年在北方，曾短暫投靠過曹操。曹操為了攏絡他，透過漢獻帝冊封劉備為左將軍、豫州牧、宜城亭侯。左將軍的級別與諸卿相當，別看劉備有時十分落魄，他在名義上一直是行政官員，而且還是侯爵。

孫權這時雖然據有江東，坐穩是天下第二，但從漢朝的職官體系來看，他只是擔任討虜將軍、會稽太守。討虜將軍是雜號將軍，會稽太守是地方官，而且孫權還沒有正式冊封的爵位。

當時天下大亂，但各方諸侯還承認漢朝朝廷。雖然他們經常替自己封官，但一定要走個程序，就是找朝廷正式任命的官員上表推薦。車騎將軍，按照東漢的官制，算是軍隊中的三號人物，前面加個「行」字，相當於代理的意思；徐州牧，就是徐州的最高長官。劉備給孫權走的這個手續，幾乎毫無成本，但從名義上，孫權的地位大幅上升，立刻躋身國家級高官行列。同樣，孫權也可以給劉備走個形式，讓劉備的荊州牧合法化。

兩人就這麼自說自話，一個成為代理的國家軍隊長官，一個成為正式的荊州軍政長官。

孫、劉聯盟，曹操驚懼

沒多久，這個消息就傳到曹操那裡。曹操當時正在寫字，一聽說孫權把南郡借給劉備，驚懼得手裡的筆都拿不住了，直接掉到地上。（見《三國志·吳書·魯肅傳》）

可是孫權轉臉就不想認帳，建安十五年（二一〇年），周瑜親自到京城去見孫權，要西征益州，吃掉劉璋和張魯，和曹操南北對峙，這就是「二分天下之策」。這時孫權早已答應把南郡借給劉備，只是雙方還沒有具體交接；孫權又同意周瑜去打益州，可是如果南郡真的給劉備，周瑜西征就沒有大後方，就算打進益州，也是塊飛地，回來還得收拾劉備。

孫權這個做法有點出爾反爾，要嘛是藉著周瑜西征，拖延交接南郡的時間；要嘛是拉著劉備西進，逼他打頭陣；要嘛是趁著還沒把南郡給劉備，讓周瑜先一步占領益州，到時候是繼續和劉備聯盟，還是滅了劉備，可以根據情況決定。

可是孫權和周瑜這個做法，非常不顧盟友劉備的利益。若劉備只是客將還好說，反正是附屬的；但劉備是平起平坐的盟友，你這麼做就是自造矛盾。如果周瑜真的西征，劉備恐怕不會乖乖就範。

不過歷史沒有如果，就在周瑜從京城返回江陵準備西征的路上，突然病逝。孫、劉兩家在荊州問題上的矛盾一下子緩和了。周瑜死後，魯肅接掌荊州事務，將南郡和三峽中設置的臨江郡借給劉備，自己則退到長沙郡東北部。到此時，孫、劉兩家在荊州的爭端，總算告一段落。

可以看出這一時期，與孫權、周瑜爭奪荊州的主要是劉備。

諸葛亮在當中發揮多大的作用，史書沒有記載。應該說，在對孫政策方面，基本上是劉備主導。

當然，劉備爭奪荊州的控制權，和〈隆中對〉既定爭奪天下的戰略有很大關係；劉備有機會和孫權借荊州、爭荊州，關鍵之一是赤壁之戰前諸葛亮爭取的平等同盟關係。

建立荊州根據地的這兩年中，劉備過得非常窩火。諸葛亮後來回憶說：「主公之在公安也，北畏曹公之強，東憚孫權之逼，近則懼孫夫人生變於肘腋之下；當斯之時，進退狼跋。」（《三國志・蜀書・法正傳》）劉備在荊州，北邊怕曹操再度南下，東邊怕孫權打過來，身邊還有個孫權的妹妹，這個孫小妹非常好武，平時都帶著傢伙，劉備還得防著哪天被她給砍了。南郡又長期被周瑜控制，劉備進退不得，非常狼狽。

二、出任荊州的稅務局長與人事部長

推薦龐統、馬良，諸葛亮如何利用人脈優勢，替老闆團隊換血、造血？

總管三郡賦稅

建安十五年，赤壁之戰後第二年，劉備成功借到南郡，擁有大半個荊州。整個打荊州和借荊州的過程，應該說是劉備親自主導。那麼，這段時間，諸葛亮在做什麼呢？

首先，諸葛亮因赤壁之戰前的外交功績，正式被劉備任命為軍師中郎將。理論上，中郎將（按漢朝祿秩，級別為比二千石）相當於今天的地方機關長官，諸葛亮的職位已經比父親諸葛珪生前擔任的泰山郡丞（六百石）高多了。當然，戰亂時期，別說中郎將，就是更高級別的將軍也很多，這個中郎將在級別上還是有水分的。

諸葛軍師的稱呼就是從這時候開始。但這時的諸葛軍師做的不是行軍布陣、出謀劃策的大事。劉備讓他解決的還是剛出山時那點麻煩事：要錢，要人。其實，稱諸葛軍師為諸葛大管家更合適一些。

先看錢，現在劉備鳥槍換大炮，不擺地攤了。他現在是荊州牧，有地盤，用不著整天拉贊助。劉備從過去找人投資的階段，進化到現在靠地盤收稅的階段，諸葛亮就是負責收稅的人。

這時期的諸葛亮「督零陵、桂陽、長沙三郡，調其賦稅，以充軍實」（《三國志・蜀書・諸葛亮傳》）。也就是說，負責徵收三個郡（今屬湖南省東南部）的賦稅，做為軍餉的主要來源。諸葛亮的辦公地點設在臨烝（今湖南省衡陽市），這個地方是三郡的交界地。

乍一聽，諸葛亮就是個地方稅務局局長。可是別忘了，劉備當時手裡一共四個郡，位於西部的武陵郡不設太守，由劉備直轄（關於武陵郡的歸屬情況素有爭議，孫權亦任命黃蓋為武陵太守，並活躍於武陵、長沙一帶。當時孫、劉兩家在武陵、長沙的地盤犬牙交錯，劉備大本營設在武陵的公安，估計武陵郡為其直轄）；其餘東南部三個郡的稅收大權全交給諸葛亮，由此可見，劉備對於諸葛亮還是非常信任和滿意，而且諸葛亮這份差事絕不是可有可無。

舉賢不避親，拉兄弟馬良入夥

除此之外，諸葛亮還做了一件更重要的事，可以稱為「造血」，或者說「換血」。這兩年裡，諸葛亮大量為劉備引進人才，甚至大規模改變劉備集團的人才結構。舉三個例子。

第一個，馬良。他有個弟弟比他更有名，叫馬謖。荊州除了最頂級的四個家族之外，還有一些家族很有勢力，出了不少人才，馬氏就是其中之一。

當時馬氏兄弟共五人，馬良是老四，馬謖是老五。五兄弟的字裡都有「常」字，例如馬良字季常，馬謖字幼常。馬良的眉毛中間有白毛，鄉間就說：「馬氏五常，白眉最良。」（《三國志・蜀書・馬良傳》）馬氏五兄弟裡，馬良是最優秀的。最優秀的馬良和諸葛亮的關係非同一般，他稱諸葛亮為「尊兄」，好比說你見到長官，不叫職銜，張嘴就叫「大哥」，可見兩人私交有多麼密切。替《三國志》作注的裴松之甚至懷疑諸葛亮和馬良拜過把子。

劉備成為荊州牧後，有了在荊州徵辟人才的大權，就把馬良辟為從事，即辦事員。馬良是宜城人，宜城縣屬於新劃出的襄陽郡，按理說他完全可以去曹操占領的荊州北部上班。但他選擇劉備，很有可能是諸葛亮推薦的。

諸葛亮開始發揮在荊州意見領袖的優勢，把熟悉的人才往劉備的集團裡拉。在此之前，劉備有關羽、張飛、趙雲、魏延等，這些人都是虎將，打仗沒話說。但劉備身邊缺少優秀文士，文官隊伍一直建立不起來，制定戰略目標、內政外交等一直都是他的短處。諸葛亮透過自己的人脈，開始全面改造劉備集團，為這個武人和豪強為主的集團注入新的血液。劉備的人才結構從一・〇正式升級為二・〇。

盛讚廖立之才

第二個要說的是廖立，這個人聽著更陌生了。廖立後來犯了點錯，選邊站了，但剛入夥時，確實很有才幹。不到三十歲，劉備就讓他當長沙太守。後來孫權派使者來荊州，問諸葛亮：你們這裡誰最有才？諸葛亮回答：「龐統、廖立，楚之良才，當贊興世業者也。」（《三國志・蜀書・廖立傳》）

這裡要說的是諸葛亮替劉備網羅人才的第二個特點：愛誇人。據統計，《諸葛亮集》中，諸葛亮

誇同事、誇下屬，當面誇、背後誇的文章至少有二十四篇。（見《諸葛亮集箋論》）

有人可能覺得奇怪，誇人有什麼好說的？其實，誇人是一件非常重要，也非常不容易的事。你喜不喜歡被人誇？一定喜歡，人人都喜歡被稱讚。功利點說，你經常誇人，被誇的人獲得認可，這是一種激勵，可能你誇他兩句，他的辦事效率猛增，事半功倍；你經常誇人，也能讓別人體會到你的真誠和善意，人際關係自然不會差。諸葛亮後來成為荊州人的領袖，人際關係一直不錯，和他愛誇人有一定關係。

站在諸葛亮的角度，誇人還有更重要的一點，就是讓被誇的人脫穎而出。畢竟這時候，他在劉備集團的文官隊伍裡，說話還是有點分量。他誇人就是在推薦人，你幹得好，不會讓你默默無聞，諸葛亮一句話，你的業績可能就擺到劉備眼前了。廖立投奔劉備一、兩年，不到三十歲就當上太守，要是沒有推薦和提拔，很難想像。

諸葛亮喜歡誇讚同事和下屬，體現他的胸襟。他發現人才，即使是比自己強的人，也沒有嫉妒，至少沒讓這種嫉妒表現出來而阻礙別人發展。這樣的好品格，最集中體現在推薦龐統這件事上。

臥龍鳳雛，二者皆得

第三個要說的就是鳳雛龐統。

龐統出自荊州頂級大族龐氏，諸葛亮還在隆中隱居時，龐統已經是南郡主管人事的功曹。赤壁之戰後，周瑜攻占江陵，被孫權任命為南郡太守，龐統就轉而擔任周瑜的功曹，也是見過大場面的人。

後來周瑜去世，龐統護送周瑜靈柩到江東，當地名士爭相與他結交。可見當時龐統是名聲在外，比諸葛亮有名多了。

但接下來發生一系列奇怪的事情，首先是龐統護送周瑜靈柩回江東後，就去荊州投奔劉備。這倒是好理解，畢竟龐統是荊州人，周瑜一死，南郡的最高行政長官就是荊州牧劉備。按照漢朝地方官辟除本地人為掾屬的制度，龐統自然要到劉備的州府中任職。

可是劉備的態度卻很有意思，龐統到了荊州，劉備先讓他擔任荊州從事，就是荊州的辦事員，隨後任命龐統為耒陽縣令。耒陽（今湖南省衡陽市東南）是個小縣，有人說這時劉備手裡有點人才，略微膨脹了，沒把龐統當回事，隨便打發了。

這個問題還可以再具體說說。首先，按照東漢的慣例，郡功曹升任州從事，再出任縣令，這是正常的升遷程序。龐統到劉備這裡擔任州從事，是州府的吏；隨即馬上出任縣令，成為朝廷的官。從程序上講，完全沒問題，甚至可以說升得還挺快。

其次是耒陽這個地方值得一說，距離臨烝非常近，才七、八十公里，兩地有河流相通。臨烝是諸葛亮的駐地，把龐統放到諸葛亮附近，這就很有意思了。劉備的這個安排可能有幾種動機，最可能的一種是故意為之。龐統是頂級大族，在江東、荊州都是意見領袖，為人正直，性格張揚，也有傲骨，曾在周瑜底下工作，而周瑜又主張軟禁劉備。這樣一個人，估計當時的劉備沒有自信能夠駕馭。把龐統放到耒陽去，很可能是在程序合法的前提下，給他一個下馬威。但這個戲又不能太過，得有挽回的餘地，所以把他放到諸葛亮附近。

當然，這只是一種推測。總之不管出於什麼動機，劉備是把龐統外放到耒陽當縣令。龐統是什麼人？放在兩年前，未必把劉備放在眼裡。更何況，諸葛亮現在管著劉備治下七成多的稅務，名不見經傳的廖立才三十來歲，也當郡太守了；出身豪門的龐統，在諸葛亮底下當縣長，他會服氣嗎？

龐統到了耒陽縣後，乾脆罷工。這下先驚動諸葛亮了，諸葛亮一看，別人不知道龐統，我和他一龍一鳳，還不清楚嗎？趕緊打報告給劉備，說這個人得重用。

還有一件有意思的事，這時江東的魯肅已經接替周瑜主管江東在荊州的事務。魯肅一聽龐統在耒陽縣，趕緊寫推薦信給劉備，信上說：「龐士元非百里才也，使處治中、別駕之任，始當展其驥足耳。」（《三國志．蜀書．龐統傳》）意思是說，你讓龐統在荊州當個治中從事或別駕從事（祕書長），才能發揮他的才幹。結果劉備還真把龐統叫回來，兩人聊了聊，劉備甚為器重，真的讓龐統當了治中從事，隨後又升任軍師中郎將，和諸葛亮的職位相同。

就軍事謀略方面，諸葛亮可能確實不如龐統。龐統的名望、身世，也是諸葛亮不能比的，而且諸葛亮對龐統知根知底。龐統如果得到重用，對諸葛亮來講，其實是個隱患。歷史上想除掉這種知根知底的隱患的人太多了，例如戰國時期魏國的龐涓害孫臏，還有秦國的李斯害韓非。

可是諸葛亮面對龐統，不但沒有除之而後快，反而大力推薦。於公，給劉備推薦大才；於私，足見他光明磊落，心胸寬廣。

想招攬人才，除了要有人脈，有技巧，還要有胸襟，能容納人才，尤其是容納比你強的人。海納百川，有容乃大。

在諸葛亮的輔佐下，劉備集團迎來第一次人才井噴。荊州大量的有識之士爭相加入劉備集團，除了龐統、馬良、廖立，比較著名的還有蔣琬、習禎、陳震、潘濬、馮習、張南等，這些人都很年輕，在二、三十歲左右。當時年齡比較大的荊州人，有既得利益的，大多投奔曹操；而比較年輕、想建功立業的，大多選擇劉備。這是個非常有意思的現象，讓劉備集團生機勃勃，蒸蒸日上，才是真的換血和造血。

諸葛亮成就劉備，同時成就了自己。一年後，劉備入蜀，諸葛亮正式成為僅次於關羽的荊州二把手。從這時起，諸葛亮進入火箭式升職時期。

三、從荊州二把手到核心決策層

不打嘴炮，利益至上，諸葛亮「無原則外交」的原則在哪裡？

成為荊州二把手

建安十五年，劉備正式建立荊州根據地。到了第二年，形勢發生變化。這一年，劉璋邀請劉備入蜀，到益州北部防禦割據漢中的張魯。這種天上掉的餡餅，不撿白不撿。劉備帶上龐統、黃忠、魏延等人，進入劉璋割據的益州，就是今四川地區。

劉備離開後，荊州得有人管，就交給兩個人。

一個，毫無爭議是關羽。歷史上的關羽雖然沒有和劉備結拜，但他是劉備身邊最受信任的人，而且能力出眾。劉備轉戰南北，要嘛不分兵，只要分兵就是讓關羽帶一個獨立軍團。這次劉備入蜀，荊州的第一把交椅就交給關羽。（後來劉備平定益州，關羽的正式職位叫「董督荊州事」，就是說荊州的事情，關羽說了算，全權管理。）

與此同時，劉備還在荊州安排一個二把手——諸葛亮。

你可能要問：歷史上的諸葛亮在劉備時代，尤其是在荊州時，沒什麼大權，都快涼涼了，怎麼成為二把手？有證據嗎？

別著急，證據就在《三國志》裡。《三國志》的〈諸葛亮傳〉提到劉備入蜀對荊州的安排時說，「亮與關羽鎮荊州」，〈龐統傳〉裡說「亮留鎮荊州」，〈廖立傳〉說「諸葛亮鎮荊土」，提到諸葛亮時都用了一個「鎮」字。鎮，就是鎮守的意思。什麼情況下，《三國志》會用「鎮」呢？再舉幾個例子。

〈曹仁傳〉裡，曹操留曹仁統帥荊州北部，說的是「鎮荊州」。〈諸葛亮傳〉裡，提到諸葛亮北伐時，魏明帝曹叡親自到長安坐鎮，說的是「鎮長安」。這種例子還有很多，例如劉備讓關羽「鎮荊州」，劉備臨終讓託孤大臣之一的李嚴「鎮永安」，還有裴松之注文提到，魏國皇帝曹芳讓司馬昭鎮許昌等。一般能鎮守一方，用到「鎮」字的都是這個地區的一把手，甚至是皇帝本人。諸葛亮和關羽同時鎮荊州，關羽是一把手，諸葛亮自然就是二把手。

這說明諸葛亮前兩年徵收賦稅、推薦人才的工作，得到劉備的認可。雖然官職沒有提升，還是軍師中郎將，但重要性和許可權明顯加重了。

截江奪阿斗

不過這一時期，諸葛軍師仍然不管軍事，關羽、張飛指使不動。他主管的事務除了內政，還有更重要的一塊，就是外交，或者說是和孫權打交道。

周瑜活著時，孫權曾支持他去打益州的劉璋，結果因為周瑜去世而作罷。後來南郡借給劉備，孫權還想繼續西征，就糊弄劉備一起做。結果劉備軟硬兼施，一邊派兵阻攔；一邊嚷著說劉璋是同盟，要一起抗曹，自己人不打自己人，你再西征我「被發入山」，寧可去當個野人也不要失信於天下。讓劉備這麼一鬧，孫權只好打消西征的念頭。（見《三國志・蜀書・先主傳》及裴注引《獻帝春秋》）

可是劉備把孫權攔下，自己卻跑到益州。雖然名義上是去幫忙劉璋，但劉備素有梟雄之名，說不定有人和孫權說劉備此去不懷好意。孫權一琢磨，劉備說一套做一套，我能白吃這個虧嗎？

劉備此次入蜀，把孫夫人留在荊州。孫權知道後，趕緊派船去荊州，招呼妹子回家。當然，總不能空手回娘家，把兒子一起帶上吧。

於是，孫夫人就把劉備和小妾甘氏生的兒子，當然從禮法上也是孫夫人的兒子——劉禪（阿斗）抱走了。這時阿斗虛歲才五歲，孫夫人又是個愛打架的主，真是拎起來就往船上跑。

諸葛亮做了荊州二把手後，也不在臨烝，回到劉備在荊州的大本營。孫夫人這邊搶阿斗，諸葛亮那邊馬上採取行動，急忙叫趙雲隨同張飛去把阿斗搶回來（趙雲是諸葛亮委派的，但張飛不是）。

劉備到荊州前，可能也有兒子，但老打敗仗，老婆、孩子是丟了一任又一任，阿斗是現在的心肝寶貝，要是被孫夫人抱走，等於帶到江東當人質了。搞不好孫權會利用阿斗來要脅劉備交出荊州或益州，諸葛亮這個反應非常迅速。

第二次出使江東

孫權這麼一鬧，孫、劉聯盟之間就有了嫌隙。不過，這時北邊的曹操還很強大，而且一直憋著要從徐州南下打孫權。孫權是個相當實際的人，一看不行，曹操打過來，不管我扛不扛得住，荊州在江東上游，萬一趁火打劫，那還得了。孩子沒抱回來，同盟再破裂，太不值了，還是厚著臉皮去恢復關係吧。建安十七年（二一二年），搶阿斗的第二年，孫權主動派出使臣去荊州見諸葛亮，化解矛盾。

注意，按史書記載，這裡是「孫權遣使通好於亮」（《三國志·蜀書·廖立傳》），孫權使者對接的是諸葛亮，而不是見荊州的一把手關羽。這從側面說明，當時荊州的外交大權在諸葛亮手裡，根本不關關二爺什麼事。直到諸葛亮離開荊州後，孫權才開始直接和關羽打交道。

諸葛亮一向主張孫、劉聯盟，尤其此時劉備孤懸在外，荊州更不能出亂子。孫、劉聯盟穩定，荊州穩定是劉備目前在荊州最大的利益。沒過多久，諸葛亮就親自去秣陵（今江蘇省南京市）面見孫權。這件事在《三國志》和裴松之注裡都沒見到，但在北宋一部叫《太平御覽》的大型類書中尋到一絲端倪。這部書摘錄當時能見到的大量古籍精華，今天很多書已經散佚，但仍能在《太平御覽》中看到隻言片語。

《太平御覽》記錄諸葛亮的一句話：「鍾山龍蟠，石城虎踞，此帝王之宅。」（見〈諸葛亮集〉，輯自《太平御覽》引《吳錄》）說秣陵的鍾山和石頭城的地勢是龍蟠、虎踞，乃帝王居住的風水寶地！現在常用「龍蟠虎踞」來形容地勢險要，這個詞的發明人就是諸葛亮。

孫權在建安十七年才遷都秣陵，營建石頭城，次年改名建業。據此推斷，諸葛亮第二次出使江東的時間應在建安十七年。今南京的「駐馬坡」石碑，相傳就是諸葛亮停馬的地方。

諸葛亮面見孫權，具體說了哪些話，現在無從而知。不過有一點可以肯定，他對孫權進行商業互吹，奉承孫權是「帝王」。當然，目的就是穩住孫權，別出亂子，讓劉備安心去取西蜀。這一招當年劉邦和張良就用過，張良勸劉邦尊項羽為西楚霸王，暫時獲得戰略喘息，再以漢中為根據地，最終成就帝王之業。

諸葛亮搞外交，完全是從實際出發，甚至讓人覺得不講原則。他這時還只是把孫權吹捧為帝王，後來孫權真稱帝了，蜀漢一幫人嚷著要強烈抗議、強烈譴責，結果諸葛亮不但沒有譴責抗議，反而表示外交承認。外交這種事，光打嘴炮沒用，歸根結柢要有利益。

當代著名政治學家山繆．P．杭亭頓（Samuel P. Huntington）的話最實在，他說：「大使都是誠實的人，只是為了國家利益才被派到國外去騙人。」搞外交的人之所以總是言不由衷，歸根結柢，都是為了國家利益。很顯然，諸葛亮的吹捧發揮了作用，劉備取得益州前，孫權沒有再找過麻煩。

七年進入核心決策層

就在諸葛亮穩住孫權時，劉備已經和劉璋動起手來。到了建安十八年（二一三年），戰爭全面爆發，諸葛亮做為荊州的二把手，奉命與張飛、趙雲入援。這是諸葛軍師有生以來第一次獨立帶兵打仗；也是諸葛亮在劉備生前唯一的一次。

到了第二年，劉璋投降，劉備正式吞併益州的巴蜀部分。之所以說是巴蜀，因為當時張魯割據漢中。劉備雖然取得勝利，龐統卻在攻打劉璋時戰死，非常可惜。劉備悲痛萬分，為之流涕。

劉備取蜀後，給下屬都升了官，諸葛亮從軍師中郎將升為軍師將軍，而且這個將軍的排名在劉備集團非常前面。不僅如此，諸葛亮還獲得一個新職務：署左將軍府事。

此時，劉備身兼數職，其中比較實際的是左將軍、荊州牧、益州牧三個官職。荊州牧和益州牧是地方性質，最值錢的官職是左將軍。署左將軍府事，即總領左將軍軍府事務，就是劉備辦公室主任、祕書長，從職權上講，算是實際上的文官之首。

不僅如此，諸葛亮這個職務還說明他已經正式進入劉備的核心決策層。好比說以前的諸葛亮是高階主管，是執行層的；現在他是董事，對劉備集團的大政方針有了真正的決策權。用《三國志》的話說就是以「諸葛亮為股肱」（《三國志．蜀書．先主傳》），其實和宰相差不多了。

諸葛亮從出山到進入決策層成為劉備集團文官的實際領袖，僅用了七年時間。這七年裡，他過得比較順風順水，偶爾有緊急情況，基本上都是對外。可是進入決策層後，諸葛亮的工作和環境都變了。從內外兼顧、主要對外，轉變為主要對內。而且他的工作環境愈來愈複雜，內部的利益集團愈來愈多，包括自己的地位都受到挑戰。

四、初政蜀中，協調四大利益集團

老闆眼皮底下，怎樣管好事又不得罪人？

蜀中的四大利益集團

諸葛亮在荊州時，對上，搞定劉備、關羽就行；對下，他算是荊州文官集團的主要意見領袖，相對輕鬆自在。可是到了成都，一切都不一樣了，巴蜀地區的政治環境太複雜。

劉備入蜀後，整個巴蜀地區的利益集團，粗略劃分大概有四個。

第一個叫元從集團，主要是早年就跟著劉備的老部下，例如張飛、趙雲這些人。還有一些是後來投奔過來，例如馬超，在巴蜀沒有基本盤，勉強可以算進來。這些人裡名將多，大多數和劉備的關係都很好。

第二個叫荊州集團，主要是赤壁之戰前後投奔劉備的荊州人，以豪強和世家大族為主，從事文職工作居多。諸葛亮在荊州人裡，有比較大的發言權。

第三個和第四個集團就有些複雜，得從劉焉、劉璋父子說起。漢末劉焉入蜀，一度得到當地益州豪強的擁戴；後來北方亂了，巴蜀地區相對安逸，於是大批士人跑到巴蜀來避難。其中以關中和荊州南陽地區的人居多，這些人被稱為「東州士」。東州士和益州豪族就是第三個和第四個利益集團。

劉焉和他的繼任者——兒子劉璋都曾利用東州人打壓益州人，結果益州人起來造反，最終被東州人鎮壓下去，相當於強龍壓倒地頭蛇。但劉璋不會調和這兩撥人的矛盾，導致東州人和益州人都不太看好他。

就在此時，劉備入蜀了，東州人在劉璋這裡討不到什麼便宜，紛紛歡迎劉備。益州人則相反，本來已經被東州人搶過一次，劉備入蜀後，還得被搶一次，反而支持劉璋，抵抗劉備。例如堅決反對劉璋招劉備入蜀的王累、黃權，抵抗張飛的嚴顏，最後寧死不屈的張任，全是益州人。

劉備剛入蜀時，巴蜀地區可以說是四分五裂。元從集團和荊州集團還能擰到一起，但東州人和益州人的問題就比較讓人頭大了。

法正大鬧蜀郡

當然，這種集團劃分比較粗糙，和後世的派系、政治勢力甚至黨爭還不完全一樣。例如益州人裡有個張松，整天想把劉璋賣了，搞點投機。他先去找曹操，曹操沒理他；又去找劉備，劉備對他非常熱情。當時東州人裡還有兩個人，一個叫法正，一個叫孟達，這兩人和張松一個鼻孔出氣，三人一合計，勸劉璋把劉備招進來抵抗張魯，暗中卻讓劉備早點取代劉璋。

後來劉備入蜀，張松因為陰謀洩露，被劉璋殺害；孟達被留在荊州。只有法正一直跟隨劉備，他足智多謀，龐統死後，他接替謀主的地位，相當於劉備的參謀長。此後劉備打漢中，戰略、戰術上，有不少是法正出的主意。

法正非常會做人，極得劉備寵信。劉備打漢中，親自上陣，當時箭如雨下，手底下人說主公危險快回來，劉備不聽。法正一看，趕緊衝上去替劉備擋箭。劉備見狀非常心疼，說：「孝直（法正字孝直）避箭。」法正說：「明公您都親自來擋箭了，何況小人我呢？」劉備趕緊說：「唉，孝直，我和你一起走。」這才拽著法正撤下來。（見《三國志．蜀書．法正傳》裴注）

這麼一個既得寵又有能力的大紅人，一上來就出個難題給諸葛亮。劉備入蜀，讓法正當蜀郡太守，管理劉備的大本營成都。法正過去老是遭白眼，一朝得勢，馬上登天。過去對他好的，哪怕就給過他一頓飯吃，他也要報答；同樣，過去得罪過他的，哪怕是非常小的怨恨，他也把人往死裡整。他就是這麼恩怨分明、心胸狹窄。

法正鬧到什麼程度呢？他擅自殺了好幾個當初得罪自己的人。鬧出人命來了，這事就大了。鬧出人命還只是治安問題，關鍵是法正還鬧出政治問題。被法正在蜀郡折騰的有當年看不起他的老鄉（即「其州邑俱僑客者」），這些人屬於來自關中的東州人；也有益州世家大族和豪強。畢竟蜀郡是益州最繁華的地區，也是益州大族聚集之地；與法正打交道的不可能全是東州人，肯定有益州人。法正大鬧蜀郡，一定程度上，也是過去東州人和益州人矛盾的延續。

法正鬧得太厲害，蜀郡的人實在受不了，跑到諸葛亮那裡告狀，說：「法正於蜀郡太縱橫，將軍宜啟主公，抑其威福。」（《三國志．蜀書．法正傳》）諸葛亮不是總標榜要秉公執法嗎？你給我們說句公道話吧。

可是公道話哪有那麼好說？讓告狀的人沒想到的是，諸葛亮居然毫無原則。他說：「主公之在公安也，北畏曹公之強，東憚孫權之逼，近則懼孫夫人生變於肘腋之下；當斯之時，進退狼跋，法孝直為之輔翼，令翻然翱翔，不可復制，如何禁止法正使不得行其意邪！」（《三國志・蜀書・法正傳》）就是說，當年劉備在荊州，一天到晚擔驚受怕。現在法正幫忙劉備實現夢想，想做點什麼，我攔得住嗎？

沒錯，法正現在是老闆身邊的大紅人，有能力又會做人，劉備和他在「蜜月期」，你這時去告法正的狀，確實有點自討沒趣。更何況，事情沒那麼簡單。法正的矛頭直指益州人，而且這樣肆無忌憚，在劉備剛入蜀的敏感期，似乎不是無的放矢。益州人反對劉備，現在法正這麼做，很像是劉備借法正進行報復，給益州人一個下馬威。

所以說，這不僅是法正個人的問題，還是關係到劉備集團的政治問題。諸葛亮無法勸，也不能勸，勸也勸不住。

諸葛亮藉《蜀科》敲打法正

可話說回來，法正在蜀郡亂來，和諸葛亮的三觀有衝突。而且，劉備要出氣，也得有時有晌兒。以後你得在益州統治，就算不待見這幫益州暴發戶，好歹也得和他們相處，搞得太超過，人家是要造反的。

這時諸葛亮的政治智慧就表現出來了，現在搬不動你，好，我忍忍，先不理你。但我得找機會旁敲側擊，敲打敲打你。

這個機會馬上就來了，劉備讓諸葛亮領銜，組建立法小組，制定一部巴蜀地區的法律——《蜀科》，法正也是小組成員。法正認為荊州人剛到巴蜀，應該學劉邦當年入關中，約法三章，即法律愈寬鬆簡單愈好。現在諸葛亮搞的都是嚴刑峻法，這樣無法服眾，會失民心。諸葛亮心想還要寬鬆，你在自己的轄區裡濫殺人都沒人管得了，這法還不夠寬啊？再寬，就無法無天了。

於是諸葛亮和法正講了一番道理，簡單來說，就是秦朝搞苛政，法律條文非常嚴酷細密，結果導致民變，因此漢高祖劉邦才簡化法律。而劉焉、劉璋在巴蜀時，法律太過鬆弛，才導致政治混亂，最後敗亡。現在我來主持立法，就一定要嚴格，不能鬆弛。（見《三國志・蜀書・伊籍傳》及〈諸葛亮傳〉裴注引《郭沖五事》「其二」）

諸葛亮這麼一堅持，《蜀科》在立法上就相對嚴謹嚴格，最起碼以後治理巴蜀有法可依了。法正是不是還要無法無天，自己掂量吧。

諸葛亮藉著《蜀科》敲打了法正，但只要法正還掛著蜀郡太守的職位，益州人就是一枚定時炸彈。《蜀科》制定後，諸葛亮沒有忘記法正這件事，而是繼續尋找新的機會。這個機會在三年後終於來了。

破格提拔楊洪，解決法正亂局

劉備取巴蜀後不久，曹操就擊敗張魯，攻占漢中。建安二十二年（二一七年），劉備聽從法正及益州人黃權的建議，率軍北伐漢中，直面曹操。《三國演義》裡，諸葛亮神機妙算，做為參謀長跟著劉備北伐。但歷史上，諸葛亮沒有去漢中，而是坐鎮成都大後方，負責徵糧、徵兵，保證前方的兵員和糧草充足，到前線當參謀長的正是掛著蜀郡太守頭銜的法正。

劉備北伐期間，發生一件很奇怪的事。劉備戰事緊急，寫信給諸葛亮，催他趕緊補充新兵到前線。可是諸葛亮竟然去諮詢益州的蜀部從事（益州州政府專門負責督察蜀郡事務的辦事專員）楊洪：我該不該發兵？

楊洪說：「漢中則益州咽喉，存亡之機會，若無漢中則無蜀矣，此家門之禍也。方今之事，男子當戰，女子當運，發兵何疑？」（《三國志・蜀書・楊洪傳》）益州很重要，你猶豫什麼，發兵吧！之所以說這事奇怪，諸葛亮為什麼不發兵給劉備？為什麼不找別人，專門諮詢楊洪？有人說這正好說明諸葛亮不懂軍事。他是荊州人，對漢中之於益州的重要性，根本不清楚。

如果孤立地看這件事，確實是這樣；但如果聯繫其他史料，就會發現這件事另有蹊蹺。

建安二十三年（二一八年），劉備北伐的第二年，成都東南一百公里外的資中縣發生叛亂，領導叛亂的全是當地豪強。（見《三國志・蜀書・李嚴傳》及《華陽國志・蜀志》）

這事說大不大，因為叛亂很快就被犍為太守李嚴平定；可是說小也不小，說明只要蜀地權力出現真空，益州人就可能叛亂。尤其現在，大規模徵兵、徵糧，歸根結柢，都得向這些蜀地的世家大族和豪強來徵。益州人本來就反對劉備，加上法正在蜀郡作威作福，影響極壞，天知道劉備在前面打漢中，益州人會不會在後面搞個更大的事情出來。

楊洪是犍為人，屬於益州人。他還在犍為郡給太守李嚴當過功曹，李嚴是東州人，兩人觀點不和，楊洪辭職了。李嚴覺得可惜，就把他舉薦給州里，做了蜀部從事。諸葛亮問楊洪要不要發兵，其實不是問漢中重不重要，而是問：我繼續發兵，蜀地的益州人支不支援？能不能承受？會不會造反？得到楊洪的積極答覆後，諸葛亮才敢繼續徵兵，發往漢中。

雖然有楊洪的態度，但到了此時，益州人問題已經極為敏感。顯然，再讓法正掛著蜀郡太守的名號，非常不合適。這時不但不能再用法正來刺激益州人，還得找個益州土著來安撫他們。諸葛亮藉著這個機會上表給劉備，破格提拔楊洪當蜀郡太守。

反正法正這時在漢中，也不能實質管理蜀郡。我替你們弄走法正，讓益州人來治理益州人，你們總該給我們點面子，支持打漢中了吧。劉備和曹軍正打得焦頭爛額，沒空管蜀郡的事，更怕後方出亂子，諸葛亮說行，那就行。於是二話不說，把蜀郡太守換掉。

到這裡，諸葛亮終於收拾了法正扔下的爛攤子。法正在蜀郡的胡作非為和惡劣影響，到這裡告一段落；隨時可能鬧事的益州人暫時獲得安撫；諸葛亮沒有正面和法正發生衝突，劉備也覺得諸葛亮的做法沒問題。可是前前後後這點破事，諸葛亮收拾了四年。沒有耐心，沒有毅力，沒有智慧，這些事都很難做到。

在老闆眼皮子底下，既想做實事，又不想把人得罪乾淨，絕對是一門藝術。需要協調各方的利益，平衡各種矛盾。可以說，到這個時候，諸葛亮已經逐漸展現出高妙的組織協調能力。

五、諸葛亮心狠的一面

彭羕、劉封、關羽的死亡之謎。

諸葛亮處理法正，協調與益州人的矛盾，小心謹慎，前前後後穩紮穩打，用了四年時間。但諸葛亮不是什麼時候都這麼穩，他也有鐵腕，也有狠的時候。

揭發彭羕

諸葛亮第一次發狠是針對一個叫彭羕的人。

彭羕是益州人，有能力，但性格比較輕狂。早年在劉璋底下當抄寫公文的低階官員，後來說話得罪劉璋，不僅被開除公職，還被判以髡鉗之刑。彭羕被剃成禿子，整天帶著刑具做苦工，對劉璋的恨意可想而知。

劉備入蜀，彭羕透過龐統和法正的推薦，得到劉備賞識。建安十九年（二一四年），劉備占領成都，自領益州牧，破格提拔彭羕為治中從事。治中從事是漢代州里主要的佐吏，最大的叫別駕從事，其次就是治中從事。劉備把龐統從耒陽招回去時，也是讓龐統當荊州治中從事。從這一任命來看，劉備對彭羕相當欣賞。

更何況，劉備需要找一些支援自己的益州人來充門面。前面說了，益州絕大多數的世家大族和豪強反對劉備入蜀。彭羕做為益州人，主動表示合作，劉備當然高興，可是這個人以前一直鬱鬱不得志，一朝飛黃騰達，立刻就得意忘形，這點和法正有點像。但他忘了，法正在蜀郡飛揚跋扈是背後有劉備支持。法正不管得罪誰，別人都是敢怒不敢言。彭羕本身是益州人，這時不夾著尾巴做人，還到處口出狂言得罪人，尤其是他可能得罪了諸葛亮。

平心而論，彭羕只是口無遮攔到處亂噴，沒做過什麼出格的事。但估計他的狂言是朝著東州人乃至荊州人去，要不然諸葛亮不會有這麼大的反應。

劉備剛入蜀，還在消化各個利益集團，一個法正就夠煩了，這時彭羕還出來鬧事。諸葛亮搞不定法正，還收拾不了彭羕？於是，諸葛亮打報告給劉備，說彭羕「心大志廣，難可保安」。這人野心太大，不知道以後會做出什麼事來。

劉備對諸葛亮很信任，聽他這麼一說，就關注起彭羕。這一關注不要緊，發現彭羕的毛病確實不小。於是，彭羕的治中還沒坐熱就被貶為江陽太守。

這就是有人撐腰和沒人撐腰的區別，鬧事是有資本的，法正鬧事，愈鬧愈得寵；彭羕鬧事，馬上就玩完了。彭羕氣呀！這人本來就狂，平時尚且胡說八道，這時更別提了。當時馬超受命到外地督軍，正在成都準備。彭羕腦子進水，跑去見馬超，和馬超嘮叨這堆破事。

馬超順著彭羕講點好聽話，說我覺得你特別有才，主公對你也非常重視。我還以為你肯定和諸葛亮與法正相同地位，怎麼把你貶到外地的小郡當太守，還挺讓人失望的。

彭羕一聽馬超覺得自己有才，立刻得寸進尺，開始罵罵咧咧說：「老革荒悖，可復道邪！」老革就是老兵的意思。彭羕是說劉備就一個老兵，和他還有什麼可說的！要知道當時的士兵地位不高，彭羕這麼罵，就和現在罵「賤人就是矯情」差不多了。

罵就罵吧，誰沒有生氣胡說八道的時候。可是接下來，彭羕就是自作孽不可活了。他對馬超說：「你在外面有兵，我在成都當內應。我們裡應外合，天下不足定！」

這是幹嘛?!這是要拉馬超造反！馬超嚇得臉都白了，什麼話都不敢接。馬超當年是隴右地區的諸侯，最後地盤丟了，家裡人差不多被曹操和張魯殺乾淨。他是走投無路才來投奔劉備，生怕劉備懷疑自己有異心。馬超現在表忠心還表不過來，彭羕竟來拉我一起造反，我躲你遠遠的吧！

等彭羕走了，馬超趕緊去告狀，說彭羕要謀反，我是清白的。有關部門一聽，這還得了，抓人。

（《三國志・蜀書・彭羕傳》）

可憐的彭羕，好不容易在劉璋那裡刑滿釋放，還沒喘兩口氣，又進了劉備的監獄。彭羕這時後悔極了，他寫了一封長信給諸葛亮，承認錯誤，表表功勞，再洗白一下那兩句胡話，最後又拍了諸葛亮一把馬屁，想讓諸葛亮替自己說點好話。

但到了此時，彭羕的命恐怕不是諸葛亮能救得了的。劉備本來就對益州人不和自己合作很憤怒，因此，他默許法正在蜀郡胡作非為。而且當時益州人詛咒劉備也不是一、兩個，現在彭羕一個益州人蹦出來要造反，還有活路嗎？特別是諸葛亮之前就和劉備說過彭羕野心大，果不其然，真的對上了。大約在建安二十年（二一五年），彭羕就被處死了。

關於彭羕被處死的時間沒有明確記載，很多人認為是建安二十五年（二二〇年），劉備稱王後。

但我認為應該是建安十九年下半年，或者是建安二十年。說個比較有趣的證據，彭羕寫信給諸葛亮，稱呼劉備為主公。「主公」這個詞，看過《三國演義》的人肯定熟悉不過。小說裡，幾乎所有人都把自己的老闆叫主公。但在歷史上，這個詞是劉備和他底下一幫人發明的。

我做過一個統計，《三國志》和裴松之注裡，「主公」這個詞一共出現十五次，刪除一次公認的筆誤，還有十四次。除了馬超和彭羕事件中出現的七次，其餘七次都是在劉備攻占成都到稱漢中王這段時間內使用。所以主公這個詞是劉備集團在這一時期對劉備的尊稱（詳見附錄四）。

勸殺劉封

諸葛亮收拾彭羕，雖然是鐵腕，但畢竟沒有直接殺人。可是五年後，他收拾劉封就完全不一樣了。

建安二十四年（二一九年），關羽北伐，孫權偷襲荊州，關羽敗亡。緊接著第二年，孟達投降曹丕。孟達和劉封打下的房陵、上庸、西城（後合稱「東三郡」）一下全丟了。劉封實在控制不住局面，被迫逃回成都。

當時情況比較複雜，之前，劉封到達東三郡後，一直欺凌孟達，兩人關係很僵。當地暴發戶的勢力很大，如果劉封不在這裡駐軍，估計是壓不住的。關羽北伐時，曾讓劉封、孟達支援，可是東三郡需要兵力，所以劉封、孟達沒有出兵。

關羽陣亡後，劉備非常生氣，痛恨劉封和孟達不救關羽。他們二人那點兵真去了也救不了。而且前腳走，後腳東三郡肯定亂，劉備這時有點感情用事。

不過話說回來，劉備稱王後，曾給關羽假節鉞，關羽有權調動荊州軍隊，自行處理相關事務。假節鉞的權力非常大，在劉備生前，整個蜀漢只有關羽這麼一個假節鉞。劉封和孟達不去支援關羽，從程序上講是抗命，罪責難逃。孟達乾脆直接跑路，還勸劉封一起投降，劉封不聽。

欺凌孟達，不救關羽，丟了東三郡，哪一條都是重罪。然而，這些都不重要，最重要的是，劉封是員猛將，處理東三郡的複雜關係，他不行，打仗還是可以的。

但劉備這時已經稱王，親兒子劉禪已經被立為太子，下一步必然是稱帝。可是和劉封比起來，劉禪差太多。俗話說，扶不起的阿斗。萬一將來劉備死了，劉封帶著部隊造反，來搶劉禪的王位，僅從兩人能力上看，劉禪毫無招架之力。而且，當時關羽敗亡，荊州被奪，僅剩益州一塊地盤，劉備集團人心惶惶，極容易出現禍亂。

這個非常時期，諸葛亮表現出讓人恐懼的手腕。他勸諫劉備說劉封剛猛，日後，劉禪肯定駕馭不了他。與其到時候打內戰，不如現在趁機除掉劉封。劉備雖然捨不得，但親兒子要緊。於是烈士斷腕，賜死劉封，讓他自殺。劉封感嘆，後悔沒聽孟達之言。劉封死後，劉備哭了。

歷史上的劉備是個喜怒不形於色的人物，史書記載的落淚只有六次。可見，劉封的死確實是讓劉備傷心了。

透過這件事，可以看到諸葛亮的另一面。這個人理想遠大，公正廉潔，人格高尚。但他畢竟是跟著帝王混跡官場的人物。僅靠正直，有時解決不了實際問題。所以，諸葛亮也有狠毒、腹黑的一面，甚至是見不得人的一面。劉封的死，絕對是諸葛亮下狠手的結果。

不過話說回來，諸葛亮下這個狠手，還是從劉備的江山社稷考慮，可以說是出於公心。有人說諸葛亮除掉劉封，是為了方便自己以後掌權，省得到時候多一個駕馭不了的宗室，無法專權。這就說得超過了，處死劉封是建安二十五年，劉備對諸葛亮舉國相託，那是三年後的事情。諸葛亮再有能耐，也無法未卜先知。劉備會在三年後去世，他不知道；劉備會舉國相託，他也不知道。因此，處死劉封是出於攬權的私心，這個說法不可靠。

關羽是不是被諸葛亮搞死的？

有一種廣為流傳的言論，說諸葛亮和劉備藉東吳之手，除掉了關羽。

關於劉備和諸葛亮借刀殺人的觀點，據我查閱的資料，最早見於史學家章太炎。一八九九年，章太炎寫了一篇叫〈正葛〉的文章，說關羽尾大不掉，諸葛亮就用法家的手段，學蕭何除韓信，藉孫權之手除掉關羽。

當時章太炎寫了一系列文章，用西方的理論來推崇法家，駁斥康有為以儒家思想來推動改革的做法，〈正葛〉就是其中一篇。可是到一九一六年寫〈思葛〉時，他就把這個結論推翻了。

一九一三年，章太炎被袁世凱軟禁，一九一六年才釋放。這個經歷讓他對民國初年的形勢很失望，開始回歸中國傳統思想；另外，他可能也認識到自己在袁世凱面前做不了主，諸葛亮在劉備面前同樣做不了主，所以他否定諸葛亮借刀殺關羽的結論。

不過章太炎還是堅持陰謀論，只不過殺關羽的不再是諸葛亮，而是劉備。但這個觀點從道理上也說不通，劉備要殺關羽，也得漢室中興後，關羽功高震主才有動機。退一萬步講，劉備就算要殺關羽，也犯不著拿丟掉荊州和精銳部隊做代價。如果劉備覺得關羽和荊州都無所謂、不重要，後來又何必東征孫權呢？

這個陰謀論，不管是劉備還是諸葛亮借刀殺關羽，就和說孫權暗殺周瑜、呂蒙一樣，都是胡扯，邏輯上說不通。

六、劉備對諸葛亮的壓制

熬成了宰相，卻只是大祕，諸葛亮怎樣面對升職危機？

孟達犯了荊州人的眾怒

建安二十四年，劉備終於打敗宿敵曹操，攻克漢中。漢中這個地方是漢朝的龍興之地，漢朝之所以叫「漢」，就是劉邦當年被項羽封在漢中當漢王。對劉備集團來說，這是個非常令人興奮的訊息。當時曹操在北方，已經脅迫漢獻帝加封自己為魏王。為了在名分上對抗曹操，也為了和屬下確立君臣名分，劉備正式稱漢中王。他還把自己的職位從左將軍升到大司馬，成為國家級官員。

劉備稱王不是一件小事，一人得道，雞犬升天，劉備集團的一幫人也跟著升官。有軍功者，如張飛、馬超、黃忠、法正，都升了官。比較有名望的，像許靖，也升了。奇怪的是，一直坐鎮後方，保證劉備前線兵員和糧草充足、沒有後顧之憂的諸葛亮，除了署左將軍府事變成署大司馬府事，竟然沒有任何晉升。

你可能會說諸葛亮沒上前線，論功行賞輪不到他很正常。這還真不正常，當年劉邦創立漢朝，論功行賞，排在第一的就是坐鎮後方的蕭何；東漢的劉秀光武中興，坐鎮後方的寇恂也名列雲臺二十八將的第五位。君主在前面打仗，你能坐鎮後方，向來都是一件很了不起的事。

以諸葛亮的工作性質和他在劉備集團中的地位，此時當個漢中王國的相國（相當於宰相），完全沒問題。但劉備為什麼不封諸葛亮為相國呢？這裡有個程序問題。

劉備的漢中王國，總體上是比照西漢初年諸侯王的制度來建構。按照漢制，諸侯王國的相國必須由中央朝廷任命。朝廷在曹操手裡，他連劉備的漢中王都不承認，自然不會為劉備任命一個相國。

可是劉備經常會用程序合法性來掩蓋一些不可描述的心思，例如當初給龐統下馬威。在諸葛亮官職的問題上，劉備可能是故技重施。因為劉備還任命一個太傅，就是許靖。雖然沒有明文規定，但按慣例，諸侯王的太傅一般是由朝廷任命。劉備讓許靖當漢中王國的太傅，等於打了一個擦邊球。劉備不給諸葛亮晉升，可能真有點內情。

劉備攻克漢中的同時，荊州方面也有行動。當初迎劉備入蜀的三人中，張松死了，法正跟著劉備，孟達帶著四千人的部隊留守荊州。孟達此時是宜都太守，駐守在秭歸（今湖北省秭歸縣附近，三峽大壩上游）。

孟達從秭歸北伐，一舉攻克房陵郡（今湖北省房縣，位於襄陽以西，距武當山較近）。可是偏巧不巧，這個守城的房陵太守正是諸葛亮的大姊夫，就是荊州蒯氏家族的蒯祺。交戰中，孟達的士兵打死了蒯祺。刀槍無眼，估計不是有意要打死誰。

但這件事非常嚴重。有多嚴重呢？先從側面來看。孟達打下一個郡，本來有功，奇怪的是，他不但沒有晉升，軍政大權反而被剝奪殆盡。

究其原因，孟達殺蒯祺，可能犯了荊州人眾怒。先不說蒯祺是諸葛亮的姊夫，蒯氏畢竟是荊州大姓，雖然和劉備敵對，但在荊州人眼裡，就是世家大族。諸葛亮剛解決完東州人和益州人的矛盾，孟達一個東州人把荊州蒯氏的人殺了，把荊州人領袖的姊夫殺了，這是打我們的臉哪！

可能出於這個原因，劉備才派遣乾兒子劉封帶著軍隊，從漢中順著漢水東下，名義上是去幫孟達繼續打仗，實際是奪了孟達的指揮權，算是給荊州人一個交代。

低調做人，忍辱負重

荊州人的眾怒暫時平息，可是劉備很不高興。劉備對荊州人和東州人是什麼態度呢？他倚重荊州人，但也非常重視東州人。兩家最好誰也不要一家獨大，帝王最愛搞的就是平衡術。

劉備自從進入巴蜀，就一直在蜀中搞荊州、東州雙頭政治，尤其是啟用有荊州籍的東州人，就是在劉焉、劉璋時代進入巴蜀地區的荊州人。當時署左將軍府事的除了軍師將軍諸葛亮，還有一個掌軍中郎將董和——大名鼎鼎董允的父親，他是南郡人。還有法正，他屬於東州人裡從關中過來的那一撥，和東州人不算太抱團，但也得到劉備重用。

蒯祺被殺，引起荊州人不滿後，很有可能觸動劉備的敏感神經。諸葛亮剛在蜀郡摘掉法正的太守，現在孟達又引起荊州人眾怒，你們荊州人很強勢呀！你們的領袖諸葛亮能量很大啊！

因此，劉備對諸葛亮從信任、重用，轉而變成制約。他要壓一壓諸葛亮和荊州人的威風，順便讓東州人心裡舒服點。漢中王國建立後，劉備沒有完全按西漢的制度，而是仿效曹操，設置尚書令。尚書令是東漢的重要職務，雖然階級比宰相低，但卻侵奪很多宰相的權力，例如一部分決策權、執行權，相當於準宰相。

劉備用法正擔任首任尚書令，名義上管理漢中王國的事務；諸葛亮是署大司馬府事，管的是大司馬府的事，看上去兩人各管一攤。實際上，劉備集團只有荊州和益州這兩塊地盤，荊州歸關羽管。益州這邊，大司馬府和漢中王國管理的事務不是那麼涇渭分明，這樣的安排就很耐人尋味了。

諸葛亮的選擇是什麼呢？忍！沒有抗議，什麼也沒說，該做什麼就做什麼。

各種鬥爭裡，往往存在一種有趣現象。本來強勢的一方遭到打擊，被削弱了，可是愈被削弱，他反而愈逞強。一來心裡不服氣；二來想給世人看看，尤其是給對手看看，老子還硬朗得很，你打不倒我！

然而在政治鬥爭中，做為大臣，帝王開始壓制你時，往往是看你礙眼。這時還逞強，通常是愈逞強，遭到的打擊愈嚴重，直到最後被踢出局。最好的辦法就是忍。

諸葛亮當初在隆中隱居時，一直修煉自己的品性，「靜以修身」，他追求的就是「靜」。覺察到劉備發出一個非常不和諧的訊號，諸葛亮選擇「靜」。我不去爭，也不消極怠工，心靜如水，一如既往地做自己的事情，反正不出差錯，你也找不了我的麻煩。

此後很長一段時間，諸葛亮都很低調。勸劉備除掉劉封後，從建安二十五年到章武三年（二二三年）的四年間，諸葛亮的存在感極低，除了給劉備勸進以外，好像沒做過什麼太值得一提的大事，兩人的關係特別微妙。

還是回來說建安二十四年，這一年對劉備來說是多事之秋。劉備打下漢中，自立為王，荊州關羽北伐，一度逼得曹操差點遷都到河北，劉備集團的勢力達到全盛，可是沒多久就盛極而衰了。呂蒙白衣渡江，關羽大意失荊州。到了第二年，孟達帶著房陵等郡投降曹操的兒子曹丕。劉備的乾兒子劉封被賜死，大將黃忠、老投資人麋竺死了，東州人的兩大代表人物法正、董和也死了。

緊接著章武元年（二二一年），張飛被殺；二年，馬超、劉巴、馬良、許靖等一批功臣相繼去世。用北宋人唐庚的話說：「基業未就而一時功臣相繼淪謝，若有物奪之者！」（《三國雜事》）

是丞相，還是大祕？

如此急轉直下的形勢，沒讓劉備對諸葛亮放心。建安二十五年，曹操去世，曹丕正式篡漢，建立魏國。第二年，劉備在成都稱帝，國號仍然是漢。今天說蜀國，其實不是正式國號，正式國號是漢，一般稱為蜀漢，也叫季漢。

劉備稱帝，再沒有理由不替諸葛亮升職了。於是，正式任命諸葛亮為丞相，錄尚書事，假節。張飛死後，其生前擔任的司隸校尉也由諸葛亮兼任。

說一下諸葛亮擔任的這些官職。丞相，就是宰相。錄尚書事，這是東漢時期的一種官職，簡單來說，東漢的宰相如果同時兼任錄尚書事，掌管尚書臺，就掌握實權，是真宰相；否則權力就要弱得多。假節，表示你代表天子行使權力。司隸校尉是首都地區的最高監察官。

你可能會說上面羅列這麼多官職，劉備不是很重用諸葛亮嗎？怎麼還說他對諸葛亮不放心呢？有一項最關鍵的權力，劉備沒給諸葛亮，就是開府。

什麼是開府呢？就是可以建立自己的府署，自行選任幕僚，即徵辟。漢代的宰相都是開府，宰相開府才是獨立的宰相。現在諸葛亮不開府，名義上叫丞相，實際上和當初「署大司馬府事」沒區別，做的還是祕書長的工作。

無論怎麼看，這個時期劉備和諸葛亮的關係都非常不和諧。可能考慮到諸葛亮讓楊洪取代法正時的城府，處理彭羕、劉封時的鐵腕，再加上荊州人的地位，劉備很難放心，要壓制諸葛亮和荊州人的意圖愈加明顯。

七、白帝城託孤

諸葛亮為什麼能獲得劉備的舉國相託？

諸葛亮對劉備的「冷抗議」

建安二十五年到章武三年，諸葛亮在劉備面前，開始中規中矩地做事，執行層面的事情做得滴水不漏，卻很少表達對政務的看法。一個能提出〈隆中對〉的人，突然沒什麼想法了。

關於這點，最明顯表現在劉備東征的問題上。孫權偷襲荊州，還殺了關羽，劉備震怒。當時曹丕的謀臣神算子劉曄說：劉備和關羽「恩猶父子」，肯定要為關羽報仇。劉備也需要打一場勝仗給國內外看看，自己依然很強，以此來安撫人心。而且日後要奪取天下，荊州不能丟。無論如何，劉備都要東征孫權。

據《三國志．蜀書．法正傳》記載，當時群臣裡有不少人勸阻劉備，他一概不聽。史書明確提到的反對者只有兩個：一個叫秦宓，是益州的老學者，因反對劉備東征而被抓了起來，後來出點錢保釋。（《三國志．蜀書．秦宓傳》）另一個是趙雲，在裴松之的注裡提到。（《三國志．蜀書．趙雲

傳》裴注引〈雲別傳〉）

除了這兩人，群臣裡還有誰，史無明文。有人說諸葛亮也是群臣之一，我覺得可能性不大。陳壽是諸葛亮的粉絲，諸葛亮真要勸阻，這麼值得大書特書的事情，他絕對不會放過；而且「群臣勸諫」這件事是記在〈法正傳〉，〈諸葛亮傳〉隻字未提。

諸葛亮對東征的態度，史書裡只提了一句，就是劉備後來在夷陵被陸遜火燒連營，大敗而歸以後，諸葛亮長嘆一聲：「法孝直若在，則能制主上，令不東行；就復東行，必不傾危矣。」（《三國志．蜀書．法正傳》）

如果法正在，一定能勸阻劉備東征；就算劉備堅持東征，也不會敗得這麼慘。有人就說透過這句話可以看出諸葛亮不支持東征。我覺得諸葛亮這話說得很含糊，他的意思說白了，就是如果法正在，劉備不東征，就不會出事；東征了，也不會出事。反正只要法正活著，東不東征都不會有事，這話等於沒說一樣。

古往今來，大家都在揣摩諸葛亮對東征的態度。有說支持，有說反對，爭來爭去，誰也沒什麼太能服眾的理由。只能說諸葛亮在東征問題上，態度曖昧，不置可否。說好聽的，這是一個久經官場的老油條，畢竟這時諸葛亮已經四十二歲；說不好聽的，這就是一個官混子。

好好的諸葛亮怎麼成了官混子？面對劉備的壓制，諸葛亮採取的態度就是把分內之事辦好，盡量少說話、少出錯。劉備想壓著我，那就壓吧，反正抓不到我的把柄，不能把我怎麼樣。東征問題上，諸葛亮不明確表態，打贏或打輸都與我無關，你打仗，我就提供後勤補給給你，盡心盡力就可以了。

諸葛亮怎麼突然變成這樣？這就是諸葛亮倔強的地方。當年諸葛亮選老闆，有一條非常簡單又極為困難的要求，即「賢我，盡我」。你得讓我的才能發揮出來，劉備現在壓著諸葛亮，尤其是給了丞相的職位，卻仍然拿他當大祕，諸葛亮心裡非常不痛快，人都是有脾氣的。

而且，這時的劉備還一度改變戰略。曹操去世後，做為宿敵的劉備，居然派出使臣韓冉給曹操弔喪。很明顯是想試探能不能和曹操的繼任者曹丕合作，搞死孫權。但諸葛亮對曹家深惡痛絕，更何況劉備現在實力這麼弱，去拉曹丕打孫權，打贏了，下一個被吃掉的就是自己，這不是自取滅亡嗎？

不過曹丕看不起劉備這種牆頭草作風，你不是天天罵曹家是賊嗎？這時怎麼來找我們示好了？曹丕年輕氣盛，當即和劉備斷絕來往。（見《三國志·蜀書·先主傳》裴注引《魏書》及《典略》）此時不管是大政方針，還是個人因素，諸葛亮和劉備都有衝突。如果劉備一直這麼強勢，兩人的關係很可能就不會好了。

白帝城託孤

歷史突然來個急轉彎，劉備東征，幾乎全軍覆沒，人才和精銳喪失殆盡。一路退到永安的白帝城，這時終於發現自己還是離不開諸葛亮。

為什麼離不開呢？首先，劉備要著手重建孫、劉兩家的關係。章武二年（二二二年）十月，劉備派宗瑋出使江東，帶了一封信給孫權。據孫權說，劉備主動承認錯誤，希望恢復友好關係。當時孫、劉之間實際上已經停火，孫權也和曹丕撕破臉，大打出手，孫、劉從對抗回歸合作是早晚的事。孫權方面沒有馬上回覆。

到了十二月，魏軍攻勢凌厲，孫權才派鄭泉出使西蜀，把劉備數落一通，兩國正式結束戰爭。現在擺在劉備眼前的局勢是，曹、劉兩家無法和解，曹、孫兩家發生衝突，劉備吃不掉孫權，最符合蜀漢利益的做法就是和孫權和平共處，乃至恢復同盟，一起對付曹魏。這件事只有諸葛亮能做，也只有諸葛亮能堅持下去。

除了外交困境，內政方面，劉備需要諸葛亮。就在孫、劉議和的同時，漢嘉太守黃元突然造反。當時諸葛亮已經被劉備招來白帝城，成都只有太子劉禪在。多虧之前諸葛亮提拔的楊洪（此時是益州治中從事）馬上指揮人馬，迅速平定黃元。

這時劉備就要掂量了，楊洪是益州人裡對劉備集團非常友好的一個。東州人裡有很大一部分是從荊州來到益州，和荊州人有天然的聯繫。整個蜀漢中，能夠得到荊州人、東州人和部分願意合作的益州人承認，同時又有政治頭腦，能顧全和掌控大局的，也只有諸葛亮了。

此時的劉備重病在身，深感時日無多。他開始追憶一生，開始考慮身後的安排。估計他一定會想到，當年在荊州和諸葛亮艱苦創業的那段歲月，兩人畢竟是有感情的。而且，諸葛亮這個人能忍，能狠，正直，又不失圓滑，還有大局意識。元老裡論政治水準，確實找不到第二個人了。

到了章武三年三月，劉備做了一場堪稱典範的託孤，對諸葛亮說了那句特別著名的話：「君才十倍曹丕，必能安國，終定大事。若嗣子可輔，輔之；如其不才，君可自取。」（《三國志・蜀書・諸葛亮傳》）

這裡引用三國歷史文化學者方北辰先生的研究成果，「君可自取」的「取」，不是讓諸葛亮取代劉禪稱帝，而是說「你看著辦吧」。劉備的意思是，若劉禪實在扶不起，是繼續輔佐，是換個兒子當

皇帝，是自己當皇帝，是投降曹丕，你自己看著辦。他把各種可能的決定權都交給諸葛亮。（見《三國志全本今譯注》）

當然，以劉備對諸葛亮的了解，他不相信諸葛亮會投降或自立為帝。剩下的處理方法只有繼續輔佐劉禪，或者從劉備的兒子裡另選一個人來當皇帝。

得到這樣的信任，諸葛亮很難不感激涕零，哭著說：「臣敢竭股肱之力，效忠貞之節，繼之以死！」我就是累死，也一定保住大漢江山，和曹賊鬥到底！

總有一些陰謀論者說劉備是耍心機，逼諸葛亮表態，其實完全沒必要。表態有用嗎？就和兩人談戀愛似的，一方發誓一輩子不背叛，結果該劈腿的還是劈腿。更何況諸葛亮若是真有謀逆之心，還可以把這句話搬出來，先帝說了，讓我自己看著辦，我是奉旨篡位。

託孤這件事沒那麼多陰謀詭計。劉備臨死前，找到初心。兩人彷彿回到三顧茅廬那一刻，一個是誠心誠意把家業和子孫後代交出去，一個是鐵了心要鞠躬盡瘁，死而後已。君臣之間，盡釋前嫌。

李嚴的崛起

劉備雖然對諸葛亮舉國相託，但在政治上，仍然維持著荊州與東州的雙頭體制。本來，劉備最初讓諸葛亮與董和搭配，結果董和去世。於是在東州人裡物色，劉備最終選定李嚴。

李嚴是荊州南陽人，之前在劉表底下做事。劉琮投降曹操，李嚴不服，就入蜀投奔劉璋，能看出他對漢室有感情。此後劉璋重用李嚴，讓他去打劉備，結果李嚴投降，整個東州人對劉備的抵抗到此時土崩瓦解。劉備入主成都後，李嚴到犍為郡當太守。主政犍為期間，有兩件事做得很讓劉備滿意。

首先是鑄幣。劉備入蜀後，發行一種叫「直百五銖」的錢幣，鑄造錢幣的中心，一個在蜀郡，另一個在犍為。今天出土的許多直百五銖上仍然有「為」字，就是當年在犍為郡鑄造的。（蜀漢貨幣發行情況參見附錄一）

其次是平叛。劉備北伐，犍為發生豪族叛亂，李嚴不向諸葛亮要兵，自己帶著郡裡的治安部隊，可能還有家兵，很快就把亂子平了。這件事給劉備留下極好的印象：李嚴不錯，反應很快，還能打仗。

到了建安二十四年，就是劉備稱王那年，李嚴上奏說犍為郡出現黃龍。先不管黃龍到底是什麼，最起碼是一種吉兆，說明是天命所歸。這是李嚴拐個彎在勸進，別人還在勸劉備稱王，李嚴已經為劉備稱帝做輿論準備了。後來劉備稱帝，這件事還被堂而皇之地寫了出來。

一個人有能力，會打仗，對漢室忠心，還會想方法，他不升官，誰升官？

還有一個重要原因是李嚴應讖。讖就是讖語，是一種預言，在兩漢的政治生活中特別受重視。新莽末年，社會上曾流行著「劉氏復興，李氏為輔」的讖語，後來劉秀果然在李通的輔佐下實現「光武中興」。李通姓李，是南陽人；偏偏李嚴也姓李，同樣是南陽人。這個原因雖然史書中沒有明言，但劉備稱帝時，設立輔漢將軍，由李嚴擔任。「輔漢」的名號，不禁引人聯想，也許劉備希望自己能夠應讖，在「李氏為輔」下實現「劉氏復興」。劉備臨終前物色東州人時，就想起李嚴。早在章武二年，劉備便命令李嚴到永安來，並擔任尚書令。到了章武三年，劉備更讓李嚴和諸葛亮一同輔佐劉禪。加封李嚴為中都護，統內外軍事，留鎮永安，防備東吳。

劉備的託孤，形式上可能借鑑了孫策。孫策臨終前，讓孫權繼承事業，並讓長史張昭和中護軍周瑜一文一武輔佐孫權。孫策託孤時也對張昭說過：「若仲謀不任事者，君便自取之。」意思是說，孫權要是不行，張昭自己看著辦吧。

一樣的「你自己看著辦」，一樣的一文一武。但不一樣的是，張昭只能文，不能武，而諸葛亮不僅想做管仲，還要當樂毅。還有不一樣的，就是李嚴不是周瑜，劉備沒有真的給李嚴那麼大的權力。更不一樣的是，在諸葛亮和李嚴背後，還有蜀漢各個利益集團矛盾的影子。

第四章

南撫夷越

一、諸葛亮向劉禪示好

為新皇帝送上一份大禮，諸葛亮怎樣獲得劉禪的信任與支持？

從阿斗到劉禪

章武三年四月，一代梟雄劉備去世，諡號昭烈皇帝。五月，他的兒子劉禪繼位，改元建興。劉禪，就是蜀後主。蜀漢的歷史正式進入後劉備時代。

劉禪，字公嗣，據說小名叫阿斗。民間有句俗語叫「扶不起的阿斗」，說劉禪太不成器，甚至有人說他就是個白痴。這裡可以很負責任地說，劉阿斗絕對不是白痴。他是個比較厚道的普通人，他是被歷史、被他父親硬生生扔到皇位上去的。

劉禪的原名可能叫劉斗，據《三國志．魏書．明帝紀》裴松之注引《魏略》記載，曹操的孫子、曹丕的兒子——魏明帝曹叡，曾經給天下發布公告，公開叫劉禪為劉升之。升之，應該是劉禪的另一個字。古人的名和字有關係，斗是古代的容量單位，十升為一斗；斗還被用來指北斗七星，北斗七星升於天空，所以叫升之。

還有一種說法，認為漢代隸書的「斗」和「升」字非常相似，「阿斗」其實是「阿升」的訛寫。

也就是說，劉禪早年字升之，故以「阿升」呼之。

總之，不管劉禪的原名是不是劉斗，字升之是可以確定的。為什麼改名叫劉禪呢？劉備有個乾兒子叫劉封，本來姓寇，叫寇封，他母家姓劉，是長沙人。劉備剛到荊州時還沒有兒子，就收了劉封當養子。到了建安十二年，就是三顧茅廬收諸葛亮那年，劉備的親兒子阿斗才出生。

阿斗什麼時候改名叫劉禪，已然無法考證。但劉封和劉禪，兩個兒子的名加在一起，就是「封禪」。封是祭天，禪是祭地，到泰山舉行封禪大典，這是古代皇帝最隆重的禮儀活動。劉備把兒子的名字改成禪，明擺著就是想當皇帝。而且劉禪的字也改成公嗣，「禪」有傳授、繼承的意思，與「嗣」的意思相同，等於公開說劉禪就是劉備的繼承人。

甘夫人：劉禪心裡永遠的痛

蜀漢皇帝換了劉禪，他和諸葛亮首先要彼此面對，相互重新認識。對劉禪來說，諸葛亮不僅是託孤重臣，對自己有廢立之權，劉備甚至要求他像對親生父親一樣對待諸葛亮。小說和影視劇裡，劉禪見諸葛亮，一口一聲「相父」。此時劉禪對諸葛亮的感覺可能會比較尷尬，還有一點懼怕。

諸葛亮要怎樣面對劉禪呢？也很彆扭。既不能一上來就像老師、長輩一樣，對劉禪指指點點，畢竟他是臣子，劉禪是皇帝；也不能像一般大臣一樣，管好自己的一畝三分地就行，畢竟他有託孤重任。因此諸葛亮首先要做的是打破這種尷尬，最起碼要讓劉禪放輕鬆，感受到自己的善意，然後才是怎麼輔佐劉禪的問題。

劉禪一繼位，諸葛亮馬上給他一份大禮。他拉著太常（主管禮儀的部長）賴恭一起上了一道奏表，提出要追尊劉禪的生母甘夫人為昭烈皇后。這又是唱哪一齣呢？

還得從劉備的婚姻說起。中國古代的婚姻是一夫一妻多妾，一個男人可以納好多個妾，但老婆（就是正妻）通常只能娶一個（如果正妻去世，可以續弦；但同一時期，一般只有一個正妻）。劉備早年娶了好幾次老婆，但都很早就去世。

後來劉備丟了徐州，駐紮在小沛，納了一個妾，就是劉禪的生母甘氏。劉備經常讓甘氏來管理家務事，甘氏看上去就像正妻一樣。可是甘氏到死也沒有扶正，因為劉備把正妻的位置都用來做政治買賣了。例如納甘氏時，劉備娶了糜夫人，就是給劉備投資的糜竺的妹妹。後來在當陽長坂坡，劉備被曹操擊潰，糜夫人不知所終。

再後來，劉備和孫權聯姻，娶了孫權的妹妹孫夫人。可是沒幾年，孫權把妹妹接走。劉備攻克成都，又娶了劉璋的嫂子——寡婦吳夫人，和東州人裡的大族吳氏聯姻。劉備明媒正娶的夫人，全是政治聯姻。甘氏對劉備再好、再重要，永遠沒有扶正的命。

劉備入蜀後，甘氏在荊州去世，葬在南郡。直到章武二年，估計是東征失敗，讓劉備想起好多往事，這才想到給甘氏一個名分。於是，劉備追謚甘氏為皇思夫人。就是說，甘氏死了至少有八年了，才終於得到正妻的名分。劉備還派人把甘夫人的靈柩遷到蜀漢來安葬，結果靈柩還在路上，劉備就去世了。

對劉禪而言，這非常痛苦。親生母親去世這麼多年，好不容易有一個名分，可是這個名分僅是夫人。劉備都稱皇帝了，正妻不應該叫夫人，而應該稱皇后。但皇后是誰？就是吳夫人。劉備去世後，吳皇后成為吳太后，地位顯赫，甘夫人根本無法比。

然而追尊甘夫人為皇后的事情，牽扯到各個利益集團，劉禪又剛繼位，在蜀漢一直沒什麼政治根基。這件事，他是有心無力。

劉禪說不了，諸葛亮能說。

諸葛亮上表，講了一堆理由。最後落在一點上——追尊皇思夫人甘氏為皇后。而且，不僅是皇后，諡號還和劉備一樣，劉備叫昭烈皇帝，甘氏就叫昭烈皇后，還要和劉備合葬。（見《三國志．蜀書．甘皇后傳》）

這下就不一樣了，完全按照正式皇后的禮儀來處理。不管吳皇后日後怎麼樣，反正眼前的甘夫人，或者說昭烈皇后，就是最正牌的皇后。

試想一下，諸葛亮這道奏表送上去，劉禪是什麼心情。從感情上講，他母親終於有了大義名分，成為正牌皇后；從理性上講，他也是名副其實的皇后生的兒子，是嫡長子，能不對諸葛亮感激涕零嗎？

諸葛亮的這份大禮，馬上拉近和劉禪的心理距離。後來劉禪能夠對諸葛亮鼎力支持，有各種主、客觀原因，但諸葛亮追尊甘夫人為皇后，這是讓劉禪銘記於心的，也足以讓他感激一輩子。

諸葛亮開府執政

諸葛亮的善意，自然換來劉禪的投桃報李。劉禪繼位後，按照慣例，官員們普遍晉升。諸葛亮終於獲得開府治事的權力，同時獲封武鄉侯，不久又領益州牧。從這時起，諸葛亮的正式官爵，就是丞相、錄尚書事、假節、領益州牧、武鄉侯，並且開府。從此，諸葛亮不再是大祕，終於成為蜀漢政權真正的管事人。

關於諸葛亮的爵位是武鄉侯，還是武鄉縣侯，古往今來一直在打口水戰。漢代的侯爵按等級高低，分為縣侯、鄉侯、亭侯和關內侯。我認為諸葛亮受封的絕對是鄉侯，不是縣侯。這個問題細說起來非常複雜，只說一個最通行的原則——蜀漢封的縣侯，一定要有軍功。

蜀漢早期封侯嚴格按照漢制，有軍功才能封縣侯，例如魏延、王平、姜維、馬岱等。而諸葛亮剛接管蜀漢時，只獨立帶兵打過一次仗，還是十年前的事。此時替諸葛亮封縣侯，完全沒有道理，諸葛亮一向秉公執法，他絕不會同意。

接管蜀漢政權的過程中，諸葛亮表現出非常高的情商。不像有些執政大臣，有了先帝遺詔，有了執政權力，就完全不顧及現任皇帝的意願，飛揚跋扈。這些權臣未必有篡位的心思，但給小皇帝留下深深的陰影，最後往往不得善終；就算不身敗名裂，皇帝也會在必要時多方掣肘。

但諸葛亮上臺後，先表現善意，表達對劉禪的尊敬，迅速贏得劉禪的好感。他是用誠心誠意去換取長官發自內心的支持，而不是用權力去壓人，這是一種高妙的處世智慧。

諸葛亮對劉禪獻殷勤，獲得開府的權力，但沒有忘記李嚴。這次蜀漢全員晉升，李嚴的地位得到很大提升。除了已經擔任的尚書令、中都護，李嚴還被封為都鄉侯，假節，後來更晉升為光祿動，就是名義上負責宮殿大門警衛、統領國家儲備人才郎官的部級官員。

諸葛亮和劉禪沒有忘記李嚴，李嚴當然也沒有忘記他們。做為託孤大臣的李嚴，不甘於待在永安。劉禪繼位沒多久，李嚴就開始暗中活動，為自己鋪設權力之路。

二、南中叛亂，李嚴爭權

諸葛亮如何快速化解三大內憂外患？

意識形態之爭

建興元年（二二三年），蜀漢後主劉禪繼位，諸葛亮成為真正的開府丞相，一個新時代開始了。可是這個時代，從一開始就內憂外患。

劉備東征失敗，蜀漢元氣大傷，處在崩潰邊緣。可以說，劉備扔下一個爛攤子，諸葛亮就是個接盤俠。眼下諸葛亮最大的危機是三大內憂外患。

首先來看外患，有兩個，一個是北面的曹魏。曹魏雖然在軍事上主攻東吳，可在政治攻勢上沒有放過蜀漢。

東漢三國時代，人們有一種普遍的信仰，就是天命，關乎一個政權的合法性。曹丕一看劉備死了，就讓宰相華歆、王朗一干人等，分別寫信給諸葛亮，陳說天命人事，意思就是人魏有天命，你們不合法，趕緊投降。這件事看起來沒什麼，但能夠影響巴蜀地區的世家大族。如果世家大族信了這些鬼話，不支持蜀漢，蜀漢就從內部瓦解了。曹魏這一手，就是搞意識形態輸出，進行顏色革命。

除了曹魏，另一個外患是東面的孫權。孫權已經稱王，建立吳國。漢、吳兩國雖然正式停戰，但還沒有邦交正常化，彼此之間敵意很深。蜀漢內部爆發叛亂，叛軍都去找孫權當後盾。

此外，還有一個內憂，就是南中（包括今四川南部和貴州、雲南兩省）。南中在益州南部，多山，經濟不發達，少數民族聚集。蜀漢對它的控制本來就有限，現在劉備一死，南中地區的少數民族與豪強一個接一個造反，聲勢浩大，此起彼伏，形勢相當危急。

蜀漢東南西北，除了西邊是青藏高原，其他三面全是烈火熊熊，這個政權隨時可能倒臺。

面對這樣的形勢，諸葛亮決定暫時先處理一下兩個外患。

針對曹魏的意識形態攻擊，諸葛亮寫了一篇〈正議〉，主旨是說天命在漢，曹魏篡逆，維護蜀漢的政治正確。後來《三國演義》說諸葛亮一出祁山，罵死王朗。特別是舊版《三國演義》電視劇，唐國強扮演的諸葛亮有一句深入人心的話：「我從未見過有如此厚顏無恥之人！」這個場面的原型就是這篇〈正議〉，涉及的正是漢、魏兩家這場意識形態論戰。（〈正議〉，見《三國志・蜀書・諸葛亮傳》裴注引《諸葛亮集》）

對孫權，諸葛亮也沒閒著。他馬上派鄧芝出使東吳，兩國正式恢復邦交。諸葛亮在〈隆中對〉制定的國策就是聯吳抗曹，而且在聯吳這件事上，諸葛亮是實用主義，只要有實際利益，其他大義名分都可以商量。六年後，孫權正式稱帝，諸葛亮在蜀漢力排眾議，對孫權稱帝給予外交承認。漢、吳聯盟，不說吳國能給蜀漢幫多大忙，至少能少添很多亂。蜀漢東線無戰事，就省了很多人力、物力、財力。

南中大叛亂

處理好外患，諸葛亮要想辦法解決南中問題了，而此時的南中早已亂作一團。

南中地區共有五個郡，位於今雲貴交界的朱提郡、雲南西部和緬甸東北部的永昌郡，相對穩定，但另外三個郡就熱鬧了。

先看四川西南部的越巂郡，當地的少數民族首領高定（一說叫高定元）聽說劉備死了，馬上殺了郡太守，稱王叛亂。其實高定在劉備北伐漢中時就叛過一次，當時被越巂東北邊的犍為郡太守李嚴壓制，老實了幾年。

緊接著，位於雲南東部的益州郡（益州下邊的一個郡，郡名和州名相同）的豪強雍闓也把太守殺掉叛亂。雍闓造反後，蜀漢朝廷又派了新太守張裔來，結果張裔被雍闓綁架送給孫權。孫權就任命雍闓為永昌太守，還任命劉璋的兒子為益州刺史，駐紮在交州和益州的交界處，做為雍闓的外援。

雍闓不僅自己造反，還拉上孟獲。就是「七擒七縱」的那個孟獲。雍闓讓孟獲招呼當地的少數民族一起造反，聲勢愈來愈大。之後，位於今貴州的牂牁郡太守朱褒也反了。

南中五個郡，除了面積最小的朱提郡和最偏遠的永昌郡，其他三個郡全反了。

南中亂成這樣，蜀漢又國力凋敝，根本沒有實力出兵征討。諸葛亮最初的設想是先讓南中亂著，等漢地形勢穩住，再出兵平叛。暫時先忍一忍，諸葛亮把當年處理法正問題的耐心又拿了出來。

可是諸葛亮剛把耐心準備好，南中就出事了。因為一個人、一件事，差點把他的部署全都打亂。

詭異的常房冤殺案

關於這個人、這件事，兩部史書中有記載。

第一部是《魏氏春秋》，作者是東晉中期的孫盛。據這部書記載，牂牁太守朱褒叛亂前，益州有個從事叫常房，到牂牁郡去行部（巡察）。常房聽說朱褒有反心，就把朱褒的郡主簿（相當於祕書長、辦公室主任）給抓了。常房對主簿審訊半天，最後還把主簿殺掉。朱褒聞訊勃然大怒，又把常房給砍了。砍了還不算，還打報告到成都，說常房謀反。

諸葛亮收到消息後，居然信以為真，常房的幾個兒子連坐被處死，四個弟弟被流放到越巂郡。諸葛亮想用這個方法來安撫朱褒，結果朱褒一看諸葛亮好欺負，乾脆反了。

第一次看到這段史料時大惑不解：諸葛亮不僅蠢，而且壞，既上了朱褒的當，還冤殺常房的兒子們，太不合常理了。給《三國志》作注的裴松之就說：哪有冤殺自己人來取悅奸賊的？他認為這條史料不可靠。（裴松之云：「以為房為褒所誣，執政所宜澄察，安有妄殺不辜以悅奸慝？斯殆妄矣！」見《三國志．蜀書．諸葛亮傳》裴注）

問題是除了《魏氏春秋》，另一部史書也記載類似的事情。這部書叫《華陽國志》，是中國現存的第一部地方誌。《華陽國志》作者叫常璩，和孫盛是相同時代。

按照常璩的記載，去南中巡察的益州從事不叫常房，而叫常頎。他先去益州郡，見了已經造反的雍闓，把蜀漢另一位託孤大臣李嚴的信交給他，勸他回頭是岸。雍闓狂得不行，說：「我聽說天無二日，土無二王。現在天下三分，我一個待在偏遠地區的人，非常彷徨，不知道該聽誰的。」（「愚聞

天無二日，土無二王。今天下泒分，正朔有三，遠人惶惑，不知所歸。」見《華陽國志·南中志》）

意思就是，李嚴別和老子瞎扯，你們家劉禪，老子不承認。他就狂到這種狀態了。

常頎沒勸動雍闓，就去了牂牁。和《魏氏春秋》記載得差不多，常頎發現朱褒有問題，就把主簿抓了拷問，朱褒殺了常頎，造反了。不過《華陽國志》沒提常頎殺主簿，也沒提諸葛亮處死他的兒子。

常璩這段記載相對可信一些。不管是常頎還是常房，和常璩一樣都是蜀郡人，都出自蜀郡的大姓常氏家族；常璩常年生活在巴蜀地區，專門編寫巴蜀的地方誌，無論從身世上，還是專業性上來說，《華陽國志》的可信度都更高一些。

但這個事件有很多違背常理的問題，例如按照漢代制度，州牧刺史才有權行部，換句話說，只有益州牧諸葛亮能到南中行部，常頎沒這個權力。而且當時南中大亂，越巂郡的太守都不敢到郡裡上班，只敢駐紮在邊境的小縣，裝裝樣子。常頎一個沒有行部許可權的州從事，跑到叛亂區去行什麼部呢？

另外，根據漢代的法律，常頎無權審理郡主簿，郡主簿有問題，要先上報朝廷再說。（《後漢書·光武帝紀上》建武三年七月庚辰詔書：「吏不滿六百石，下至墨綬長、相，有罪先請。男子八十以上，十歲以下，及婦人從坐者，自非不道、詔所名捕，皆不得繫。」）

這些事都預示著常頎行部不正常，也沒那麼簡單。殺人事件背後的權力博弈，我們再來找找線索。常頎說是去巡視，第一站卻是叛亂特別嚴重的益州郡。他到益州郡去見了叛軍首領雍闓，送了李嚴的書信給雍闓。

沒錯，這一切的不正常與不簡單，可能就在李嚴身上。

《三國志．蜀書．呂凱傳》提到李嚴寫信給雍闓的事，而且一寫就是六封。雍闓的回覆和《華陽國志》說得一模一樣，只是沒說送信的人是誰。兩段史料一比，現在可以確定，常頎是帶著李嚴的書信去招降雍闓。

這樣一來，這個行部就說得通了。常頎哪裡是去行部，分明是去招安。但招安感覺實在不好看，就對外宣稱是去行部。我不是去叛軍的地盤，是在自己的地盤巡察。常頎是州從事，去見雍闓，很可能也得到諸葛亮許可。

諸葛亮不是要冷處理南中問題嗎？怎麼又同意李嚴招安呢？

李嚴以前當過犍為太守，平定過叛亂，特別是打敗過高定。犍為郡緊鄰著南中北部，李嚴當年在南中邊上平亂，可能在南中多少有一點威懾力。李嚴想憑藉自己的威懾力去解決南中問題，應該說是好意，諸葛亮當然也認可李嚴的做法。

但問題是，李嚴插手南中問題，好像沒這麼簡單。

這就回到常頎在牂牁的所作所為了。常頎懷疑牂牁太守朱褒不軌，應該先羈縻朱褒，讓他踏實一天是一天。諸葛亮現在要的，不就是休養生息的戰略時間嗎？

常頎本來無權抓主簿，結果不僅抓來拷問，甚至可能還殺了。哪像懷疑朱褒，分明是一步一步告訴朱褒，你要謀反，我掌握證據了，還把你的人弄死了。下一步，就是常頎抓朱褒了。但朱褒本來就是南中地區的大姓豪強，常頎根本就沒本事抓。你激怒朱褒，又抓不住朱褒，這不是存心逼他造反嗎？

常頎會這麼愚蠢嗎？越巂和益州郡已然大亂，這時再把牂牁郡逼反，對於蜀漢來說不是雪上加霜嗎？如果南中亂得一塌糊塗，對蜀漢確實是巨大威脅。可是對某些人而言，卻是機會。所謂的某些人，當然包括李嚴。

李嚴是劉備的託孤大臣，卻是很尷尬的託孤大臣。首先，政治地位太低。劉備生前明確規定，諸葛亮為正，李嚴為副。而且李嚴接受託孤時，只是廳級官員（尚書令，秩千石）。劉禪繼位，百官晉升，李嚴一開始只是封侯假節，後來才補加光祿卿，名義上升到部級（中二千石）。諸葛亮是國家級的，那才叫真正的託孤重臣。

其次，李嚴所在的位置也尷尬。雖然劉備任命李嚴為中都護，統內外軍事，可是又明令李嚴留鎮永安，就是讓李嚴防備東吳。所謂的「中都護統內外軍事」，都護的是永安宮的禁衛軍，統的是永安宮的內外。一個託孤大臣整天待在國防線上，回不了首都，根本沒辦法獲得輔政的權力。而且回不了首都，見不到皇帝，離權力中心愈來愈遠，李嚴自然不甘心。

李嚴想成為真正的託孤大臣，真正掌握軍權，必須創造機會，要嘛回成都，要嘛抓軍隊。現在南中大亂，就是特別好的機會。諸葛亮沒去過南中，而且沒怎麼打過仗，李嚴就不同了，在南中有點威望，還打敗過叛軍首領。如果現在搧把火，讓整個南中陷入混亂，就可以直接威脅到成都的安全。到那時，不管從哪方面，南征平叛的重任都非李嚴莫屬。利用這個機會，李嚴就可以堂而皇之地離開永安，回成都，抓軍隊，南下平叛，再立軍功，這個中都護就不僅是永安的中都護，更是成都的中都護，到時還會有人說李嚴是諸葛亮的副手嗎？

可是李嚴沒想到，諸葛亮根本不吃這套。諸葛亮有沒有殺常頎的兒子，這個不好說。但諸葛亮顯然沒有被南中的局勢嚇到，李嚴的打算是現在就出兵平叛，但誰說現在要出兵了？

諸葛亮根本就沒接李嚴的招，他先恢復與孫權的外交關係，切斷南中叛軍的外援。第二年（二二四年）春天宣布：務農殖穀，閉關息民，把巴蜀通往南中的道路全部關閉。

諸葛亮想的是，打了這麼多年仗，我現在不打了，要讓老百姓休息，也讓國家經濟恢復，順便攢攢軍糧，有什麼事，等養好這口氣再說。

李嚴機關算盡，沒想到諸葛亮會來這麼一手。

三、根本沒有七擒孟獲

諸葛亮怎樣成功地實施攻心術？

南中最大的勁敵並非孟獲

南中是當時最不好管理的地區之一，山多，少數民族多，社會發展落後。從漢武帝開始就一直打，打服了叛，叛了又打，沒完沒了。朝廷雖然設了郡縣，但更多時候還是透過當地各族首領間接統治。這個地區直到清朝雍正、乾隆時期實施改土歸流，也僅是從行政建制上和內地一樣，社會文化上的差異仍然十分明顯，但這是一千五百年以後的事情了。

這麼不好管的地方能不能放棄呢？還真不能。諸葛亮日後要北伐曹魏，南中地區有支援他的重要資源。一個是人口，一個是戰略物資。有人口，可以讓他們當兵，也可以派去種田。尤其是南中地區少數民族多，戰鬥力強。除了人，物資也很重要。南中盛產金、銀、犀革（犀牛皮）、耕牛、戰馬。金、銀是貴金屬，犀革可以用來做皮甲，耕牛可以用來種田，戰馬可以裝備騎兵，或者在山地間轉運物資。無論如何，南中這個地方不能眼睜睜讓它亂下去，讓當地實現安定，是有戰略意義的。

南中五郡，有三個郡造反，分別是西面越巂郡的高定，中部益州郡的雍闓和孟獲，東面牂牁郡的朱褒。後來雍闓還去攻打西南面的永昌郡，五個郡裡有四個受到戰火波及。

建興三年（二二五年）春天，忍氣吞聲、認真準備兩年後，諸葛亮終於正式發兵，準備平定叛亂。這次出兵，諸葛亮共派出三路大軍，分別針對越巂、益州、牂牁三個郡，諸葛亮親自帶領的是征討越巂郡的西路軍。

益州郡的雍闓目中無人、飛揚跋扈。但實際上，益州郡雷聲大，雨點小，南中三郡鬧最凶的是西面的越巂郡。益州郡的雍闓、孟獲和牂牁郡的朱褒都是南中大姓，換句話說，這些人都是漢族人。他們的行為就是一般意義上的叛亂，政治訴求最高就是像雍闓那樣，投靠孫權，當個太守。

越巂郡不一樣，叛亂首領叫高定，是夷帥（少數民族的首領）。他是整個南中叛亂中，唯一稱王的。而且早在劉備北伐時，他就叛亂過一次，還主動進攻巴蜀內地，被李嚴擋了回去。

漢武帝之前，西南地區各族統稱西南夷，很多民族和部落的首領各自稱王。漢武帝經略西南夷後，兩漢政府一面派遣太守縣令直接管轄，一面冊封少數民族首領、實施間接統治，從而推動西南地區的社會發展。

現在高定自立為王，打破漢朝在西南地區的統治秩序。不僅不服從中央政府的管理，還主動進攻蜀地，甚至要打到成都。因此，高定叛亂的性質和雍闓、朱褒完全不同。雍闓只是割據，高定是謀求獨立。

當時，丞相長史王連勸諸葛亮，說南中是「不毛之地，疫癘之鄉，不宜以一國之望，冒險而行」（《三國志‧蜀書‧王連傳》）。諸葛亮卻說害怕諸將才不及己，堅持要親征。而且在三路大軍裡，諸葛亮一定要親自統率西路軍，討伐高定，原因就在這裡。

諸葛亮第二次統率軍隊

這次用兵是諸葛亮第二次獨立統率軍隊，也是首次指揮這麼大規模的戰役。可以說，這次軍事行動也有諸葛亮熟悉軍事征戰和測試蜀漢軍隊戰鬥力的因素。

諸葛亮這次出手，確實表現出軍事統帥應有的基本謀略。當時高定在越嶲北部部署防線，諸葛亮沒有急於進攻。越嶲多山地，如果叛軍很分散，需要各個擊破，短時期內根本打不乾淨。萬一對方和你打游擊戰，不被拖死才怪。諸葛亮就沉住氣，在卑水（今四川省涼山彝族自治州昭覺縣附近）駐軍。

面對諸葛亮的重兵壓迫，高定果然沉不住氣，開始集結各方軍隊，諸葛亮便發動總攻擊，一舉將高定的部隊擊潰，直搗大本營，俘虜高定的老婆、孩子。可是高定仍然決心反叛到底，用諸葛亮的話說，這叫「逾蠻心異」。高定不但沒有投降的意思，反而殺人結盟，又糾合二千多人，要和諸葛亮死戰。不過這時高定的部隊都是烏合之眾，根本死戰不了，結果，諸葛亮再次擊敗高定，並將其斬首。

諸葛亮採取的這種等待敵人聚集，然後一舉攻破的方法，十年前曹操也用過。曹操當初征關中，討滅韓遂和馬超，也是怕這些西涼騎兵到處跑，於是等馬超等人的十萬大軍會合後才發動總攻擊，最後一舉平定關中。

不管是自己想出來，還是參考曹操的案例，反正諸葛亮消滅高定的策略和曹操如出一轍。（見《華陽國志．南中志》）

這裡多說一句，看過《天龍八部》的人都知道，宋代時，雲南有個政權叫大理，皇帝姓段，但大理國中後期，實權都掌握在大臣高氏手裡。據某些史料記載，這個高氏傳說就是高定的後代。（見由雲龍《滇錄》卷八載〈姚郡世守高氏源流總派圖〉）

攻心為上，心戰為上

消滅高定後，諸葛亮兵鋒東轉，開始配合中路軍平定益州郡。中路軍的主力是庲降*都督府的部隊，統帥是庲降都督李恢，這個都督府是劉備入蜀後在南中地區最早建立的軍事機構。

起初，劉備用荊州人鄧方擔任都督，統率的部隊不多，且軍府設在距離蜀地最近的朱提郡。南中叛亂，朱提郡之所以沒出事，就因為這個地方曾是庲降都督府的駐地。鄧方去世後，劉備任命益州郡豪族李恢擔任都督，都督府移到牂牁郡內的平夷縣（今貴州省畢節市）。雖然離朱提郡和蜀地不遠，但畢竟深入到西南夷族的地盤。益州郡的叛亂，自然要由李恢和庲降都督府的軍隊來平定。

不過此時，益州郡的叛軍出現變故，首領雍闓不久前居然被高定的部隊滅掉了。雍闓和高定黑吃黑，到底是什麼原因，史書沒有記載。我推測，高定自立為王，想要恢復的是本民族的秩序；而雍闓是漢族大姓，雖然叛亂，但擁護的還是漢朝的郡縣制度，兩人在這方面肯定有衝突。

雍闓死後，孟獲接替雍闓，成為益州郡叛軍的首領。過去《三國演義》總稱孟獲為蠻王，其實孟獲既不是蠻，也不是王。稱王的只有高定，孟獲沒有稱王。而且關於孟獲的身分，史家也有爭議，我傾向於他是漢族豪族，不是夷帥。

孟獲雖然是漢族，但在漢人和夷族中都有非常高的聲望，比雍闓還高。雍闓剛叛亂時，益州的夷人不想蹚渾水。於是雍闓就找來孟獲，孟獲和夷人說官府讓你們繳納一批物資，夷人一聽，這數量肯定交不起，既然如此，索性就跟著雍闓反了吧！（見《華陽國志・南中志》）

益州郡的夷族造反和越巂的高定不一樣，不是要獨立；和要割據的雍闓也不一樣。他們是怕交不上供，不是真心想反。這裡反映出一個問題，孟獲一糊弄，大家就信，看來劉備時代，在南中，特別是益州郡，可能真的存在苛捐雜稅的問題。

不僅是益州郡的夷人，孟獲的情況比較特別。首先，益州郡的叛亂，孟獲不是發起人。高定自立為王，雍闓猖狂，這兩個是鐵了心反漢。孟獲是半路被拉入夥，不是很堅定，同時又在漢族和夷人中有崇高的威望。對於這樣的人，諸葛亮就有別的想法了。

諸葛亮這次南征有個基本目標「夷漢粗定」。就是夷人和漢人都承認蜀漢的治理權，蜀漢能在南中站穩腳跟，建立一個能夠支持北伐的戰略資源基地。對於南中，諸葛亮不想趕盡殺絕，一來沒精力，二來影響不好，三來破壞太大，都不利於戰後重建。

就在諸葛亮出征前夕，參軍馬謖給他出了一個主意。馬謖說：「南中恃其險阻，不服久矣，雖今日破之，明日復反耳。今公方傾國北伐以事強賊，彼知官勢內虛，其叛亦速。若殄盡遺類以除後患，既非仁者之情，且又不可倉卒也。夫用兵之道，攻心為上，攻城為下，心戰為上，兵戰為下，願公服其心而已。」（《三國志・蜀書・馬良傳》附〈馬謖傳〉裴注引《襄陽記》）

＊庲降指招徠、降服；庲降都督是蜀漢管理南中的行政長官。

南中地區的人仗著地形複雜，很久以前就不服管理。今天打敗他們，明天一撤軍，他們就要反。現在明公的目標是傾舉國之力北伐曹魏，南中人知道內地空虛，很快還得造反。

馬謖說得沒錯，光靠打，維持不了多久。他也反對血腥屠殺，把南中造反的各族都滅了，斷子絕孫，這種事不能做，而且要把南中夷為平地，也不是一天、兩天能辦到的。

這話也沒錯，東漢時，羌族經常造反，最後幾乎用了整個王朝存在的時間，花了巨額軍費，才把羌族打得元氣大傷。但諸葛亮要北伐，沒時間也沒錢去做這種費力不討好的事情。

因此，馬謖建議：不攻城，我們攻心。要是能讓南中各族人民都對你心服口服，真心愛戴你、擁護你，哪裡還用得著鎮壓呀！我們最終要的不是平定造反，而是讓南中從此不造反。

馬謖說的「攻心」二字，太合諸葛亮的胃口了。當初劉備從襄陽南撤時就用過攻心，效果是諸葛亮親眼所見。何況早在〈隆中對〉裡，諸葛亮就提過要對少數民族實施友好政策。而且諸葛亮還想在平定叛亂後，在南中建立提供戰略資源的基地，除了攻心，確實沒有更高明的辦法了。何況這個馬謖還當過越巂太守，熟悉南中的情況，而越巂郡又是叛亂最嚴重的地方。

諸葛亮當即肯定馬謖的建議，不僅肯定，還把「用兵之道，攻心為上，攻城為下，心戰為上，兵戰為下」這二十個字，原封不動地寫進政令。（〈南征教〉，見《諸葛亮集》，輯自《玉海》）

七擒七縱的歷史真相

建興三年五月，諸葛亮大軍渡過瀘水（今金沙江），進入益州郡，追擊孟獲。對大多數人來說，孟獲這個名字並不陌生。即便沒看過《三國志》和《華陽國志》這樣的史籍，甚至沒看過《三國演義》的小說與電視劇，也極有可能聽說過「七擒孟獲」的故事。

史書和影視劇、小說裡，諸葛亮對孟獲七擒七縱，甚至在今天雲南的很多地方還有遺跡，號稱就是當年諸葛亮和孟獲交戰的地方，說得有鼻子有眼。最後，孟獲大受感動，說諸葛亮是「天威」，並宣誓：「南人不復反矣！」（《三國志・蜀書・諸葛亮傳》裴注引《漢晉春秋》）

七擒七縱，從古至今一直被奉為「攻心戰」和民族政策的經典案例。這個故事到底可不可靠呢？七擒七縱不是無中生有，《漢晉春秋》和《華陽國志》都有記載，只不過《華陽國志》裡不叫「七擒七縱」，而叫「七虜七赦」，意思差不多。《華陽國志》的口碑不錯，擒縱孟獲這件事，歷史上可能真的發生過。

但話說回來，七擒七縱確實有悖常理。只要是打仗，肯定就有傷亡，打一次，雙方就有不少死傷。明明一次可以滅掉對方，卻打了七次，無論是從時間、人員傷亡，還是從物資消耗上看，都不划算。而且孟獲雖然在益州郡影響力大，但畢竟不是統管西南地區的王。他不反，不代表南中所有漢人、夷人都安定了。諸葛亮平叛後，南中依舊時常發生叛亂。諸葛亮要進行七擒七縱，投入產出不成比例。

總之，諸葛亮擒縱孟獲這件事可能確實發生過，但頂多是兩擒三擒，不會有七次這麼多。中國歷史學者余明俠先生指出，漢魏人喜歡用「七」命名，例如曹植寫過〈七啟〉，當時的目錄學著作叫《七略》，甚至大約形成於漢代的牛郎織女的故事，每年會面的日子也是七月七。對孟獲七擒七縱也好，七虜七赦也罷，這個七都是虛數，意思是有很多次，不一定就是七次。（見《諸葛亮評傳》）

諸葛亮收服孟獲後，南中叛亂的三郡已經平定兩郡。牂牁太守朱褒孤掌難鳴，最終被東路軍剿滅，朱褒不知所終。整個南中戰役，諸葛亮剿撫結合，企圖獨立的堅決滅掉，其餘的主要採取攻心、安撫的措施，來勢洶洶的南中叛亂，經過大半年的征討終於結束，「夷漢粗定」的局面獲得實現。

第五章 北伐中原

一、〈出師表〉是一份政治綱領

讓北伐合法化，把權力關進籠子裡。

為什麼一定要北伐？

諸葛亮一生中最著名的文章有三篇，一篇是〈隆中對〉，一篇是〈誡子書〉，還有一篇就是〈出師表〉，又叫〈前出師表〉。

諸葛亮一上臺就和曹魏展開論戰，恢復漢、吳聯盟，平定南中，解決火燒眉毛的三大內憂外患。此外，他還實行休養生息政策，積極恢復蜀漢經濟，調整各個利益集團的關係，讓瀕臨崩潰的蜀漢起死回生。

到了建興五年（二二七年），諸葛亮決定率領大軍北駐漢中，準備發動北伐。臨行前，他上了一份奏表給皇帝劉禪，就是〈出師表〉。總體來說，拋開諸葛亮的感情色彩，這份奏表表達了兩個意思：一個和北伐有關，另一個和蜀漢的權力運行機制有關。

先來說北伐。諸葛亮為什麼要北伐？你肯定會說為了消滅曹魏、興復漢室啊！為什麼要消滅曹魏、興復漢室呢？你可能就有很多答案了。

對諸葛亮而言，北伐的動機很多。首先，最重要的是他的理想。曹操東征徐州，造成諸葛亮青少年時代的一連串悲劇，他從骨子裡恨曹操。在諸葛亮心裡，「曹」字和「不幸」是畫上等號的。因此，諸葛亮從制定〈隆中對〉，到後來在蜀漢執政，二十八年裡就做了一件事——抗曹。從心理上講，諸葛亮的理想就是消滅曹魏，興復漢室。當然，消滅曹魏是具象的，就是消滅現實中的曹魏政權；興復漢室卻是抽象的，不是恢復劉姓統治，而是要建立一個公平公正、統一安定的社會，這是諸葛亮最大的理想。

其次，北伐是為了蜀漢的合法性。漢魏時期，人們有天命信仰。一個政權是否合法，得看有沒有天命，而且這天命不是自己說有就有。大家都知道曹魏是篡位，可是程序合法。它是東漢漢獻帝透過禪讓儀式把政權合法讓給曹丕，曹魏政權的天命是合法轉讓而來。

小說總說劉備是正統，尊劉貶曹。但就當時來說，蜀漢的合法性要弱一些。畢竟連劉備的漢中王都是自封，沒有走合法程序。不過蜀漢皇帝姓劉，是漢室宗親，合法性雖弱，但不是沒有。如果蜀漢合法，曹魏就是篡位，就一定是非法。既然是非法，就應該去推翻。從長期來看，打魏國不僅是個政治口號，因為不打魏國，這個政權的合法性就沒了，很難維持下去。為了合法性，蜀漢必須北伐。

再者，為了生存，蜀漢得盡快北伐。秦、漢以後，天下一統的觀念已經深入人心，就算天下分裂，人們的觀念裡，最後還是要統一。皇帝只能有一個，國家也只能有一個。連南中的雍闓都知道，天無二日，土無二王。蜀漢和曹魏、東吳都是競爭關係，最後一定是拚個你死我活。現在三國鼎立剛形成，蜀漢雖然和別人有差距，但還是勉強可以接受。

打一個不太精確的比方，東漢有十三個州，魏國占了九個多一點，吳國不到三個，蜀漢一個。如果每個州的實力按一算，蜀漢和曹魏現在的實力相差八。假如每個州經濟增長速度一樣，若干年後，蜀漢就是二，曹魏是十八，相差十六。再過幾年，蜀漢是三，曹魏是二十七，差二十四，愈差愈遠。到最後，蜀漢差得太遠了，就只能等著被滅。所以，要圖強，得趁早。

最後，就是一些個人原因。例如諸葛亮感念劉備的知遇之恩，要完成〈隆中對〉的戰略構想等，不過這些都不是主要原因。

綜上所述，諸葛亮要實現理想，蜀漢要存活，就只有北伐。

〈出師表〉賦予北伐的合法性

可是北伐這件事，不是你說了就能北伐。諸葛亮雖然總攬朝政，但蜀漢內部畢竟比較複雜。要說服大家都支持北伐，也得有合法性。因此〈出師表〉裡有個詞顯得特別重要，就是「先帝」。

〈出師表〉共六百二十四個字，「先帝」出現十三次。也就是說，滿滿一頁紙寫的就是〈出師表〉，差不多每兩行就會出現一次先帝。

諸葛亮為什麼要提到十三次先帝呢？以〈出師表〉開頭幾句為例分析：

「先帝創業未半而中道崩殂，今天下三分，益州疲弊，此誠危急存亡之秋也。然侍衛之臣不懈於內，忠志之士忘身於外者，蓋追先帝之殊遇，欲報之於陛下也。誠宜開張聖聽，以光先帝遺德，恢弘志士之氣，不宜妄自菲薄，引喻失義，以塞忠諫之路也。」

諸葛亮說今天的大漢是先帝創立，可是先帝進行一半就去世了。言外之意，根據先帝劉備的意願，我們應該建立的是全國性政權大漢，而不是地方性政權蜀漢。接著說，大家當年都受到先帝恩惠，如今先帝去世，我們只好把這份恩情報答給陛下，就是劉禪。現在要做的就是把先帝過去的品德發揚光大，把先帝沒做完的事業做完。沒做完的事業是什麼呢？就是滅曹魏，統一天下。要怎麼辦呢？北伐！

邏輯非常完美。

從這個角度來說，諸葛亮的〈出師表〉不完全是寫給劉禪。他和劉禪的關係處得不錯，而且做為握有廢立之權的託孤大臣，只要和劉禪講他要北伐的真實想法，劉禪應該不會阻攔。但他這樣一口一聲「先帝」，反而容易讓人反感。畢竟劉禪這時已經二十一歲，老拿他父親去壓他，心裡肯定不舒服。

諸葛亮為什麼還堅持要用先帝來給北伐找合法性呢？關鍵原因是蜀漢內部關係的複雜性。劉禪雖不能阻止諸葛亮北伐，但其他政治勢力能夠阻止，尤其是東州人。劉備生前對東州人非常重視，諸葛亮主觀上不想把東州人排除在體制之外，也希望獲得他們的擁護，大家團結一致共同北伐。這裡的先帝其實是給東州人看的，他們在蜀漢的政治地位是劉備生前給的，諸葛亮的執政地位也是先帝給的，大家的權力來源都是先帝。諸葛亮在〈出師表〉不厭其煩地提到先帝，原因就在這裡。

把皇權排斥在國家公權力之外

除了北伐，諸葛亮在〈出師表〉還傳達一個資訊，就是蜀漢的權力運作機制。有句話叫「宮中府中，俱為一體」，說的是代表皇帝權力的皇宮和代表丞相權力的政府是一體的。有人說諸葛亮這話說得太沒水準了，皇宮代表皇帝的私人權力，丞相府、政府代表國家的公權力。「宮中府中，俱為一體」，不就是讓劉禪公私不分了嗎？

從字面意義上看，這個觀點確實沒錯。不過，之所以會對這句話有這樣的理解，是因為不了解漢代的政治制度。

漢代初年，皇權和公權力分得比較清楚。皇帝身居皇宮，身邊有一系列服務皇室的機構，這些機構只負責皇帝的吃喝拉撒、看書、娛樂，別的不管。皇帝是國家元首，是國家代言人，主要是參加祭祀等禮儀活動，當然也參與政務決策，但決策權有限。

真正負責政府事務的是丞相，今天總說秦、漢實行三公九卿制，其實漢初沒有三公。政府首腦只有一個，就是丞相（有時分成左、右兩個）。丞相負責政務，好處是能夠理性行政，且能夠對政務負責，如果做不好，可以追究丞相的責任，罷免換人，這是比較良性的制度。

不過到了漢武帝時，一切都變了。漢武帝把自己的祕書團培養起來，做成內朝。皇帝授予決策大權給私人祕書，皇帝有事就和祕書商量，國家大事變成皇帝的私事。丞相也從一個分成三個，幾經周折，改成太尉、司徒、司空，就是三公，權力被分散了。

這個制度愈演愈烈，到了東漢，光武帝劉秀直接設立尚書臺，讓尚書令來當尚書臺的長官。尚書令在東漢權力很大，相當於準宰相。皇帝透過祕書團直接干預政務，政府首腦權力愈來愈小。而皇帝辦錯事不用負責，無法對他問責。另一方面，為了討皇帝歡心，出現很多溜鬚拍馬的小人；這些小人幹了壞事，還拿他們毫無辦法，尤其是外戚和宦官。導致東漢的政治和西漢比起來，愈來愈差。

諸葛亮要建立的絕對不是這種愈來愈差的政治，他的理想是建立西漢的制度。〈出師表〉有句名言：「親賢臣，遠小人，此先漢所以興隆也；親小人，遠賢臣，此後漢所以傾頹也。」諸葛亮認為西漢興盛是因為親賢臣，遠小人；東漢衰落是因為親小人，遠賢臣。

什麼是賢臣呢？賢臣要以國家為己任，以天下為己任，他們獲得公權力，行使公權力，為的是治平天下。什麼是小人呢？就是那些靠著溜鬚拍馬獲得權力，以公謀私的人。賢臣對應的正是西漢那種不受皇權干預、相對純粹的理性行政；而小人對應的是東漢靠著依附皇權、討皇帝歡心獲得權力胡作非為的人。

這樣的背景下，諸葛亮才說出「宮中府中，俱為一體」。這句話不是說公私不分，這種事東漢就做過了，沒什麼好說的。諸葛亮的意思是皇權不要干預公權力，公權力應該監督皇權。就是說，諸葛亮的政府不但獨立於劉禪的皇宮之外，而且還要監督皇宮。

因此，諸葛亮在〈出師表〉裡推薦給劉禪的人，全是負責服務皇帝，或者說是監督皇權的人。例如侍中郭攸之、費禕，黃門侍郎董允，他們都是宮廷官員，不是政府官員。另外是中部督向寵，他是負責宮廷警衛部隊的將軍，關係到劉禪的安危。除此之外，丞相府、地方政府官員，諸葛亮一個都沒推薦，因為這是政府的事務，不由皇帝劉禪負責。

政由葛氏，祭則寡人

還有一點是諸葛亮對皇權的許可權做了明確規定，他在〈出師表〉向劉禪提出建議：「誠宜開張聖聽，以光先帝遺德，恢弘志士之氣，不宜妄自菲薄，引喻失義，以塞忠諫之路也。」這是讓劉禪廣開言路，同時注意自己的形象，就是規定皇帝該做什麼。「若有作奸犯科及為忠善者，宜付有司論其刑賞，以昭陛下平明之理，不宜偏私，使內外異法也。」這是對劉禪說，如果有人犯法，把他交給政府的司法部門處理，不要用皇權私自解決，就是規定皇帝不該做什麼。

除此之外，宮裡有事找郭攸之、費禕、董允，警衛有事找向寵。其他的事情就交給諸葛亮吧。〈出師表〉裡，劉禪的權力被限制得非常小，幾乎對政務沒有處理的權力。而且諸葛亮上了〈出師表〉後，對尚書臺的權力也做了調整。此前，尚書臺的長官尚書令由李嚴短暫擔任，但李嚴人在永安，這個尚書令一直是虛職。後來李嚴升任光祿勳，尚書令長期空閒。直到諸葛亮上表這一年，才把尚書令的職位交給荊州人陳震。（見《華陽國志．劉後主志》）這樣一來，東漢時期皇帝透過尚書臺等祕書機構來干預政務的途徑，就徹底被諸葛亮堵死。

由此，蜀漢形成一種公私分明的權力運作機制。劉禪說：「政由葛氏，祭則寡人。」（《三國志．蜀書．後主傳》裴注引《魏略》），政務由政府首腦諸葛亮負責，禮儀由國家元首劉禪負責，說的就是這個機制。

總體來說，〈出師表〉不僅是一篇用情深厚的表文，更像蜀漢的一份設計藍圖，對外涉及北伐事務，對內涉及權力運作機制。就在提交〈出師表〉的同時，諸葛亮已經開始通盤考慮北伐的布局了。

二、借刀殺孟達：諸葛亮的一盤大棋

舉報孟達，諸葛亮究竟在下一盤什麼棋？

治戎為長，奇謀為短？

〈出師表〉一上，諸葛亮一生中最負盛名的事業——北伐曹魏，興復漢室終於要開始了。

民間總說諸葛亮六出祁山，他主導的對魏戰爭一共有六次，其中五次是北伐，還有一次是曹魏主動打來，諸葛亮組織一場防守反擊戰。祁山位於今甘肅省禮縣以東，所謂出祁山，是指諸葛亮北伐經過祁山進攻曹魏。五次北伐裡，只有第一次和第四次是出祁山。

諸葛亮組織了五次北伐，但最終都沒有成功，關於諸葛亮軍事才幹的爭論，從古代一直吵到現在。尤其是陳壽對諸葛亮有一句評語：「於治戎為長，奇謀為短，理民之幹，優於將略。」（《三國志．蜀書．諸葛亮傳》）。字面意思就是諸葛亮的治軍能力強，出謀劃策差一些，治理國家的水準比帶兵打仗的能力高。

這話同樣招來爭議，有人說陳壽的意思是諸葛亮只能治國、治軍，是個政治家，打仗根本不靈。

也有人說，陳壽的意思是治國、治軍比打仗出色，治國一百分，打仗九十分，不是說打仗不靈。

諸葛亮到底善不善於出奇制勝呢？這裡賣個關子，先重點聊聊前面提過的人物——孟達。只有把孟達說清楚了，才能明白諸葛亮在第一次北伐前，究竟布了多大的局。

孟達降魏的真相

孟達最開始在劉璋底下，他是東州人，很不得志，後來和張松、法正一起把劉璋給賣了。他曾經和法正各率二千人到荊州，迎接劉備入蜀。隨後，劉備就帶著法正西進，留孟達在荊州統率他們帶來的四千人。劉備攻占成都後，孟達被任命為宜都太守。

宜都郡在三峽之中，東、西連接荊州和益州的交通要道，北邊防禦著曹操控制的東三郡（西城、上庸、房陵）。孟達手裡還掌握著從蜀地帶來的四千兵馬。可以說，劉備還是有心重用孟達。

不過這種重用和劉備身邊的一號紅人法正相比就比較尷尬了。特別是孟達本是東州人，劉備卻不讓他回蜀地，而是把他留在關羽的轄區，大大限制了他的仕途。

建安二十四年五月，孟達奉劉備之命，從宜都出兵北伐東三郡。前文提到攻打房陵時，孟達的士兵打死了蒯祺，引起荊州人不滿。劉備為了安撫人心，派乾兒子劉封順漢水東下，名義上說「恐達難獨任」，怕孟達北伐太吃力，叫劉封來幫忙，實際上很明顯是讓劉封來指揮、壓制孟達，給荊州人一個交代。

其實這次北伐相當成功，孟達攻克房陵，西城和上庸也投降了，最後劉封和孟達在上庸勝利會師。

戰役結束後，劉備論功行賞。上庸和西城原來的太守申耽、申儀兄弟，均出自當地的豪強申氏家族，兩人不但繼續當太守，還加封為將軍。劉封從中郎將升為副軍將軍，統領全軍。

被孟達攻克的房陵郡，劉備任命鄧輔當太守。此人在史書中唯一一次露臉，就是半年後被東吳大將陸遜揍了一頓。（見《三國志．吳書．陸遜傳》）

再看孟達，之前擔任的宜都太守已經被樊友取代（見《三國志．吳書．陸遜傳》），對北伐部隊的指揮權也被劉封奪走。甚至他打下的房陵，太守職位也是別人的。孟達雖然也是將軍，但依據目前的史料，無法判斷他是北伐前，還是北伐後獲得的將軍號。孟達打贏東三郡，卻輸掉所有軍政大權。

更讓孟達氣憤的是，劉封來了以後一直欺負他，甚至奪走他的鼓吹（軍樂團），相當於公開羞辱孟達。可是人在屋簷下，不得不低頭，何況自己還做錯事，孟達決定忍。

不久後，關羽北伐襄陽，招呼劉封和孟達來支援。這時東三郡形勢極為複雜，為了穩定局勢，劉封和孟達都沒有出兵。可是萬萬沒想到沒多久，關羽敗亡了，劉備把氣都撒到他們身上。孟達此時仍然選擇忍耐，平心而論，他還是想做個好人，不想第二次背上「賣主求榮」的罵名。

當時東州人法正與董和都在蜀中得到重用。法正是劉備的寵臣，而且和孟達關係不錯，有法正在，孟達還有東山再起的機會。董和和諸葛亮同時署大司馬府事，有他在大司馬府代表東州人的利益，荊州人也不太敢為難孟達。

可是老天爺不給孟達任何機會，建安二十五年，法正以四十五歲壯齡突然死亡，董和也在這年病逝。

孟達一想，朝中再沒有替自己說話的人了，還等什麼，跑路吧。這年七月，孟達帶著碩果僅存的四千人投降曹魏。

孟達「挾蜀自重」

這時曹操已死，繼任魏王的曹丕不顧群臣反對，毅然任命孟達為散騎常侍、建武將軍，封平陽亭侯；又將房陵、上庸兩郡合併為新城郡，以孟達為太守，假節，委以西南之任。當然，這時東三郡還在劉封手裡，曹丕打的都是空頭支票。

直到這年冬天，曹丕稱帝，才正式任命夏侯尚為征南將軍，領荊州刺史，假節、都督南方諸軍事，簡單說就是「荊州戰區總司令」，讓他全力支持孟達奪取東三郡。有了曹魏做後盾，孟達鳥槍換大炮。申氏兄弟重新投靠曹魏，劉封那點兵根本控制不住東三郡的局勢，只好逃回成都，結果被劉備賜死。

曹丕獲得東三郡後，立刻兌現承諾——孟達成為曹魏西南地區的統帥，尤其是獲得假節的待遇。這是什麼呢？劉備這邊，當時假節鉞的是關羽，假節的只有張飛和馬超。關羽早已過世，孟達在魏國的地位，就和蜀漢的張飛和馬超一樣。

曹丕對孟達過度寵信，當時就遭人詬病。直到今天，還有人覺得曹丕在這個問題上太過草率：怎麼信了一個兩面三刀、朝秦暮楚的人呢？

其實寵信孟達，正是曹丕的手腕。一方面，他要把孟達打造成西蜀降將的標竿，投降過來的，我給高官厚祿，還給實權，這就是個招牌，做給別人看的，好讓更多人來投降。

另一方面，曹丕要利用孟達在西蜀的特殊地位進行「統戰」，把東州人、益州人中那些不滿劉備和諸葛亮的人，都「統」過來。據田餘慶先生考證，夷陵戰敗後，益州人黃權降魏，孟達就出過很多力。一時之間，東三郡成為魏國招降納叛、瓦解劉備集團的重器，孟達逐漸找到挾蜀人以自重的生存之道。

可是這樣的好日子不長久，魏黃初五年（二二四年），孟達的靠山夏侯尚因愛妾被曹丕所殺，變得神情恍惚，靠山開始靠不住了。

第二年，曹丕東征徐州，處於半獨立地位的「青徐豪霸」被徹底解決。青徐豪霸是漢末活躍在青州和徐州的一股武裝勢力，曹操曾將青州和徐州之間的廣袤地盤委任給這些豪霸。青徐豪霸在對袁紹、孫權的作戰中發揮過重大作用。如今袁紹死了，孫權還活蹦亂跳。狡兔未死，曹丕已經開始烹狗了，孟達非常害怕自己會成為下一條狗。

這年冬天，天氣特別冷，冷到什麼程度呢？淮河以南的河流都結冰。這一冷不要緊，夏侯尚徹底病倒了。孟達一看，夏侯尚要死了，不就和當初法正、董和死了一樣嗎？自己又沒靠山了。不行！孟達趕緊開始為自己鋪後路。

諸葛亮「依依東望」

這年冬天，剛平定南中叛亂的丞相諸葛亮率軍北返，路過朱提郡的漢陽縣（今貴州威寧彝族回族苗族自治縣東北）。在此等候多時、名叫李鴻的人，突然來見諸葛亮。

李鴻自稱是從魏國投降而來，他曾路過孟達的駐地，正好遇到從李嚴那裡投降到魏國的王沖。李嚴當時留鎮的永安，與東三郡有道路直接相通。李鴻說：王沖在孟達面前挑撥離間，揚言諸葛亮要殺孟達全家。但孟達根本不信，而且表示自己對諸葛亮的敬仰之情，如滔滔江水連綿不絕。

聽完李鴻的白話，諸葛亮當即表態：「還都當有書與子度（孟達的字）相聞。」（《三國志．蜀書．費詩傳》）諸葛亮表態：等回到成都，我要寫封信給孟達。

諸葛亮身邊有個益州犍為人叫費詩，突然蹦出來，說孟達是個反覆無常的小人，先背叛劉璋，又背叛先帝，您給他寫什麼信？諸葛亮沒有回應費詩，在他看來，這個李鴻的背後很有問題。

李鴻本來是個名不見經傳的降人，為什麼不安分守己地默默生活，而一定要在諸葛亮回成都的必經之路上等著見他呢？還有一點，孟達因為諸葛亮姊夫的死，引起荊州集團的不滿。李鴻見到諸葛亮，不但沒有與孟達劃清界限，反而急著為孟達說好話，表達孟達對諸葛亮的敬仰，這又是為什麼？

諸葛亮恐怕已經想到原因，李鴻多半是孟達派來的，目的只有一個，就是來探諸葛亮的口風——孟達要給自己鋪後路呢。

不過費詩說得也沒錯，孟達反覆無常，你還敢信他？

可是孟達控制的東三郡太重要了，這個地區夾在蜀漢與魏、吳中間，西接蜀漢門戶漢中，東鄰魏國重鎮南陽、襄陽，南通吳國邊區宜都和蜀漢邊鎮永安。中國的版圖上，再也找不到這樣一塊三國勢力交叉、彼此滲透又控制薄弱的地方。

諸葛亮見過李鴻後，已經考慮把孟達納入北伐的整體規劃中。孟達手裡有兵，進可以東征，威脅襄陽、南陽，甚至直逼魏都洛陽；退可以據山險而守，牽制魏軍兵力。而且這個地方還可以有效調動吳國的荊州部隊，如果運籌得當，甚至可以在荊州局部形成漢、吳對魏二打一的局面。

孟達可不可靠已是其次，只要他肯來，哪怕只是牽制魏軍的兵力，都善莫大焉。因此，諸葛亮一回到成都，就立刻寫信給孟達。這封信裡，諸葛亮把孟達敬稱為「孟子」，把當年孟達降魏的責任都推給死無對證的劉封。電視劇《軍師聯盟》的下半部有個貫穿始終的詞「依依東望」，就出自諸葛亮的這封信。

漢建興四年（二二六年）初，這封信如願以償地送到孟達手上。這年四月，夏侯尚病故，孟達在魏國空前孤立，給了諸葛亮更大的機會。為了進一步拉攏孟達，諸葛亮決定帶上李嚴。

李嚴「思得良伴」

當時的李嚴雖然地位有點尷尬，但畢竟是劉備的託孤大臣，也是東州人在蜀漢政權的最高權力代表。如果讓李嚴來招攬孟達，說服力甚至比諸葛亮還大。

新一輪寫給孟達的書信裡，諸葛亮和李嚴開始互相抬舉。李嚴說自己「與孔明俱受寄託，憂深責重，思得良伴」，表示自己雖是東州人，但現在混得極好，和諸葛亮地位平等。諸葛亮說李嚴是「部分如流，趨舍罔滯」，誇他辦事精明幹練，對他十分讚許。（見《三國志．蜀書．李嚴傳》）

如果光看這兩人的書信，根本想不到，不久之前，兩人還為了南中和兵權的事暗中較勁。孟達自然也想不到。孟達一看，一個東州人都混到託孤大臣了。諸葛亮是什麼地位，孟達知道。李嚴和諸葛亮同一個地位，諸葛亮還這麼推崇李嚴，我要是回去了，和李嚴攬合在一起，前途無限光明呢！更何況，諸葛亮和李嚴是蜀漢最有權勢的兩個人，他們這麼看重自己，孟達動心了。

當然，覺得孟達奇貨可居的除了諸葛亮和李嚴，還有孫權。孫權開始寫信給孟達，讓孟達來投奔吳國。（見《華陽國志‧漢中志》）孟達的自我感覺愈來愈好，天下一共三國，蜀漢和吳國的當權者都來拉我入夥，魏國皇帝是不是也得表示表示呀？

於是孟達向曹丕提了一個小要求：陛下啊，您給我添點兵吧。（見《華陽國志‧漢中志》）就好比你在一間公司混不下去，還沒等投履歷，另外兩間公司的老闆都親自來挖你。這時你跑去和現在的老闆說，快給我升職加薪。

孟達忘了，公司老闆覺得你煩，最多是開除你；但皇帝覺得你煩，他可以宰了你。

孟達和諸葛亮、李嚴、孫權勾勾搭搭的事，早就被發現，報入洛陽了。一貫反對重用孟達的司馬懿，堅決反對替孟達添兵。可是曹丕怎麼都不聽，因為此時的曹丕也病了。

到了這年五月，曹丕進入彌留之際，曹魏進入權力交接的關鍵時刻。為了安撫孟達，拖延他造反的時間，曹丕同意增兵。至於以後的事，就交給顧命大臣去辦，司馬懿不是整天盯著孟達嗎？

曹丕安排完後事就駕崩了，孟達一看曹丕死了，更加肆無忌憚。他與蜀漢政要的書信往來更加頻繁。孟達不禁又想起李嚴那句話：「思得良伴。」可是孟達絕對想不到這四個字成為諸葛亮殺他的關鍵動機，而他更成為諸葛亮這盤大棋上一枚吊人胃口的死棋。

蜀中暗流湧動

漢建興四年，魏黃初七年（二二六年），魏文帝曹丕駕崩，他的兒子魏明帝曹叡繼位。在東三郡割據一方的孟達開始考慮和李嚴聯合，到蜀漢繼續去做方面大員。

可是這時候，李嚴已經被諸葛亮盯上。諸葛亮北伐前，正在全盤考慮蜀漢的政治和軍事問題。送給孟達第一封「依依東望」的招降信後，李嚴改任前將軍，諸葛亮還把他從永安調往巴郡治所江州（今重慶市）。江州比永安大，也比永安距離成都近，多少對李嚴是個安慰。同時，諸葛亮又派陳到駐守永安，實際是把蜀漢東大門從李嚴手裡拿回來，避免李嚴與孟達、吳國之間形成不穩定因素。

諸葛亮調動李嚴，還有另一重意思：他馬上要去北伐，想讓李嚴管理後方事務，同時要調他的兵來支援北伐。李嚴對調動倒是很配合，但到了江州後，他開始建築大城，一副老子死在這裡也絕對不走的架勢。對於諸葛亮提出的派兵請求，李嚴堅決抗拒。這些兵是李嚴的根本，諸葛亮要也行，但總得表示表示吧。

於是，李嚴提出把巴地的江州等郡都分出來，建立巴州，自己擔任巴州刺史。諸葛亮現在是益州牧，在成都，你就管理蜀地；我在江州當巴州刺史，管理巴地。從此井水不犯河水，各玩各的！（見《三國志．蜀書．李嚴傳》諸葛亮彈劾李嚴的表文）

諸葛亮當時氣炸了，李嚴，你太過分了！當初南中叛亂，我小心翼翼，要拖延南中叛亂全面爆發的時間，爭取更充足的準備。你為了爭兵權，派人去南中攪局，把叛亂搞得愈來愈大。現在我殫精竭慮準備北伐，你又蹦出來搞分裂。你這一天到晚，滿腦子都在想什麼呀？

從這個事情上能看出，諸葛亮和李嚴的想法完全不一樣。諸葛亮想的是怎樣增強國家實力，李嚴想的是怎樣鞏固自己的權力；諸葛亮想的是怎樣讓荊州人、東州人融合為一，李嚴想的是怎樣讓兩派「分陝而治」。

這時候，諸葛亮想起李嚴給孟達的那封信。「思！得！良！伴！」李嚴思的是什麼良伴？他得了良伴想做什麼？

過去，李嚴老家的人都說他腹有鱗甲，就是說這人心術不正，居心險惡。再想想，孟達反覆無常。呵！這兩人都是為了自己的前程，不顧興漢大業的人。要是他們綁在一起，合兵一處……想到這裡，諸葛亮不禁倒吸一口冷氣。

據《晉書》記載，孟達敗亡時，曾有姚靜、鄭他率領的七千漢軍降魏。（見《晉書・宣帝紀》）當時孟達與諸葛亮之間隔著申儀控制的魏興郡（前文提到的西城郡，歸魏後改名魏興），姚靜和鄭他的這支部隊恐怕不是諸葛亮所派，很可能是李嚴透過永安到上庸的小道，陸續派到孟達那裡的。李嚴想藉機把力量滲透進東三郡，為未來擴大基本盤打基礎。

這個心思，諸葛亮已經察覺了。到了建興五年三月，諸葛亮正式率軍入駐漢中，將李嚴過去擔任、現在長期空缺的尚書令，改由荊州人陳震擔任。尚書令這個職務在當時非常有象徵意義。在此之前，擔任尚書令的先後是法正、劉巴、李嚴，一票東州人。

而且東漢還有個慣例，如果錄尚書事掌握實權，時常會任命一個與錄尚書事不太和諧的人擔任尚書令，好讓兩人能夠制衡。劉備任命的這三任尚書令，除了劉巴夾著尾巴做人，剩下的法正、李嚴，都不是省油的燈，和諸葛亮的關係都十分微妙。

諸葛亮讓陳震來當尚書令，這是對李嚴要求建立巴州非常粗暴的回應。諸葛亮本身是丞相錄尚書事，他不想搞什麼錄尚書事和尚書令互相鉗制，沒必要。我要北伐，即使把所有資源都集中起來，還不一定能打贏，李嚴還在進行分裂。拉倒吧，還是讓荊州人來當尚書令。

司馬懿洞若觀火

巴蜀這邊，李嚴和諸葛亮一直在較勁，東三郡的孟達還什麼都不知道，以為兩人非常和諧。諸葛亮到達漢中後，孟達聯繫諸葛亮也不用經永安去成都。他現在可以堂而皇之地通過申儀的領地魏興郡，與諸葛亮頻繁地互通有無。

魏興太守申儀向來與孟達不和，估計二人還在蜀漢時就有矛盾。申儀一直向魏國朝廷打小報告，舉報孟達聯絡諸葛亮。只可惜他既沒人證，也沒物證，曹叡表示不信。（《三國志・蜀書・劉封傳》裴注引《魏略》）

其實孟達私通諸葛亮這件事在曹丕時代就不是什麼祕密了。只不過曹叡需要的不是申儀這樣的捕風捉影，而是司馬懿那樣的洞若觀火。魏國的朝廷裡最討厭孟達的就是司馬懿，曹丕啟用孟達，他反對；曹丕給孟達添兵，他反對；曹叡不信申儀的小報告，他就派人去新城郡觀察。

曹叡其實也在防範孟達，同時防範孟達引諸葛亮來進攻。東三郡的西面，諸葛亮三月進駐漢中；東三郡的東面，司馬懿六月就入駐宛城，督荊、豫二州諸軍事，正式成為夏侯尚之後，荊州戰區的新任總司令。

司馬懿一來，孟達倍感壓力。可是他還在猶豫，沒有立刻投靠諸葛亮。有人說他怕諸葛亮和荊州派秋後算帳；有人說他是在觀望魏國朝廷的態度；還有人說他在等著漢、魏、吳三方競價，誰出價高就跟誰。

上庸之西，諸葛亮憤怒如火。北伐不能無休止地拖延下去，何況是在孟達如此高調的秀優越中拖下去。孟達，既然你這麼願意玩火，我就給你燒把大的！

上庸之東，司馬懿心平如水。天要命其亡，必先命其狂。孟達，我就在宛城，等著為你收屍。

孟達的處境已經相當危險，尤其是諸葛亮已經不再把希望寄託在孟達身上，他開始籌劃沒有孟達的北伐計畫。

魏延「子午谷奇謀」寢廢

此時，漢中守將魏延提出一個非常著名也非常有爭議的計畫，叫「子午谷奇謀」。

要先幫魏延平反，《三國演義》總說魏延腦後有反骨，諸葛亮從一開始就要砍了魏延，直到臨死前還防著他。後來諸葛亮去世，魏延果然造反，卻被諸葛亮生前留下的計策給除掉了。

但歷史上，魏延沒有反骨。不僅沒有，而且一直對蜀漢忠心耿耿。魏延很早就追隨劉備，是劉備的部曲。劉備攻占漢中後，大家都以為漢中的守將非張飛莫屬，連張飛都這麼覺得。可是劉備沒有用張飛，反而生生提拔魏延。當時魏延就是個牙門將軍，地位非常低。劉備讓魏延擔任督漢中、鎮遠將軍、漢中太守，據《三國志》記載：「一軍皆驚。」

劉備果然沒有看走眼，此後魏延長期駐守漢中，整個漢中的防務布局，都是他一手設計出來的。這套防禦體系一直用了四十年，這四十年裡，漢中像鐵桶一樣，魏軍根本打不進來。

諸葛亮入駐漢中後，讓魏延擔任督前部，領丞相司馬、涼州刺史。簡單說，就是諸葛亮雖然接管漢中地區最高的行政和軍事權力，但在諸葛亮帳下，魏延仍然是排名第一、最重要的大將。這時魏延在漢中已經駐守近十年，他的計畫一定會受到諸葛亮的重視。

按照魏延的「子午谷奇謀」，北伐之時，魏延帶領一萬人，走子午谷直接進攻長安，魏國在長安的守軍空虛，守將都是無能之輩，一陣嚇唬就能嚇跑；諸葛亮率主力大軍從斜谷進入關中平原，最終兩路人馬在潼關會師。這個奇謀風險極大，當然收益也極高，不過謹慎的諸葛亮沒有採用。

關於子午谷奇謀，千百年來興起無數次著名的口水戰。究竟是魏延太冒進，還是諸葛亮太謹慎；究竟是魏延太不切實際，還是諸葛亮「應變將略，非其所長」；究竟是應該像魏延這樣直取關中，還是像諸葛亮那樣先取隴右。這個話題從古代吵到當代，將來肯定還會繼續吵。

換個思路，不說子午谷奇謀，也不說北伐的戰略構想，先分析諸葛亮一出祁山前的具體形勢。

諸葛亮一入駐漢中，就引起魏國注意。要不是被機要祕書孫資攔下，魏明帝曹叡早就出兵伐蜀，先發制人。顯然，魏國軍政要員眼中，並非如《魏略》所云「國家以蜀中惟有劉備」，他們很早就判斷出諸葛亮會北伐。接下來魏國要做的，就是猜測諸葛亮何時、從哪條谷道出秦嶺伐魏。

蜀漢從南方翻越秦嶺、攻入魏國的道路中，有好幾條谷道，子午谷位於最東面，離長安最近。決定子午谷計畫勝算的因素很多，其中非常重要的一條就是保密。魏延鎮守漢中多年，他的戰略規劃都是從蜀漢單方面作戰來著手。但讓他沒有想到的是，這時在漢中東面，鬼使神差地出了一個歡蹦亂跳的活寶孟達。

魏國早就知道孟達通蜀，魏興的申儀、宛城的司馬懿一直防著他。現在諸葛亮駐軍漢中，魏國人腦子就算再不靈光，也會對東面的谷道嚴加監視。何況子午谷中有一大段在申儀的魏興境內，這祕密還怎麼保守？

不管子午谷奇謀的收益有多大，經孟達這麼一鬧，都沒什麼可行性了。

玩火者，必自焚

既然魏國的注意力被孟達帶到東部，很好，孟達，你就把這個任務做到底吧。

這年十二月，諸葛亮又一次發狠心。這次可比當初整彭羕、殺劉封狠多了。諸葛亮直接派郭模詐降魏興太守申儀，把孟達交結諸葛亮謀反的證據，一五一十全給了申儀。申儀如獲至寶，馬不停蹄地將消息送入宛城。（《晉書．宣帝紀》）

駐紮在宛城的司馬懿得到消息，先寫信給孟達，說郭模這事不可靠，我根本不信；隨後火速行軍，八天狂奔一千二百里。

孟達呢？一面寫信給諸葛亮，說司馬懿先去向朝廷彙報，再來打我，得花費一個月，那時我早把城防鞏固好了；一面把吳國先前入援的部隊派去打魏興東面的木闌塞，希望打通自己與漢中的道路。結果八天後，司馬懿兵臨城下，孟達大驚。

諸葛亮一面讀著孟達驚訝司馬懿用兵神速的書信，一面派出部隊攻打魏興西面的安橋裝裝樣子。

安橋和木闌塞當然打不掉，西城也打不掉。就算打掉也沒用，因為十六天之後，孟達就被侄子和屬下出賣了。

玩火的孟達，最後被司馬懿抓住，腦袋被砍下送到洛陽的「四達之衢」當眾焚燒。司馬懿手起刀落，打了一場乾淨俐落的勝仗，正式從坐在許昌城裡帶兵的高級保安，躋身魏國的戰區方面大員。

孟達滅掉了，諸葛亮出援兵了。魏國完全有理由相信，如果蜀軍入寇，重點一定在關中地區。到了建興六年（二二八年）春，當諸葛亮派趙雲出斜谷道（在子午谷西面，也是直通關中的谷道）時，魏國上下絲毫未感到違和。孟達在東邊胡鬧半天，諸葛還出兵去救，當初肯定是想透過孟達來打曹魏。現在孟達敗了，考慮到曹魏的注意力都在東邊，諸葛亮必然不會從最東面的子午谷出兵，從偏西的斜谷出師者，肯定是諸葛亮的主力。

因此，趙雲一出軍，曹魏大將曹真就急匆匆趕到斜谷的出口郿城去截擊。沒有人注意到諸葛武侯明出安橋，明出斜谷，卻早已暗出祁山。諸葛亮真正的主力部隊，這時正式從祁山出師，進攻曹魏的隴右地區。當時的隴右兵力空虛，南安、天水、安定三郡叛魏回應諸葛亮，對曹魏造成極大影響，《三國志》稱當時「關中響震」。

不僅如此，之前叫囂著要當巴州刺史的李嚴也一臉懵。他萬萬沒想到諸葛亮居然這麼狠，把孟達給搞死了。

一出祁山前，諸葛亮利用孟達布了一個人局。最初他是想拉孟達入夥北伐，可是孟達攪合太多事情，最終讓諸葛亮改變主意，把孟達給賣了。結果就成了聲東擊西的連環計，把曹魏的曹叡、曹真、司馬懿耍得團團轉；這還是個一箭雙雕之計，不僅成功出師，出其不意，打到魏國去，還捎帶手把蜀漢和自己不對付的李嚴給收拾了。

你還覺得諸葛亮「應變將略，非其所長」嗎？這簡直就是逆天啊！然而，這樣逆天的布局，沒有為諸葛亮贏得成功。沒過多久，諸葛亮就因為重用親信馬謖，功敗垂成。那麼，一直能夠保持克制和冷靜的諸葛亮，究竟怎麼了？為什麼要重用馬謖？而重用馬謖究竟導致多麼嚴重的後果呢？

三、一出祁山，被曹魏打趴

重用馬謖，丟了街亭，把感情帶入工作，諸葛亮究竟怎麼了？

一出祁山，關中響震

諸葛亮為了北伐曹魏，下了一盤大棋，把曹魏的注意力全部鎖定到關中地區。建興六年春天，諸葛亮讓趙雲出斜谷道進關中，做為疑兵吸引曹魏主力，自己則親自率領主力出祁山，攻打曹魏的隴右地區，這就是著名的一出祁山。

從漢中翻過秦嶺北伐曹魏，有兩種打法。一種是從秦嶺東部翻，直接打關中，打長安。還有一種是從秦嶺西部翻，先打隴右，再打關中。諸葛亮為什麼要選擇先打隴右呢？

早在劉備時代，就很重視經營隴右。這個地區在今甘肅南部，和東面的關中（今陝西中部渭水平原）隔著隴山山脈。古代稱西邊為右，這個地區在隴山西邊，所以叫隴右。

隴右比關中地勢高，是優良戰馬產地，打下隴右，就可以為蜀漢軍隊裝備騎兵，居高臨下打關中，再東出進軍中原。中國古代相當長的一段時間內，如果同時占有關中、隴右、巴蜀，統一天下就只是時間問題。

自從諸葛亮進入漢中，曹魏就已經防著他北伐。加之後來出了一個孟達，客觀地說，這時打關中的風險比較大。而且從主觀上，諸葛亮有些怯場。北伐曹魏，這場戰役規模太大，整個蜀漢集團，此前只有劉備和關羽組織過同等規模的戰役。

然而當時諸葛亮的軍事經驗，和劉備、關羽完全不同等級，就是在南中練了練手，可是南中那邊都是些烏合之眾。現在諸葛亮來組織北伐曹魏，再有自信，心裡也得忐忑不安。

而且蜀漢軍隊戰鬥力也很有問題，由於關羽和劉備先後遭遇慘敗，蜀漢早年的精銳部隊幾乎喪失殆盡。諸葛亮北伐前，做了大量準備工作。例如要調李嚴的兵，以及拉攏孟達來充實軍力；結果李嚴拒絕，孟達攪局。諸葛亮沒辦法，只好借刀殺孟達，敲打李嚴，順便放一波煙霧彈，把魏國的注意力吸引到東邊的關中。

但不管你布了多大的局，最後開打，還是得真刀真槍硬碰硬。

諸葛亮率軍出祁山、進入隴右後，乍一看，形勢一片大好。曹魏在隴右的統治基礎本身就不牢靠，政府的底層公職人員都由隴右本地人擔任。曹魏中央派過去的州刺史、郡太守，和這些底層公職人員之間，彼此沒什麼信任。再加上此地兵力空虛，所以諸葛亮一出祁山，隴右地區就發生大規模叛亂。

當時隴右主要有四個郡，從西向東，分別是隴西、南安、天水、廣魏，都屬於曹魏的雍州。諸葛亮出祁山，直接進入天水郡，攻占西縣。雍州刺史郭淮和天水太守馬遵一看情況不對，棄城逃跑，躲到上邽縣（今甘肅省天水市）。天水郡的參軍姜維便帶著一幫小夥伴投降諸葛亮。

南安郡在天水郡西面，此地的叛亂更為嚴重。太守不僅投降諸葛亮，還獻了一份投名狀，帶著蜀漢的部隊繼續朝西去打隴西郡。

更讓諸葛亮興奮的是，當時不僅隴右，連關中地區也出現叛亂。隴山東面的安定郡（今陝西、寧夏交界處）和天水、南安一樣，宣布歸附蜀漢。這可不得了，如果安定郡落入蜀漢手中，關中地區的核心城市長安，就直接暴露在蜀漢的兵鋒之下，關中能不「響震」嗎？

嚴重注水的「關中響震」

但這僅是「乍一看，形勢大好」，為什麼是乍一看呢？前面提到的這些戰果其實有很多水分。

當時諸葛亮的主力部隊駐紮在天水郡西縣，眼前的天水郡治冀縣（姜維老家）仍然在曹魏手裡。《三國演義》說為了讓姜維投降，諸葛亮把他的母親接了過來。實際上這不可能，按照《三國志·蜀書·姜維傳》的說法，姜維母親所在的冀縣根本就沒有打下來，後來姜維和諸葛亮退回漢中，他母親還曾受曹魏方面委託，寫勸降信給姜維。

還有另一種說法，據裴松之注引《魏略》記載，由於天水太守馬遵出逃，姜維代表冀縣向諸葛亮投降，名義上冀縣已經歸順蜀漢。奈何這時傳來馬謖兵敗的消息，諸葛亮還沒來得及接收冀縣，就帶著姜維撤走了。

總之，無論是哪種記載，諸葛亮都沒有控制住天水郡治冀縣，更沒有控制整個天水郡。

再往天水郡的西邊看，南安郡確實向投降諸葛亮，但諸葛亮的主力此時尚在天水郡，沒有時間去消化南安郡的勝利果實。再往西，漢軍打隴西，根本打不下來。往東邊看，郭淮駐紮在上邽，諸葛亮還得防著他。更糟糕的是，諸葛亮從蜀中進入天水，是從祁山出來，這時祁山仍然控制在魏軍手裡，諸葛亮還要防著回蜀的道路被切斷。更遠的安定就別提了，諸葛亮鞭長莫及。而且當時安定郡並非全郡皆降，宣布投降的可能只是個別豪強（如《三國志．魏書．曹真傳》提到的楊條）。

東南西北雖然鬧得很歡樂，其實打了半天沒什麼實質戰果。

這種情況下，諸葛亮想擴大戰果，完全控制隴右，只有兩條路可走。一條路是讓魏軍主力進入隴右，和自己決戰，打贏了自然就能控制隴右。可是諸葛亮第一次指揮這麼大的戰役，心裡沒把握；再看看漢軍乏善可陳的戰績，連隴西郡都打不下來，他更沒信心和魏軍主力硬碰硬。

決戰不行，就只能選擇另一條路，控制穿過隴山的通道，或者說，是控制隴山之中，連接關中和隴右的山口。關隴通道不只一條，一般來說，偏北的番須道和這場戰爭有直接關係的可能性大一些；也有人認為當時番須道已經不通，與戰爭有關的是偏南的隴阪道。

控制關隴通道，首先能夠利用地理優勢，阻止東面的魏軍翻過隴山，進入隴右。曹魏的主力部隊若是進不來，隴右就會孤立無援，支撐不了多久。曹魏的隴西太守游楚曾對漢軍說：「你別打我了，要是有本事控制住隴山，魏軍主力進不了隴右，不出一個月，隴西自然就投降了；要是沒這能耐，打我也沒用。」（《三國志．魏書．張既傳》裴注引《三輔決錄注》）

除了阻止魏軍主力，控制關隴通道還有一個好處，就是可以和隴山對面的安定郡取得聯繫，有力支援歸附蜀漢的安定郡豪強。不然一旦魏軍主力去圍剿安定，沒有蜀漢部隊跟進，安定也撐不了多久。

因此，諸葛亮一定要派兵去爭奪關隴通道的控制權。

為什麼是馬謖？

接下來發生的，就是既熟悉又陌生的事情。說熟悉，是因為你一定聽過「失空斬」的故事。「失」就是「失街亭」，說諸葛亮派馬謖去守街亭，結果馬謖沒守住，大敗而歸；「空」就是「空城計」，說諸葛亮主力部隊沒在身邊，司馬懿率魏軍殺到，諸葛亮用空城計嚇跑司馬懿；「斬」，就是諸葛亮揮淚斬馬謖。

說陌生，是因為歷史上發生的和這些故事有很大不同，涉及四個問題。

第一個，諸葛亮為什麼重用馬謖？

《三國演義》講馬謖是主動請纓去守街亭，諸葛亮一開始不同意，軍中反對的人也很多，後來馬謖立軍令狀，諸葛亮才讓他去。

歷史上，馬謖沒有主動請纓，也沒有立軍令狀，是諸葛亮硬要提拔馬謖，讓他當先鋒帶兵出征。當時軍中一片反對聲，特別是有不少人認為應該讓魏延和吳壹（吳懿）這樣的宿將去。而且劉備臨終前也對諸葛亮說過：「馬謖言過其實，不可大用。」諸葛亮幹嘛還要一意孤行，非用馬謖不可呢？

首先是諸葛亮欣賞馬謖，馬謖確實有值得欣賞的地方。他早年在越嶲郡當過太守，還為平定南中提出攻心之策，這非常高明。馬謖平時就愛談論兵法，說得頭頭是道，諸葛亮對他非常欣賞。畢竟諸葛亮沒怎麼打過仗，聽馬謖說得好，就對他非常感興趣。兩人從白天聊到夜裡，還意猶未盡。

其次，諸葛亮對馬氏有感情。諸葛亮和馬謖的哥哥馬良是死黨。劉備東征時，馬良戰死。諸葛亮在情感上，多少想照顧故人的弟弟，何況這個弟弟還如此有才。諸葛亮栽培馬謖，也是人之常情。

最後，人都有天性，喜歡和自己合得來的人、熟悉的人、三觀一致的人共事。馬謖和魏延、吳壹比起來，與諸葛亮要親近得多。而且，馬謖是荊州人，又是半個晚輩，聽話，好管理。魏延是劉備的大將；吳壹是吳太后的哥哥，還是東州人。說實在的，諸葛亮在軍隊裡，特別是在這些老將面前，沒有太高的威望，他怕指揮不動魏延和吳壹。

馬謖是荊州人，諸葛亮可能也有私心，想培養荊州人來統軍。馬謖若打贏，不僅地位會火箭式飛升，諸葛亮在軍中的威信也會大大提升。更何況，劉備當年不顧眾意提拔魏延，事實證明他是對的；諸葛亮就沒有眼光嗎？不能提拔馬謖嗎？

欣賞、私交、任人唯親，這時的諸葛亮非常感情用事。做為一個經營者、管理者，當你感情用事時，很多反對意見就聽不到，很多問題也看不見了。我們常說「選擇性失明」，你不願意看見的東西，絕對視而不見。

當然，諸葛亮用馬謖，不用魏延和吳壹，也有迫不得已的一面。由於漢軍北伐沒什麼實質戰果，東南西北都是魏軍，隨時威脅蜀漢主力的安全，諸葛亮又是第一次打這麼大規模的仗，心虛，不敢把宿將都派出去。馬謖敗了，算是打不贏，還可以撤回去；主力部隊要是敗了，就是輸了，不但部隊回不去，蜀漢也得亡國。所以，魏延和吳壹就算不派去打隴西，也得留著保護主力部隊。

出於各種感性和理性的原因，諸葛亮沒有聽從大家的意見，而是一意孤行，讓從來沒有帶兵經驗的馬謖領兵出征。

為什麼在街亭？

接下來是第二個問題：馬謖為什麼要在街亭打魏軍？

小說裡講，諸葛亮讓馬謖去守街亭，就是指定要在街亭和魏軍開戰。但歷史上，這個街亭可能不是諸葛亮和馬謖計畫的戰場。

街亭究竟在哪裡是有爭議的，普遍認同在今天水市秦安縣東四十五公里的隴城鎮附近，在隴山西邊。但很奇怪的是，街亭似乎算不上兵家必爭之地，這裡是平坦的大道，並不好守。想阻止魏軍過隴山，馬謖只需繼續前進，僅一、兩天的時間，就可以到達隴山山口，利用一夫當關、萬夫莫開的地形，更適合防守。現在馬謖守街亭，就好比說你不在長城的關隘阻擊敵人，反而退到關後面，這個不合常理。

既然如此，為什麼馬謖非要守街亭呢？原因可能是馬謖來晚了，魏軍已經過了隴山。魏明帝曹叡一直防著諸葛亮，很可能早就做了準備。諸葛亮一出軍，曹叡立刻任命曹真做為隴右戰區的總司令去攔截趙雲，又讓張郃帶五萬大軍去救援隴右，自己則親自坐鎮長安指揮。

張郃是曹操時代的名將，曹操活著時，有五個高階將領，現在稱他們為「五子良將」。張郃是五子良將裡碩果僅存的一個，其他人都已經去世。當年劉備打漢中，不怕漢中的統帥夏侯淵，就怕張郃。早年曹操在隴右地區打馬超時，張郃也參加了，他可謂能力出眾，經驗豐富。

張郃帶著部隊玩命地往隴右趕，而馬謖可能沒意識到時間有多麼緊迫。畢竟他不僅沒帶過兵，甚至連仗都沒打過。諸葛亮打過西蜀，打過南中，這次北伐心裡仍沒把握，更何況是馬謖呢。

結果馬謖才走到半路，張郃已經過了隴山。兩軍就在街亭遭遇，這下子馬謖傻了。

為什麼守不住？

接下來是第三個問題：馬謖為什麼守不住街亭？

馬謖走到街亭，一看張郃率領魏軍趕到，立刻慌了神。本來說好是守關隘，現在一下變成平坦大道，馬謖心裡就更沒把握了。小說裡講諸葛亮讓馬謖在街亭的大道上安營紮寨，馬謖不聽。這其實叫「事後諸葛亮」，歷史上沒有這回事。諸葛亮不知道馬謖會在街亭遇到張郃，也不會下達具體指示教馬謖怎麼防守。

馬謖看張郃突然殺到，發現路南邊有一座山，趕緊指揮軍隊上山。至於馬謖為什麼上山，有人說是照搬《孫子兵法》居高臨下，還要置之死地而後生；也有人說是登高望遠，觀察地形。除此之外，還有一種可能，馬謖是第一次帶兵，突然遭遇緊急情況，對手還是張郃，馬謖有心想躲。不管當道安營紮寨是不是有道理，這時的馬謖都未必敢在大道上硬拚張郃。諸葛亮不是也不敢和曹魏主力硬拚嗎？諸葛亮不敢拚，馬謖也沒膽。

但也有膽大的，馬謖的先鋒王平就勸他不要上山，可是他不聽。結果馬謖前腳上山，張郃後腳就把漢軍的水源斷了。士兵沒水喝，肯定撐不了多久，兵心自然要亂。

小說裡講，這時張郃包圍馬謖，不過史書上倒是沒提包圍的事情。不管是不是被包圍，馬謖現在最該做的都是穩定軍心，率眾突圍，慢慢向諸葛亮主力方向撤退。

具體該怎麼撤退，這些在漢軍內部有明文規定。諸葛亮統軍，最大的特點就是治軍嚴明。《諸葛亮集》還收有十六條軍令、九條兵要。從這些記載能夠看到，諸葛亮當時對行軍布陣、安營紮寨等細節都有很詳細的規定。

可是馬謖此時非常慌亂，估計早把什麼軍令、兵要忘到腦後。史書上說他「違亮節度，舉止失宜」（《三國志．蜀書．諸葛亮傳》），「舉措煩擾」（《三國志．蜀書．王平傳》），就是說指揮特別混亂。

生死存亡之際，大家都很害怕，結果當家的比一般人還亂，不但沒有核心還到處瞎指揮，大家的心理防線不崩潰才怪。張郃一攻擊，士兵哪裡還有規矩，大難臨頭各自飛吧。《三國志》用了一個詞叫「眾盡星散」（《三國志．蜀書．王平傳》），大家被打得像天上的星星一樣散開，潰不成軍。

馬謖一敗，再沒有什麼力量能阻止魏軍主力部隊，趙雲帶領的雜牌軍也已經頂不住曹真。隴右所謂的大好形勢瞬間就打了水漂，諸葛亮沒辦法，只能趕緊率軍退回漢中。

小說裡，諸葛亮在撤退前，用空城計嚇退司馬懿。這個不是完全沒有根據，裴松之注釋的史料裡還真提到了。問題是，當時司馬懿根本不在隴右，他是荊州戰區總司令，剛在東三郡殺完孟達。所以，裴松之認為空城計是胡說八道，不可靠。

為什麼殺馬謖？

轟轟烈烈的第一次北伐，隨著馬謖失街亭而徹底失敗。小說裡講，馬謖在出征前立了軍令狀，若是守不住就按軍法斬首。問題是，歷史上的馬謖壓根就沒立軍令狀。行軍打仗，勝敗乃兵家常事，要是打敗仗就砍頭，歷史上的名將早就被砍光了。既然如此，諸葛亮為什麼還要殺馬謖呢？

這就是接下來要說的第四個問題：馬謖為什麼必須死？

有人說馬謖是諸葛亮的替罪羊，諸葛亮北伐失敗，得有人負責，或者說得有人去死。馬謖要是不死，李嚴這幫人一定會蹦出來攻擊諸葛亮，他的處境就會非常糟糕。所以，諸葛亮決定棄車保帥，以嚴格執行軍法的名義，殺了馬謖，堵住這幫政敵的嘴。

不可否認，諸葛亮也有腹黑的時候，但都是從大局出發。如果諸葛亮真的為了推脫責任，犧牲馬謖，而且這個馬謖還是諸葛亮一意孤行提拔起來的，那他的人品就太差了。

實際上，馬謖絕不是犧牲品，之所以被處死，是因為他犯了死罪。這個死罪不是打了敗仗，而是當了逃兵。這件事在馬謖的傳記裡沒有記載，而是記在《三國志．蜀書．向朗傳》。

馬謖打了敗仗，充其量是技不如人，輸了就輸了，回來大不了免官，一輩子不讓你打仗就是了。可是你棄軍逃跑，就不是技術問題，這是犯法！古今中外，將領拋棄軍隊逃跑都不是小事。何況諸葛亮是出了名的治軍嚴格，馬謖犯下如此大錯，在劫難逃。

諸葛亮自貶三級

馬謖在街亭一敗塗地，直接導致諸葛亮的北伐功虧一簣。面對失敗，諸葛亮是怎麼做的呢？

首先是追究自己的責任。諸葛亮特別上了一道〈自貶疏〉給劉禪，奏疏寫道：「臣以弱才，叨竊非據，親秉旄鉞，以厲三軍。不能訓章明法，臨事而懼，至有街亭違命之闕，箕谷不戒之失。咎皆在臣，授任無方。臣明不知人，恤事多暗，《春秋》責帥，臣職是當。請自貶三等，以督厥咎。」（《三國志．蜀書．諸葛亮傳》）

諸葛亮說，我以薄弱的才能擔任自己無法勝任的職務。我統率三軍，卻不能對將士訓導法規，嚴明法紀；用兵時不能小心謹慎，結果導致馬謖違反命令，在街亭被張郃擊敗；趙雲在箕谷戒備不嚴，被曹真擊敗。所有這些失誤都是我用人不當造成。我無用人之明，辦事糊塗。按照《春秋》裡的慣例，打了敗仗要追究將帥的責任。我是三軍統帥，應該承擔戰敗的責任。請求陛下將我貶職三等，以督促我改正過失。

諸葛亮既沒有指責別人打了敗仗，也沒有找客觀原因，例如秦嶺難走，魏軍太強……。諸葛亮只說：我是負責人，沒打贏，責任在我，應該懲罰我，就是這樣一個勇於承擔責任的人。

像諸葛亮這種童年遭遇各種不幸的人，非常容易自卑，更容易自負。例如明朝末代皇帝崇禎，主觀上想振興明朝，不管做什麼，永遠覺得自己沒錯，永遠怕別人說自己錯了。只要有大臣說皇帝這麼做不對，崇禎一定拉出一個替罪羊來，貶官甚至砍腦袋。到了最後，就沒人願意替崇禎出主意了，誰沒事整天替一個不負責任的長官背黑鍋呀？

但諸葛亮沒這麼做，他靈魂深處的責任心和道德感都對他心理上本能的自卑、自負做了有效的抑制，這和他在隆中隱居時的修身養性有很大關係。

諸葛亮勇於承認錯誤，而且自貶三級，這件事影響非常大。首先，事情辦錯總得有人承擔責任，不能不了了之。此時，諸葛亮站出來，也做了自罰，而不是和稀泥混過去，這是一種最基本的態度。

其次，諸葛亮承擔責任，也能服眾。我做為主帥，自己都認錯，接受處罰，接下來，我再去追究下面具體辦事人員的責任，他們還會不服氣嗎？還會管不住底下的人嗎？而且諸葛亮的政敵，例如李嚴，也找不到理由對諸葛亮發難了，人家已經自罰，你還能說什麼呢？

最後，諸葛亮也給底下的人吃了定心丸。不管發生什麼，只要你沒犯法，最大的責任我來承擔，絕對不會把責任推給你。這樣的長官，你會不敢跟著他嗎？

諸葛亮雖然打了敗仗，但自己承擔了責任，他在軍中實際上是加分的，打敗仗是掉威望的事，他反而增加權威。這就好比經營一個組織，沒經營好，這是技術問題，要從技術上去改進；既然經營上已經出問題，管理上就不能再出差錯，馬謖和諸葛亮最根本的區別就在這裡。

全軍追究問責

諸葛亮承認錯誤，自貶三級，接下來就是對北伐的各級官員追究責任。

諸葛亮先處理的是馬謖，他違反命令，打了敗仗，還棄軍逃跑，這是死罪。馬謖是諸葛亮的親信，而且有才能，當時荊州人蔣琬、益州人李邈都來替馬謖求情。諸葛亮哭著說：「孫武所以能制勝於天下者，用法明也。是以楊干亂法，魏絳戮其僕。四海分裂，兵交方始，若復廢法，何用討賊邪！」（《三國志·蜀書·馬良傳》附〈馬謖傳〉裴注引《襄陽耆舊記》）意思是說，用法得公平，只要犯法，不管是誰，都得依法懲處。現在天下大亂，戰爭才開始，如果我不能秉公執法，以後怎麼管理軍隊，怎麼討伐曹魏？

諸葛亮雖然非常痛苦，非常難過，最終還是判馬謖死刑。只不過馬謖在用刑前，已經死在獄中。推測有可能是絕食或自盡。馬謖死後，全軍將士痛哭，諸葛亮親自祭奠；他對待馬謖的後代，就像親生的一樣。替《資治通鑑》作注的胡三省說：「殺之者，王法也；恩之者，故人之情不忘也。」諸葛亮公私分明，是有血有肉的。

除了馬謖，其他相關人等也沒有逃過處罰。馬謖手下的將軍張休、李盛被斬，黃襲等人被剝奪兵權。估計張休、李盛也當了逃兵；黃襲可能堅守崗位，所以處罰較輕。

還有一個非常重要的人受到牽連，就是丞相長史向朗。他是司馬徽的徒弟，第一批追隨劉備的荊州大族。劉備和諸葛亮本來都非常看重向朗，諸葛亮讓他擔任丞相長史（即丞相助理、丞相府祕書長）；南征時，讓向朗坐鎮成都；北伐時也讓他跟著。兩人都是荊州人，都是徐庶的朋友，私交應該不錯。

可是馬謖逃亡，向朗知情不報，諸葛亮因此非常痛恨他。於公，這是包庇犯罪；於私，讓馬謖犯了不赦之罪。一氣之下，諸葛亮依法把向朗免官，打發回成都。此後二十年裡，向朗雖然官職不低，但再也沒有受到重用。

除了向朗，趙雲未能牽制住曹真，而且為了防止魏軍入寇，燒了棧道，也遭到貶官處分。

雖然北伐一塌糊塗，許多直接責任人受到懲罰，但諸葛亮還是賞罰分明。馬謖在街亭駐軍山上時，先鋒王平曾勸阻他，結果馬謖沒聽。後來馬謖大敗，全軍崩潰，只有王平帶領的一千人不但沒有潰敗，反而布好軍陣，敲起軍鼓。張郃一看這個架勢，怕王平有伏兵，就沒有繼續追擊。王平才漸漸把潰散的士兵收合起來，接著去找諸葛亮的主力部隊。

諸葛亮見王平是可塑之才，敗軍之際不但沒有慌亂，反而機智鎮靜地嚇走張郃，收羅殘兵，這是敗中有功。於是，諸葛亮就讓王平接替馬謖擔任參軍，又升任將軍，封亭侯，同時又將由南中少數民族組成的特種部隊交給他，並讓王平負責自己大本營的事務，王平就成為一出祁山後唯一升官的將領。

古代流傳下來一本書叫《便宜十六策》，據說是諸葛亮寫的。雖然真假難辨，但至少有一部分內容，一般認為是諸葛亮的作品。裡面的〈賞罰篇〉提到：「賞罰之政，謂賞善罰惡也。賞以興功，罰以禁奸；賞不可不平，罰不可不均。」獎賞是為了激勵人們去建功立業，懲罰是為了禁止奸邪錯誤，賞罰都不能不公平。

〈賞罰篇〉還說：「必生可殺，必殺可生，忿怒不詳，賞罰不明，教令不常，以私為公，此國之五危也。」從管理的角度講，你是一個長官，底下的人本來沒犯什麼錯，你把他開除了；該懲罰的人，你又捨不得；心情不好時，你亂發脾氣；賞罰不能保證公平，標準三天兩頭改；還以私心處理公事，這是管理組織的五大危害。

這些道理沒什麼深奧，即使沒學過管理學，也能說出個一二三。可是要實行就很難了。我們總說規矩是死的，人是活的。要把一個組織管活，有些原則確實需要靈活把握。但就獎勵和懲罰來說，還是要制定一個標準，而且一旦公布就不能亂改，大家都是按照這個標準做事，對獎勵的條款都有期待，也都在規避懲罰的規定。如果按規則該獎勵的不獎勵，或者該多得的少給，該懲罰的也不懲罰，規則慢慢地就成為一紙空文，做為長官，你說的話就沒有公信力了。賞罰這件事對組織成員來說，關係到每個人的切身利益和組織內部的公平，管理者千萬不能掉以輕心。

諸葛亮一出祁山，鎩羽而歸。他是人，不是神，凡事都有第一次，也有一個成長過程。可是諸葛亮的成長速度著實驚人，三年後，當他第四次北伐時，無論是諸葛亮本人，還是蜀漢的軍隊，都發生翻天覆地的變化。

四、軍事統帥的成長之路

多聽勸，多實踐，確定小目標，諸葛亮如何跨界成長，愈戰愈強？

號召全國批評自己

今天總說讓專業的人做專業的事，但除了技術部門，可能大多數人都有這樣的經歷——接手一些不熟悉的工作，工作跨領域了。例如你是做生意的，以前賣衣服，現在改賣3C產品；你是上班族，以前做行政，現在要去製造產品或營運；你是個長官，以前管理銷售，現在行銷部門也交給你管。這種情況，該怎麼辦？

諸葛亮一出祁山，面臨的就是這個問題。不管是諸葛亮的調兵遣將、心理建設，還是蜀漢士兵的戰鬥力，基本上還處於「初級階段」。尤其是諸葛亮，以前沒怎麼打過仗，對這項業務非常生疏，率軍北伐就和跨界和轉行差不多。

建興六年，諸葛亮率軍回到漢中，他痛定思痛，開始自我反思。為此，他下了一道命令，說：「大軍在祁山、箕谷，皆多於賊，而不能破賊，為賊所破者，則此病不在兵少也，在一人耳。今欲減兵省將，明罰思過，校變通之道於將來；若不能然者，雖兵多何益！自今已後，諸有忠慮於國，但勤攻吾之闕，則事可定，賊可死，功可蹻足而待矣。」（《三國志．蜀書．諸葛亮傳》裴注引《漢晉春秋》）

大概的意思是，北伐時，自己和趙雲的兩路人馬人數都比敵人多，結果卻失敗了。可見問題不在兵力多少，而是出在諸葛亮身上。接下來，我打算精簡兵將，嚴明處罰，檢討過失，研究和調整新的戰略方針。從今以後，大家要多為國家盡忠盡力，你們覺得我哪裡不對，要經常批評我。

這份命令說了三個問題：第一，諸葛亮做為統帥能力不夠，還需要學習、進步；第二，士兵雖然多，但不精，戰鬥力不足，需要精簡訓練；第三，大家一起來想辦法，別有顧慮，我哪裡不對，你們趕緊批評。

其中最重要的是態度，諸葛亮能夠正視自己有問題，這非常需要勇氣。誰都希望別人說自己好，沒人願意整天聽別人說自己這不行、那不行。尤其是有地位的人，好話聽得太多了，攔都攔不住，時間長了，人的耳朵就聽不進反對意見。

例如一出祁山，諸葛亮不聽勸阻，非要用馬謖，結果街亭慘敗。這件事對諸葛亮來說，教訓非常深刻。諸葛亮本來是個非常虛心求教的人，當了丞相後，曾經說：「昔初交州平，屢聞得失；後交元直，勤見啟誨；前參事於幼宰，每言則盡；後從事於偉度，數有諫止。雖姿性鄙暗，不能悉納，然與此四子終始好合，亦足以明其不疑於直言也。」（《三國志．蜀書．董和傳》）

就是說，我當年在隆中隱居時，朋友崔州平老是批評我；後來我和徐庶成為朋友，他總提意見給我。再後來，我和董和一起署左將軍大司馬府事，做為同事，董和對政務總是暢所欲言。我的主簿胡濟是我的下屬，他覺得我有什麼事情不對，總是直言不諱。

對於能提意見給自己，不管是朋友、同事，還是下屬，諸葛亮都非常重視。他上〈出師表〉給劉禪時說過，讓劉禪「開張聖聽」、「察納雅言」。

可是諸葛亮北伐時，已經執掌朝政五年，說他自我膨脹也好，好話聽多了，聽不進去反對意見也好，總之是違背眾意，錯用馬謖。諸葛亮回漢中後，能馬上反思過失，公開承認自己能力不夠，號召大家來提意見，這點非常難能可貴。

工作當中也一樣，尤其跨界、轉行，這個領域本來就不擅長，再要掩飾，說自己什麼都會，不向別人求教，也不聽人勸，一定會出問題。人無完人，不管年齡多大，地位多高，想要快速成長，一定要正視自己，虛心求教。

諸葛亮發布這麼一條「批評和自我批評」的命令，再加上勇於承擔責任，結果不但沒丟面子，反而得到大家的認可。諸葛亮回到漢中後，厲兵講武，增強部隊的戰鬥力。蜀漢軍民居然慢慢忘了北伐失敗的事，士氣又高漲起來。

策應盟友：第二次北伐

到了這年十二月，諸葛亮決定再次率軍北伐。這次他走陳倉道，位於斜谷西面，打的是陳倉（今陝西省寶雞市附近）。如果諸葛亮能打下陳倉，就能直接進入關中地區。

不過，當初看到諸葛亮二次北伐時，真的有點跌破眼鏡。首先，這年春天剛打完，冬天又打，太窮兵黷武了吧。

其次，一出祁山失敗後，魏國的曹真馬上就意識到諸葛亮接下來會打陳倉，早早派人去增加陳倉的城防。諸葛亮還沒開打，戰略意圖就被敵人識破，這個戰略水準也太低了。

最後，陳倉這一仗的戰果真的很差。諸葛亮帶了數萬兵圍攻，曹魏是名不見經傳的郝昭帶了一千多人防守。諸葛亮把雲梯、衝車、井欄、地道全用上了，結果打了二十多天沒打下來，最後因為沒糧了，趕緊撤軍。

有些人就說諸葛亮五次北伐，第二次是最丟人的一次。

確實，這次北伐，戰術上毫無成果，但要是從戰略上看，就能明白諸葛亮的用心良苦了。

就在這年秋天，曹魏和東吳打了一場大仗，曹魏敗北。負責荊州戰區的司馬懿準備再打一仗，當時曹叡還讓張郃帶著關中的部隊增援。東吳負責荊州防務的正是諸葛亮的大哥諸葛瑾，孫權把他放在荊州，很明顯是為了和蜀漢保持合作。

為了牽制曹魏，阻止司馬懿南下，諸葛亮決定發動第二次北伐，這次北伐的戰略目標根本就不是打曹魏，而是幫盟友一把。今天還保留一封諸葛亮寫給諸葛瑾的書信，主要內容是諸葛亮討論要從哪裡出兵。（見《水經注・沔水注》及〈渭水注〉）

當時從秦嶺入關中的斜谷道，趙雲撤軍時燒了一部分棧道，後來洪水又毀了一部分，東邊的子午谷、儻駱谷都不好走，西邊的祁山道剛打完，諸葛亮北伐就只剩下打陳倉了。

有句俗語叫「明修棧道，暗渡陳倉」，說的是楚、漢爭霸之初，韓信率漢軍從陳倉偷襲，攻入關中的計謀。然而諸葛亮此時的情況完全不同，陳倉早就加強守備，根本不具備「暗渡」的條件。

這樣一看，諸葛亮第二次北伐的目的就很明顯了：沒有充足的準備，也沒打算取得多大戰果，就是為了替盟友出力，順便練兵。諸葛亮一出兵，曹魏就把張郃調回關中，司馬懿也沒有南下，第二次北伐的目標順利達成。但讓所有人都沒想到的是，諸葛亮居然還有後手。

避實就虛：第三次北伐

建興七年（二二九年）初，諸葛亮剛從陳倉撤下來，馬不停蹄發動第三次北伐。這一次，他派陳式去攻打武都和陰平。這兩個郡在漢中西邊，都是山區，少數民族多，人口少，曹魏的統治力比較弱。單獨來看，這兩郡可有可無。但實際上，從漢中出祁山，武都是必經之路；陰平的山路雖然難走，卻可以直接通到蜀中，威脅成都，後來鄧艾滅蜀漢，就是從陰平直入蜀中。所以，陰平和武都對蜀漢進攻隴右、退守蜀中都具有實際意義。

陳式去打二郡，曹魏的雍州刺史郭淮也趕往武都，準備去進攻陳式。這時諸葛亮從陳倉回來，就近去截擊郭淮，郭淮一看諸葛亮主力到了，只好主動退軍。就這樣，蜀漢沒打什麼大仗，輕鬆拿下二郡。劉禪此時也下詔恢復諸葛亮的丞相職位。

占領二郡還有一個效果，就是不管怎麼說，蜀漢總算打贏一場，而且是打陳倉之後緊接著獲勝，對於穩定軍心、提升士氣也有好處。

第一次和第三次北伐有個共同特點，就是避實擊虛。不打你強的地方，專門攻你弱的地方。諸葛亮寫過一篇讀後心得，他說春秋戰國的著名軍事家，也是他老家山東地區著名的人物，管仲、孫臏都說過要避實擊虛（《孫子兵法》，見《諸葛亮集》，輯自《玉海》）。〈隆中對〉替劉備開藥方時，也是避實擊虛，躲開曹操和孫權，去捏劉表和劉璋。

眼看諸葛亮一次次挑釁，曹魏終於忍不住。建興八年（二三〇年），大司馬曹真率領張郃、司馬懿等數路大軍伐蜀。曹真走子午谷，張郃走斜谷，司馬懿從東三郡沿漢水向西進軍。

漢中的防禦體系是魏延的規劃，而且前一年諸葛亮已經料到曹魏可能會來進攻，進一步加強了漢中地區的防務。結果魏軍先鋒殺到漢中防線，根本殺不進去，反而被蜀漢擊退。而且秦嶺這些谷道，諸葛亮從漢中往關中、隴右打很費力，曹真往漢中打也一樣吃力。再加上那幾天下大暴雨，曹真走了一個月，主力大部隊硬是沒走到漢中。曹真一看不行，趕緊撤軍。

曹真伐蜀，主力都集中在關中，這下隴右又空了。諸葛亮一看有機可乘，於是又來一次「避實擊虛」。他是三軍統帥，要留著鎮漢中不能走，於是就派魏延和吳壹西征，直接殺到曹魏的南安郡。鎮守隴右的費曜和郭淮被打個措手不及，上次蜀漢殺過來，隴右就沒兵，這次殺過來又沒兵。兩人勉強組織還擊，結果被魏延和吳壹殺得大敗。

諸葛亮發動的這幾次戰役規模不大，但都取得勝利，既積累經驗，也樹立信心。蜀漢的部隊經過磨煉，已經不是一出祁山時的花架子，諸葛亮也不是那個怯生生的業餘統帥了。

諸葛亮是怎麼成長的？

第一，正視缺點，廣開言路，最大範圍給自己一個提升空間。

第二，多實踐，多磨煉，邊學邊用。要跨界、要成長，老是怯場絕對不行，不怯場只有一個辦法，就是多實踐，多經歷，只有這樣才能把很生疏的事情弄懂、弄透。

最後一點也很重要，就是目標別太大，先從小目標做起。目標太大，盤子太大，你沒有那個能力，不但做不好，還會打擊信心。諸葛亮這幾仗，和一出祁山時完全不一樣。一出祁山是要拿下隴右，甚至可能想著進入關中，他心裡虛，不踏實。可是後面兩次北伐和一次西征，沒有這麼大的目標，就是練兵，牽制魏軍，打幾個小勝仗，結果打得愈來愈好，不僅諸葛亮有了信心，蜀漢將士的信心也樹立起來了。

現在，長官和團隊都有經驗和信心，再次北伐曹魏的時機就成熟了。接下來的四年裡，諸葛亮將會在曹魏的領土上，迎來他軍事生涯的巔峰，也將遇到他一生中最大的對手。

五、再出祁山，曹魏被吊起來打

諸葛亮用了什麼辦法，讓自己和蜀漢軍隊在三年裡脫胎換骨？

加強裝備生產與研發

一出祁山失敗後，諸葛亮著手從各方面改造自己和漢軍。前面說了一些軟體方面，現在來說說硬體，就是裝備。

為了提升軍隊戰鬥力，諸葛亮對蜀漢軍隊的裝備進行大規模改造。就和產品升級一樣，主要從兩方面入手：一個是精，一個是新。

先來說精，就是精緻、精細，保證產品品質，做到人有我優。諸葛亮關注裝備品質，和第三次北伐有直接關係。當時漢軍去攻擊魏國在武都的營寨，有一天，一幫士兵拿著斧子去砍魏軍的防禦工事，結果有一千多把斧子全砍壞了。

等北伐結束，諸葛亮回到漢中，立刻命令作部（專門生產兵器的軍工部）造了幾百把斧子。丞相親自命令做斧子，底下的人哪敢偷懶。諸葛亮拿到這幾百把斧子，找人用它們去砍東西。就這麼不停地砍，砍了一百多天，結果斧子一點都沒壞。作部的官員心裡踏實了，斧子品質這麼好，丞相得表揚我們吧。

讓他們沒想到的是，諸葛亮當即發布一道命令：「之前的斧子一天就用壞一千把，現在這斧子砍了一百多天都沒事，我現在才知道，之前負責生產斧子的官員根本不用心。這種怠忽職守的官員就應該抓起來治罪。」（〈作斧教〉，見《諸葛亮集》，輯自《太平御覽》）

今天能看到的命令，除了這道關於做斧子的，還有一道做匕首和一道做鎧甲的。相當於總經理親自視察，親自監督產品品質，實際就是把品質問題提升到戰略高度。那個年代還沒有ＩＳＯ品質管制體系認證，但諸葛亮依然能透過提高管理水準來保證裝備品質。

除了精以外，做產品還有很重要的一點，就是新——人無我有，尤其是在戰爭當中，科學技術永遠都是第一生產力。

在創新方面，諸葛亮有三大發明：連弩、木牛和流馬。連弩很早以前就有了，諸葛亮對連弩做了進一步改造，讓弩一次可以發出十支箭，要是萬弩齊發，瞬間就能箭如雨下，讓敵人無處躲避。這東西簡直不是弩，而是冷兵器時代的機關槍。

至於木牛、流馬，肯定不是《三國演義》那種能自己走的機器人。木牛可能是獨輪手推車；流馬也是手推車，有人認為是獨輪，也有人認為是四輪。總之木牛、流馬就是經過改造的運輸交通工具，方便在山地運糧。

諸葛亮與漢軍煥然一新

有了這些可靠的裝備，諸葛亮終於鼓起勇氣，建興九年（二三一年）再度進攻祁山，朝曹魏的隴右進軍。

當時，曹魏負責隴右戰區的曹真病了，曹叡趕緊把司馬懿從荊州叫回來，讓他去隴右阻擊諸葛亮。諸葛亮和司馬懿這時才正面交手。司馬懿到了長安，先讓費曜留四千精兵鎮守上邽，然後親率主力，以張郃為先鋒，全力趕赴隴右，去解救祁山。

這個局面與諸葛亮一出祁山的時候很像：祁山沒打下來，隴右的魏軍集結在上邽，魏軍主力從關中奔赴隴右。三年前，諸葛亮不敢和魏軍主力硬碰硬，讓馬謖去堵隴山的山口，結果沒堵住。這一次，諸葛亮不躲了，你不是主力要來嗎？我直接迎上去決戰。

諸葛亮讓王平帶兵，繼續圍住祁山，親率主力趁著司馬懿還沒到，去攻打上邽。此時，郭淮帶著兵從隴西趕過來，他與上邽的費曜約定半路截擊諸葛亮。這兩人去年剛被魏延和吳壹一頓痛揍，心裡不服，心想魏延和吳壹是宿將，我打不過，但打個半吊子諸葛亮不是手到擒來嘛。結果一交手，郭、費二人就被諸葛亮打得大敗。漢軍乘勝進擊，包圍上邽，順便把上邽周邊的麥子都割了，解決軍糧問題。

等司馬懿趕到上邽，立刻明白諸葛亮要圍點打援，包圍上邽，等著主力呢，來一個打一個，來兩個打一雙。司馬懿再看看費曜和郭淮的慘樣，心裡更虛了。司馬懿打過的大仗其實也不多，而且是第一次來隴右打仗，可能比一出祁山時的諸葛亮好不了多少。司馬懿心中害怕，沒有去打諸葛亮，而是跑到上邽東邊依靠山地駐紮。

諸葛亮一看你不打，那換個戰術吧。他開始往回撤，在運動戰*裡尋找戰機。司馬懿也有意思，一看諸葛亮走了，趕緊拔寨跟在後邊。諸葛亮走，他就跟著走；諸葛亮停，他馬上上山紮營。反正一直跟在諸葛亮屁股後面，就是不敢打，兩人就這麼在隴右兜圈子。

最後張郃受不了了，心想陛下怎麼找這麼一個窩囊廢當元帥，就和司馬懿說：我們離祁山很近，祁山守軍聽說主力來了，自然就有了主心骨。我們別追了，出一支偏師去抄諸葛亮後路。反正諸葛亮的糧食不夠吃，這麼比畫比畫，他就撤軍了。

張郃的意思是，你司馬懿怕諸葛亮，我就不硬打，嚇唬、嚇唬他，把他嚇走還不行嗎？沒想到司馬懿不同意。魏軍將士生氣了，有人嘲笑司馬懿說：「公畏蜀如虎，奈天下笑何！」司馬懿就是軟弱，等著全天下笑你吧。

老被底下人瞧不起，司馬懿很委屈，而且魏軍將士一個接一個請戰，司馬懿也壓不住。你們要打，我就打一場。老虎不發威，你當我病貓啊！

這年五月，司馬懿命令張郃去打王平，王平當時正帶著南中少數民族特種部隊圍困祁山。司馬懿讓張郃去解圍，自己親率主力攻擊諸葛亮。結果張郃打王平，根本打不動。張郃就納悶，這不是當年馬謖底下虛張聲勢的那人嗎？怎麼突然變得這麼厲害。張郃還得慶幸，自己打的是王平。

司馬懿那邊可就慘了，諸葛亮讓魏延等人率兵出擊，把司馬懿打得屁滾尿流。這一戰，漢軍獲得甲首三千級，就是砍了三千個穿著鎧甲的魏軍士兵腦袋，還有鎧甲五千領、角弩三千一百張。當時的軍隊不是人人都穿鎧甲，根據甲首三千級、鎧甲五千領估計，司馬懿這一仗死了數千乃至上萬人。司馬懿嚇得掉頭就跑，一頭鑽進大營不出來了。

曹魏這邊傻眼了，尤其是張郃和郭淮，和諸葛亮多次交手，三年前的諸葛亮和蜀漢軍隊是什麼樣，他們太清楚了，才三年，諸葛亮簡直脫胎換骨，變了一個人似的。

立於不敗之地的「八陣」

諸葛亮和蜀漢軍隊怎麼突然變厲害了呢？尤其是諸葛亮的部隊以步兵為主，而司馬懿是以騎兵為主。古代的騎兵打步兵，就和現在坦克壓過去差不多。

諸葛亮對蜀漢部隊有很多改進，最後一件祕密武器還沒有說，就是八陣。說起八陣，很多人都以為是八卦陣。《三國演義》講得更神，說劉備東征失敗，諸葛亮在白帝城東邊布陣，陸遜一頭鑽進去就出不來了，最後還得靠諸葛亮的老丈人黃承彥指路才逃出來。

其實八陣只是一種行軍打仗的陣法，這套陣法至少在戰國時期就已經開始使用。《孫臏兵法》就有記載，東漢打匈奴也用過，甚至連曹操都用八陣練過兵。

諸葛亮不是八陣的發明人，但對八陣做了大幅度改進，使得步兵能夠有效對抗騎兵。他曾說：「八陣既成，自今行師，庶不覆敗矣！」（《水經注．江水注》）我有八陣，再也不怕打硬仗了。諸葛亮之所以敢帶步兵對抗魏軍的騎兵主力，關鍵就在八陣。

＊一種軍事作戰方式，藉由較大的空間來換取時間移動，並包圍敵方，透過優勢兵力速戰速決。

諸葛亮改良的八陣在後世備受推崇，西晉用它平定過邊患；到了宋代，乾脆將諸葛亮改良版的八陣寫進官方軍事教科書。因此，第四次北伐，或者說二出祁山，諸葛亮在戰術上一直壓著魏國打。魏軍要嘛窩囊地守在營地，要嘛出門被打死。

可惜的是，正在司馬懿不知所措時，蜀漢後方突然出現問題，諸葛亮因糧草不濟而被迫撤軍。這件事牽扯到李嚴，後面會細說。諸葛亮撤軍的路上，司馬懿派張郃追擊，結果遭到伏擊，被漢軍殺死。

六、秋風落葉五丈原

六出祁山，成為時代絕響！

最後一次北伐

回到漢中後，諸葛亮處理了李嚴，蜀漢內部空前團結。經過三年的準備，建興十二年（二三四年）春，諸葛亮發動第五次北伐，也是最後一次北伐。

這一次，諸葛亮選擇從斜谷道進入關中，駐軍在五丈原（今陝西省岐山縣南五丈原鎮），這是個小高地。諸葛亮還和孫權約好協同作戰，諸葛亮四月到達關中，孫權五月在揚州和荊州發動大規模進攻，曹魏的東線、中線、西線全面開戰，首尾不能相接，能派到關中支援的兵力就十分有限。

司馬懿奉命來對抗諸葛亮，他一到關中就渡過渭水，在南岸駐紮。司馬懿還說：「如果諸葛亮往東打，奔向長安去，那是他有種。要是西去五丈原，我們就高枕無憂了。」其實司馬懿這話就是說給自己人聽，他當時在渭水南岸，諸葛亮若是東進，司馬懿可以攻擊諸葛亮的側翼，漢軍必然大敗，這是兵家大忌。

不過魏軍也有清醒的，郭淮說：「長官，你趕緊醒醒吧。什麼高枕無憂啊，諸葛亮這是搶北原去了。」司馬懿這才拍腦袋，哎喲不好，趕緊讓郭淮去守北原。北原在渭水北岸，是渭水平原通往隴山的出口。這個地方比較窄，如果諸葛亮占了北原，依然可以從隴山東面把隴右和關中分開。不出一個月，隴右就得投降歸於諸葛亮。

郭淮馬不停蹄趕到北原，剛開始修建防禦工事，漢軍果然殺到。可惜諸葛亮用了各種方法，都被郭淮看破，再加上魏軍有地理優勢，北原攻不下來。

諸葛亮在成長，郭淮也在成長。

將星隕落，天命難違

諸葛亮的戰術進攻沒有進展，司馬懿開始動心思了。斜谷其實應該叫褒斜谷，南段叫褒谷，北段叫斜谷。褒谷中有一條河叫褒水，是漢水的支流；斜谷裡有一條河叫武功水，直通五丈原東側，是渭水的支流。諸葛亮屯兵五丈原，為了防止歸路被魏軍斷絕，也有利於進攻，便派南中人孟琰到武功水的東岸駐紮。本來武功水不是太深，孟琰在東岸的部隊和諸葛亮在西岸的主力部隊聯繫很緊密。可是夏天一到，大雨來臨，武功水暴漲。孟琰的部隊就成為孤軍。司馬懿抓住時機，馬上率軍攻擊孟琰。要是司馬懿贏了，諸葛亮就會陷入被動。

諸葛亮的反應十分迅速，趕緊在武功水上建浮橋，速度和郭淮在北原修工事有得拚。司馬懿一看，浮橋差不多建成了，孟琰和諸葛亮的部隊又連成一氣，沒得打，趕緊撤軍。

沒有機遇，司馬懿堅決不出兵，尤其是不打諸葛亮的主力部隊，他知道打不贏。為了平息魏軍將士的怨氣，司馬懿特地到曹叡那裡請戰，結果曹叡下詔禁止出兵，還讓人持節到司馬懿大營，誰出兵砍誰。這點小心思，諸葛亮早看穿了，司馬懿根本就不想打，真想打，哪用得著請旨，就是堵手下的嘴。

司馬懿不是想耗嗎？我就和你耗到底。為了表示決心，諸葛亮乾脆開始在五丈原種田。對於五丈原老百姓原來種的田，諸葛亮保持原樣，只讓士兵去其他空地種。五丈原就巴掌大的地方，好地早就被耕種了，哪輪得到你屯田？何況糧食的回報期太長，屯田要有收穫，諸葛亮至少要在五丈原待個一年半載。屯田根本解決不了眼前的糧草問題，和司馬懿的請旨一樣，都是醉翁之意不在酒，這是給司馬懿看的。

到了此時，漢、魏打成平手。諸葛亮東邊有司馬懿，西邊有郭淮，被卡得死死的，一時想再往外打，很困難；司馬懿和郭淮也打不動諸葛亮，特別是諸葛亮的糧道通暢，不能指望他糧盡而退。彼此對於對方的戰略目標和戰術、戰法都心知肚明，誰要幹嘛都清楚。這場戰爭接下來的打法只有一個，就是熬。看誰先動搖，先熬不住，先出錯。

無論是諸葛亮，還是司馬懿，這時只要不出錯，對方就沒有機會，無從發動進攻；可是只要出一點錯，讓對方抓住機會，對峙的局面會立刻被打破，戰爭的走向就不好說了。

如果諸葛亮再年輕十歲，哪怕五歲，我想這場仗可能還要熬很久，他是個非常能忍的人，可是現在的諸葛亮已經五十四歲了。對面的司馬懿只要對付諸葛亮就好，但諸葛亮要負責蜀漢各方面的事務，身體愈來愈差。身體一差，他怕自己有個三長兩短，北伐就沒時間了，因此諸葛亮再也沒有當年熬法正、熬南中、熬李嚴的心力。司馬懿不著急，諸葛亮卻是急火攻心。到了八月，與司馬懿熬了四個月後，諸葛亮油盡燈枯，在五丈原的大營裡去世了。

第五次北伐，就這樣成為時代的絕響！

第六章

內修政理

一、諸葛亮的「統戰術」

協調利益集團，搞派系鬥爭不行，關鍵還是「統戰」。

劉備對東州人的包容

諸葛亮第四次北伐功敗垂成，牽扯到另一位託孤大臣李嚴；而提到李嚴，就不得不涉及一個老生常談的問題：蜀漢內部的利益集團。蜀漢內部的利益集團，有劉備的元從集團，諸葛亮為首的荊州人，還有東州人和益州人。元從集團後勁不足，慢慢衰落，所以最主要的是荊州人、東州人和益州人三者之間的關係。

再強調一下，這種劃分比較粗糙，和後世的黨爭，例如唐代有牛黨、李黨，宋代有新黨、舊黨，明代有東林黨和閹黨，不完全一樣。就是大家有相似的利益，但又比較鬆散，沒有形成嚴格的政治派別。說諸葛亮之前，先來看看劉備怎麼處理荊州人、東州人和益州人之間的關係。

首先，荊州人就不用說了，這是劉備的基本盤。雖然有那麼幾年，劉備想壓一壓荊州人的勢力，搞平衡術，但總體上對荊州人還是非常倚重。

其次來說東州人。劉備對東州人極力拉攏，而且還在東州人和荊州人之間進行平衡。政治體制裡，一直採用荊州、東州雙頭政治。署左將軍、大司馬府事，荊州人這邊有諸葛亮，東州人那邊就要派董和做為副手。諸葛亮是丞相、錄尚書事，尚書令就要給東州人的法正、劉巴和李嚴。總體上的政治格局就是荊州人領銜，東州人當副手。

除此之外，劉備對東州人最大的特點就是包容，特別是包容反對派。舉兩個例子，一個是劉巴，一個是來敏。劉巴是荊州零陵人，一直仰慕曹操，希望到曹操控制的中央政府任職，特別瞧不起劉備。劉備占領荊南四郡後，劉巴寧可從今兩廣地區走山路繞道去投奔劉璋，也堅決不投靠劉備。後來劉璋招劉備入蜀，劉巴是東州人裡少數幾個堅決反對的。可是劉備攻成都時，卻給軍中下令：「誰要是傷害劉巴，我夷他三族！」劉璋投降後，劉巴不得已，只好歸順劉備。劉備特別高興，不但沒有收拾劉巴，反而在法正去世後，讓他接任尚書令。當然，劉備和劉巴骨子裡對彼此還是有些看法，但至少表面功夫全做到了。

還有一個是來敏，荊州新野人，出自世家大族。來敏骨子裡也看不上劉備，覺得他出身低、沒文化。劉備入蜀後，有人說「來敏亂群」，就是說來敏整天妖言惑眾，傳播負能量，不利於團結，劉備因此沒有重用來敏。等到劉巴當了尚書令，都是文明人嘛，很欣賞來敏，便推薦他當太子家令，負責劉禪東宮的飲食供應，劉備雖然不高興，但還是包容了劉巴和來敏，批准這個任命。

總之，劉備對東州人的態度就是，積極加入我這一邊的給好官當；持反對態度的，我也大度包容。

劉備對益州人的打壓

可是對於益州人，劉備的態度就完全不一樣了。

其實，益州人也有合作派。例如彭羕，以及去南中的馬忠、張嶷。之前反對劉備入蜀的黃權，因為能力出眾，後來積極為劉備出謀劃策，也一度得到重用。另外王謀當了少府，何宗因積極勸進而當了大鴻臚，都是部級官員。

但這些合作的益州人有個共同特點：巴人多，蜀人少；豪強或寒素多，世家大族少。益州人裡的世家大族，對劉備不太友好。

對於這些有文化背景的世家大族，劉備採取什麼措施呢？願意配合我的就給你文化工作職位，不配合也無所謂，我不強求，也不爭取。但前提是你不能反對我，要是敢反對，就沒什麼好說的了。例如益州人費詩，反對劉備稱帝而被貶官。還有秦宓，反對劉備東征，居然被了抓起來。

這只是貶官、蹲大牢，還有喪命的。彭羕因為說了兩句胡話，被劉備下令處死。還有個叫張裕的人，說話特別毒。劉璋剛招劉備入蜀時，共同出席宴會，張裕竟然嘲笑劉備不長鬍子，話說得特別髒。而且張裕還是個跳大神的，那個年代的知識分子比較流行這個，叫讖緯之學。張裕替劉備算卦，說多少年後曹魏會把漢朝的江山給篡了，劉備得到的益州也會丟。還對劉備說別爭漢中，對你沒好處。

劉備後來雖然打下漢中，但曹操把漢中的人口都遷走了。劉備一氣之下，遷怒要殺張裕。諸葛亮便問，殺人總得有個罪名，張裕犯了哪條罪啊？劉備說：「芳蘭生門，不得不鉏！」（《三國志．蜀書．周群傳》）芳香的蘭花擋到大門了，礙我事，再香、再好看都得除掉！

劉備骨子裡對於益州人的反對派極其反感，對東州人的反對派還能做做樣子，對益州人連樣子都不想做了。劉備剛入成都，藉著法正處理仇家，給蜀郡大族來了一個下馬威。

劉備在益州沒少打家劫舍，攻下成都，劉備把成都的金銀珠寶都賞賜給將士，府庫沒錢了，他讓劉巴想辦法。劉巴知道蜀地的大族豪強都非常富有，就出了一個主意給劉備，鑄造一種叫「直百五銖」的大錢。

漢代的貨幣叫五銖錢，是一種銅錢，品質有好有壞，漢末五銖錢的重量約為二克。蜀漢鑄的這種直百五銖，最初重十克，實際價值是五銖錢的五倍，但一枚直百五銖的面額，卻是五銖錢的一百倍，比實際價值高了二十倍，等於進行惡性通貨膨脹，擺明就是搶錢。劉備先在成都鑄了一批直百五銖，後來又讓李嚴在犍為郡鑄了一批。

如此看來，劉備分明是帶著荊州人、東州人一起搶益州人的錢，還得讓益州人說你好。如果益州人說你不好，輕則貶官坐牢，重則掉腦袋。既然如此，劉備北伐漢中、東征失敗時，益州的富豪能不叛亂嗎？這種歧視與壓迫政策要是施行久了，益州人肯定會想方設法顛覆蜀漢政權。

諸葛亮爭取益州人

劉備處理利益集團的方法是拉幫結派，打壓益州人，諸葛亮覺得這不是辦法。你要北伐，能夠依賴的只有巴蜀地區。不管巴蜀地區的大族、豪強是不是支持蜀漢，至少也應該爭取他們。什麼荊州人、東州人、益州人，大家都是大漢的人，應該統一戰線，一致對外，共同打曹魏，別整天內鬥。諸葛亮上臺後，全面調整對內政策，整頓利益集團的關係。

劉備北伐，諸葛亮坐鎮成都時，就已經注意到維護益州人利益的問題。他破格啟用益州人楊洪擔任蜀郡太守，而且，適當地給益州人發言權，讓他們參與蜀漢的國家治理。

劉備時代，益州人很難進入決策層。王謀、何宗做到卿，但蜀漢的卿地位雖高，卻沒什麼實權。諸葛亮適當打開這個關口。這一時期，大批益州人在地方當太守、當都督，有的還進入中央實權部門。例如諸葛亮曾讓張裔擔任丞相留府長史，此時蜀漢實權在丞相府，丞相府中，權力最大的就是長史和留府長史。這個安排是給蜀人的一個訊號：蜀漢政權是對他們開放的。

益州人李邵也做過丞相府的西曹掾，掌管丞相府內部的人事大權。諸葛亮用這種授予實權的方式，分給益州人更多利益，而不是讓荊州人和東州人單方面掠奪益州人。對不合作的知識分子，劉備採取冷落，只要不出來搗亂，就不理你。諸葛亮不一樣，他是積極爭取。例如蜀地有個非常有名的學者杜微，算得上是益州知識分子的領袖。劉備定蜀，杜微裝聾，閉門不出，劉備也懶得理他。

諸葛亮掌權後，開始大力拉攏這些被劉備冷落的世家大族知識分子。例如之前被劉備下大獄的秦宓，諸葛亮讓他當益州別駕，做為自己處理益州地方事務的副手。諸葛亮還親自寫了兩封信給杜微，姿態非常低，希望他能夠出山。杜微骨子裡雖然仍舊不想和蜀漢合作，但諸葛亮這樣禮賢下士，他也不好把場面弄得太難看。後來便答應當了諫議大夫，就是國家高級顧問。

還有一位益州人譙周也值得一提，不熟悉三國歷史的朋友可能根本不知道他是誰，但他有兩個弟子，你一定聽過。一個是〈陳情表〉的作者李密，另一個就是《三國志》的作者陳壽。

但熟悉三國歷史的朋友，對譙周都沒什麼好印象。蜀漢滅亡前夕，譙周勸劉禪向魏軍投降，導致蜀漢滅亡。譙周出自益州的文化世族，這些世族的絕大多數都不支持蜀漢，不是裝聾作啞，就是跳大神預言蜀漢會滅亡。

但早年的譙周不是這樣，諸葛亮去世後，劉禪為了防止百官去漢中弔喪，影響政權的正常秩序，得到消息後不久，便下詔禁止百官前往漢中。可是從得到消息到下詔，中間還有一段很短暫的時間。譙周利用這個時間差，聽到諸葛亮去世的消息後，二話不說，趕緊往漢中跑。他是成都的官員裡唯一搶在劉禪下詔前，跑到漢中為諸葛亮弔喪的。

做為強烈反對蜀漢政權的益州文化世族，譙周為什麼要去替諸葛亮弔喪，而且行動還這麼快呢？依據辟除制度，諸葛亮以益州牧的身分辟除譙周擔任益州的勸學從事，主要負責文化教育工作，諸葛亮就成為譙周的舉主。按照當時的習俗，譙周有義務為舉主諸葛亮弔喪。

可是諸葛亮辟除過的人太多了，譙周能夠異於他人，行動如此迅速，推測是他認可了諸葛亮的統戰政策。與劉備相比，諸葛亮能夠站在益州人的角度為他們的利益著想，而且積極吸收益州世族加入蜀漢政權，二、三十歲的譙周應該是有所感動的。

另外，諸葛亮的品格，包括他的大公無私、公平執法，一定也感染了譙周。所以，譙周聽到諸葛亮去世的消息，才會馬上去弔喪，比荊州人和東州人動作都快。

融合荊州人與東州人

諸葛亮調整對益州人政策的同時，也在調整東州人和荊州人的關係。劉備很重視東州人，處處照顧他們的利益。蜀漢長時間內一直是雙頭政治，一塊蛋糕分兩份，荊州人吃一份，東州人吃一份。這麼做的好處是大家雨露均沾，都有蛋糕吃；但不好的地方是，荊州和東州兩撥人玩不到一起，甚至還可能吵架，後來李嚴和諸葛亮就一直吵。

劉備是皇帝，有他的帝王術，讓兩撥人勢力均衡，互相牽制，對皇帝來說是有利的，避免形成統一的官僚集團和皇權抗衡，甚至威脅皇帝的統治。但諸葛亮是丞相，不用考慮這麼多，他考慮的不是大權旁落，子孫能不能繼承權力；而是怎麼讓大家減少內耗，團結一致，對抗曹魏。

因此，諸葛亮沒有延續劉備的做法。他依然重視東州人，但主張東州人和荊州人都是漢朝人，應該擰成一股繩，這特別表現在對接班人的培養上。

蜀漢前期和中期有四個人被稱為「四相」、「四英」，分別是諸葛亮，他的兩任接班人蔣琬、費禕，以及負責劉禪宮廷事務的董允。諸葛亮和蔣琬是荊州人，費禕和董允是東州人。蜀漢的最高權力不是在荊州一個派系裡傳承，而是由荊州人和東州人共用。只要能力到位，不管你是什麼人都能獲得諸葛亮的培養和支持。

與此同時，對於整天想著進行分裂的人，諸葛亮堅決不容忍。劉備是對自己人、荊州人、東州人鬆，對益州人嚴。諸葛亮卻反過來，對益州人鬆，對荊州人和東州人嚴。例如東州人來敏曾發牢騷：「新人有何功德，而奪我榮資與之邪？」（《三國志．蜀書．來敏傳》）說新人有什麼功勞？把我們的榮譽、資歷都奪走了。新人說的就是荊州人，相對於東州人，荊州人是新來的。諸葛亮一看，我這邊進行兩派融合，你還想自立山頭，於是諸葛亮把來敏罷官，讓他回家閉門思過。

除了東州人發難，荊州人也有不服氣的，例如廖立，他不到三十歲就當了長沙太守，諸葛亮甚至把他和龐統相提並論，雖然後來的工作中犯了一些過錯，但沒有受到劉備過多的責罰。劉禪繼位後，群臣升遷，廖立卻只是晉升低階將軍，因此非常不滿，就去質問諸葛亮：「就算不讓我當卿，至少也得當五校啊！」就是說，你不讓我當部長，也得讓我當五校尉級別的。諸葛亮回答：「你廖立就是這個水準，要當部長，李嚴還沒當上呢，你就先任五校尉吧。」（見《三國志・蜀書・廖立傳》裴注引《諸葛亮集》）做為託孤大臣的李嚴，這時剛封侯假節。不久，諸葛亮提升廖立當五校尉之一的長水校尉，同時把李嚴提拔成光祿勳。廖立是荊州元老，卻比東州的李嚴地位還低，更加接受不了。

後來廖立和同事吐槽，從劉備、關羽，到諸葛亮重用的人，都罵了一輪。特別是公然稱國家「不任賢達而任俗吏」。所謂賢達，就是文化世家大族；俗吏即文法吏，主要是處理公文、法律和各種行政事務的一群人。當時的文法吏，最有地位的就是李嚴，廖立分明是指桑罵槐。

李嚴是東州的首要人物。廖立這麼罵，很容易被人理解成荊州人對東州人開戰。諸葛亮當即上表，廢黜廖立，流放到少數民族比較多的汶山郡，讓他種地去了。

聽說諸葛亮去世的消息後，廖立卻哭了，他說：「我這輩子只能在這裡和少數民族為伍了。」（「吾終為左衽矣！」見《三國志・蜀書・廖立傳》）他哭的是諸葛亮，也是哭自己。他覺得自己是諸葛亮定的案子，不會有人來翻案。但即便如此，廖立被廢黜後，從沒有怪過諸葛亮。

正方不正，孔明真明

來敏也好，廖立也罷，他們對諸葛亮的「統戰」政策影響有限。對荊州人與東州人的融合工作阻礙最大的是託孤重臣李嚴，他利用一切機會，例如南中叛亂，招安孟達等來擴張權力，企圖和諸葛亮分庭抗禮。李嚴後來改名叫李平，為了大家閱讀方便，還是統一用李嚴這個名字。

蜀漢第三次北伐結束後，曹魏大將曹真曾率數路大軍伐蜀。諸葛亮為了加強守備，再次調李嚴來漢中。但李嚴趁機開條件，說曹魏的司馬懿已經開府了。言外之意，我是顧命大臣，應該和諸葛亮一樣開府。和當初要巴州刺史一樣，還是想和諸葛亮各玩各的，搞不好就真弄出一個東州黨。

諸葛亮當然不同意，但做了妥協，讓李嚴當驃騎將軍，排名僅次於自己，這已經大大超出當年劉備對李嚴的定位。諸葛亮還讓李嚴的兒子李豐督江州，表示巴郡還是你們李家的，我不動。當時情況比較緊急，李嚴看諸葛亮妥協，便帶著二萬兵士到漢中支援諸葛亮。

李嚴一到漢中，諸葛亮就讓他繼續當中都護，同時擔任署丞相府事。諸葛亮準備再次北伐時，把坐鎮漢中後方的重任全託付給李嚴。很明顯，諸葛亮雖然不讓李嚴開府，但對他放權了，諸葛亮在前邊打仗，李嚴坐鎮後方，這個地位相當高，當時諸葛亮身邊的人都埋怨他對李嚴太好。聯想到諸葛亮一心想融合荊州人和東州人，可以想見，諸葛亮是想透過這個調整，讓李嚴徹底融入自己主導的北伐事業，也讓荊州人和東州人兩大利益集團徹底完成融合。

諸葛亮第四次北伐，把魏軍打得不敢出門時，因為天降大雨，糧草供應出問題。李嚴派人去前線招呼諸葛亮撤軍，估計是向他報告糧草不濟，諸葛亮只好撤軍。可是諸葛亮回到漢中後，李嚴反而表現得很驚訝，說：「現在糧草很充足，你怎麼回來了？」言外之意，我的糧草工作很到位，是你自己跑回來的。之後，李嚴又找人去和劉禪上表，說諸葛亮回來是誘敵深入。李嚴兩頭搞三套說辭，而且這些話都是白紙黑字寫的，諸葛亮最後拿著證據找李嚴對質，李嚴一看鐵證如山，無法狡辯，只好認罪。

李嚴的做法看起來蠢得要命，一點也不像精明人做的。鑑於這個事件的始末都是諸葛亮的一面之詞，沒有李嚴的表述，很多年來，人們一直在揣測這件事背後是不是有什麼祕密。

有人認為這是諸葛亮挖了一個坑讓李嚴跳，例如糧草肯定會出問題，橫豎可以因為這個理由來收拾李嚴。但這麼說，就和劉備借刀殺關羽一樣，諸葛亮不會拿北伐這樣的大事開玩笑。

也有人說，李嚴眼看著東州人快要被荊州人融合掉，再不反撲，連自己都要被諸葛亮收編了。因此孤注一擲，試探劉禪的態度，看看他會不會支持自己搞掉諸葛亮，所以李嚴明知道會留下一堆不利證據，還要嘗試一把。但很不巧，劉禪出於各種主、客觀原因，沒有選李嚴的隊。

總之，不管這件事背後有沒有隱情，李嚴搬弄是非是跑不了的。諸葛亮上表廢黜李嚴，說：「謂平情在於榮利而已，不意平心顛倒乃爾。」意思是，我只是以為李嚴私心重，想要權、要利而已，沒想到他居然存心反覆到這個程度。

於是，李嚴和廖立一樣被廢黜了，流放到梓潼縣，但李嚴家裡的財產、奴婢、賓客一概沒動。李嚴被軟禁，但家業沒有敗落。而且兒子李豐以從事中郎和參軍的官職繼續留在丞相府任職。諸葛亮還說：「如果李嚴悔過了，失去的東西是可以再得到的。」（「若都護思負一意，君與公琰推心從事者，否可復通，逝可復還也。」見《三國志·蜀書·李嚴傳》裴注引諸葛亮給李豐的書信）言外之意，只要李嚴態度好，還可以讓他回來繼續做官。

李嚴被廢後，什麼怨言都沒有，反而一直等著諸葛亮把自己招回去。李嚴倒臺後，荊州人和東州人融合的最後障礙基本被拔掉了。除了來敏這種老傢伙還整天罵罵咧咧，其他擔任要職的，彼此之間已經很少有集團性利益衝突。尤其是李嚴這一支，從南陽來的東州人，到了蜀漢後期更成為國家的中流砥柱。

可惜，諸葛亮沒有時間去恢復李嚴的職位，三年後，他病逝於五丈原。李嚴聞訊，料想諸葛亮的接班人沒有魄力重新啟用自己，於是急火攻心，也在當年去世了。

魏、蜀、吳三國都有託孤大臣內鬥的事情發生。曹魏的最著名，司馬懿把曹爽連同黨羽一併夷三族；東吳沒好到哪，諸葛亮的侄子、諸葛瑾的兒子諸葛恪被另一位託孤大臣孫峻夷三族。這些做法直接敗壞政治風氣，後來曹魏、東吳和司馬家建立的西晉，政壇上一直腥風血雨。

只有蜀漢，李嚴一家安全落地，李豐還做到太守。前文提過，諸葛亮發狠，勸劉備除掉劉封。只要諸葛亮想，李嚴一家比曹爽和諸葛恪好不了多少，但諸葛亮沒這麼做，而且因此留下一個相對寬鬆包容的政治環境，蜀漢直到亡國，也沒有發生什麼政治殺戮。

東晉史學家習鑿齒說：「諸葛亮之使廖立垂泣，李平（李嚴）致死，豈徒無怨言而已哉！」（見《三國志．蜀書．李嚴傳》裴注引）習鑿齒還說之所以會這樣，是因為諸葛亮無私。

的確，廖立是荊州人，犯了法，諸葛亮依舊嚴懲；李嚴一開始不斷挑釁，但諸葛亮仍然積極攏絡他加入北伐大業，最後李嚴犯法被廢，諸葛亮也沒有趕盡殺絕，他兒子的政治生涯也沒有受到影響。這是因為諸葛亮一切都是從蜀漢的國家利益出發，真正做到無私。因為無私，所以執法公平。

諸葛亮說過：「吾心如秤，不能為人作輕重。」（〈雜言〉，見《諸葛亮集》，輯自《北堂書鈔》）諸葛亮用人執法，心裡有一桿秤，不會因為人不同，就有不同的輕重標準。這也是為什麼被諸葛亮廢黜的廖立和李嚴，對他沒有半句怨言。

二、諸葛亮的「協調術」

安撫關羽、魏延，敲打張裔，諸葛亮怎樣搞定中國式人際關係？

與關羽相處甚歡

聊中國古代智慧，總會提到天時、地利、人和。天時和地利是客觀的，只有人和是我們能主動把握的。人和，某種意義上講就是人際關係。做為個人，要注意協調與別人的關係，人際關係融洽了，不僅自己覺得舒服，辦事也會順利很多。從組織的角度講，把組織內部的人際關係協調好，才能減少內耗，團結一致去達成組織目標。

諸葛亮有言：「夫用兵之道，在於人和，人和，則不勸而自戰矣。」（《將苑‧和人》，見《諸葛亮集》）他說用兵最重要的就是上下團結一心，有良好的人際關係。人際關係融洽，不用去勸勉，將士也能自覺奮勇作戰。這是諸葛亮針對軍隊組織說的，對一般組織也一樣。

諸葛亮非常在意人際關係的協調，也有一些經驗和教訓。先舉他和關羽相處的例子，關羽這人比較驕傲，對士兵很好，但對有文化、有地位的人統統看不起。例如荊州人潘濬，曾經擔任荊州治中，前任是龐統，足見劉備對他的重視程度。可是潘濬和關羽相處得非常不愉快。後來關羽失荊州，潘濬投靠孫權，荊州仍有人想歸附劉備，都被潘濬鎮壓了，可見他對關羽的恨意有多深。

再舉兩個人，一個叫麋芳，一個叫士仁（一說叫傅士仁）。麋芳是劉備的第二位投資人麋竺的弟弟，劉備曾經娶過麋夫人，麋芳也算半個國舅。士仁是幽州廣陽（今北京）人，此地離劉備老家涿縣不遠，他可能很早就追隨劉備。當時做為劉備親信，麋芳鎮守關羽的大本營江陵，士仁駐守劉備以前的大本營公安，都是戰略要地。

但關羽就是看不上這兩人，他北伐襄陽、樊城，麋芳和士仁負責糧草供應。由於關羽水淹七軍，俘虜很多曹操士兵，糧草就供應不上了。關羽便惡狠狠地對二人說：「等老子回來，再收拾你倆。」關羽大軍在前面，後方最重要的兩個戰略要地都在麋芳和士仁手裡。平時對這兩人就不怎麼樣，這時還刺激他們，兩人心裡能不害怕嗎？恰逢東吳來偷襲，他們竟然不戰而降，直接導致關羽丟掉荊州。

潘濬、麋芳、士仁與關羽處得非常不愉快，而且這種個人的不愉快直接被帶到工作中，最後造成關羽一敗塗地。這麼一個誰都害怕的關羽，諸葛亮居然能夠和他相安無事。劉備打下成都後，關羽聽說馬超投降，臭脾氣上來了。他寫信給諸葛亮，問馬超等級怎麼樣，能和誰比？恨不得和馬超比劃比劃。

請注意，關羽問馬超的事是問諸葛亮。劉備現在是主公，他不方便問，還能理解；可是當時張飛也已入蜀，雖然歷史上張飛和關羽沒有結拜，但史書上明文記載，張飛對關羽像對待親哥哥一樣。關羽不去問張飛，而是問諸葛亮，說明在荊州這段時間，他和諸葛亮相處得還可以。

諸葛亮趕緊回信給關羽，說：「孟起兼資文武，雄烈過人，一世之傑，黥、彭之徒，當與益德並驅爭先，猶未及髯之絕倫逸群也。」（《三國志．蜀書．關羽傳》）意思是馬超和張飛相同等級，無法和你比。特別是諸葛亮用「髯」字代稱關羽。關羽留著大鬍子，後世都稱他「美髯公」。諸葛亮不僅誇關羽比張飛、馬超強，還誇他帥氣。關羽收到信後，高興得像個孩子似的，拿著信到處給人看。

從這裡能看出兩點，一是關羽和諸葛亮關係不錯，而且很重視諸葛亮的看法。諸葛亮誇他幾句，他樂得到處和人炫耀。說明當年諸葛亮在荊州時，很注意維護和關羽的關係。二是諸葛亮維護關係的辦法，就是誇人。

後來劉備打漢中，黃忠砍了曹魏大將夏侯淵，立下大功，劉備想封黃忠為後將軍，和關羽、馬超、張飛相同等級。諸葛亮非常敏銳，趕緊提醒劉備，關羽肯定不服氣。劉備說：沒事，我來想辦法，便派費詩去安撫關羽。

諸葛亮一直很重視人際關係的協調，不光注意協調和關羽的私人關係，還時刻注意協調關羽與別人的關係。這是組織長官的意識，隨時考慮如何協調組織成員，保證「人和」。

諸葛亮協調人際關係的辦法就是誇人，順著人說。這個辦法用在為人處世上，非常有用。人與人相處，沒那麼堅定的關係，多誇別人，讓對方高興，你也有好人緣。嘴上勤快的人，人際關係一般不會太差。

但如果從組織的角度來看，諸葛亮這套方法就得商量了。你要協調組織內部成員的矛盾，順著他說沒問題。但不能每次都順著他，總得找機會反擊。就像諸葛亮對法正一樣，阻止不了他胡來，好歹立法時反抗一下。要不然就像慣孩子一樣，總這麼驕縱，孩子永遠不會懂事，始終覺得自己天下第一，看誰都不順眼。後來關羽得罪潘濬、麋芳、士仁，導致荊州失守，從人際協調的角度看，諸葛亮是有責任的。

在魏延與楊儀之間瞎攪和

當然，關羽地位高，諸葛亮不敢把和關羽的關係搞得太僵，還要盡力幫關羽協調和別人的關係，後來諸葛亮對魏延，仍然如出一轍。

魏延是縮小版的關羽，一樣能打，一樣傲氣，一樣對普通士兵好，也一樣和文人、地方領袖處不好。諸葛亮為什麼不敢完全放開使用魏延？當年劉備放任關羽，出了那麼大簍子；魏延和關羽簡直是一個模子刻出來，諸葛亮哪敢徹底放手？

雖然不徹底放手，諸葛亮對魏延還是比較偏袒。例如有個叫劉琰的人，擔任車騎將軍，名義上排名僅次於諸葛亮，雖然沒什麼大權力，但地位極高。諸葛亮準備第五次北伐時，讓劉琰來漢中幫忙，沒想到劉琰和魏延鬧翻了。諸葛亮二話不說，臭罵劉琰一頓，打發回成都。

魏延這副脾氣，又有人撐腰，一般沒人敢惹，都躲得遠遠的。諸葛亮呢？也像對關羽一樣，保護有加，這就出問題了。當時有個刺頭叫楊儀，特別有才能，籌集糧草這麼瑣碎、麻煩的事，楊儀輕輕鬆鬆搞定。不過，他是個小心眼，和魏延不對盤。魏延哪裡受過這個氣，沒事就拿把刀在楊儀面前比劃，嚇得楊儀涕泗橫流，丟人現眼。楊儀能不恨魏延嗎？兩人水火不容，鬧得連孫權都知道了。

魏延是首席大將，沒人能頂替得了；楊儀籌劃糧草的工作沒人能接，諸葛亮誰都離不開。最後沒辦法，就把費禕找來。費禕是諸葛亮的第二任接班人，情商極高，他在魏延和楊儀之間瞎攪和，連勸帶哄，總算是在諸葛亮活著的時候，讓這兩人相安共事。可是諸葛亮一死，兩人立刻火拚，兩敗俱傷。（參見《三國志．蜀書．魏延傳》及〈楊儀傳〉）

平心而論，諸葛亮在協調魏延和楊儀這件事上，不是太成功。更多是依靠自己的威望，找個人來瞎攪和，各自說點好話，勉強讓兩人共事。然而一旦他去世，就沒人壓得住魏延和楊儀了。諸葛亮的做法，不過是把兩人的危機暫時延後。

與關羽和魏延的關係上，諸葛亮的協調都是一種「短期協調」。短期來看非常有效，其實留下很多隱患。如果僅是個人使用，一般沒什麼問題；但放到組織環境中，這種只順毛不反擊的方法就很有問題。

寫信反擊張裔

不過諸葛亮不是一直這樣，再舉一個張裔的例子。他是益州大族，和楊洪是死黨。南中叛亂時，益州郡的雍闓曾抓過一個太守送到東吳去，這個太守就是張裔。當時楊洪是蜀郡太守，張裔的兒子是郡裡的辦事員，犯了一點小錯，楊洪懲罰他，沒有徇私。等張裔從東吳回到蜀漢，聽說這件事後，覺得楊洪太不講情面，這不是落井下石嘛！兩人關係就產生了嫌隙。

諸葛亮要北伐，打算讓張裔當留府長史。諸葛亮去漢中後，成都得有個負責處理政務的祕書長，諸葛亮看上張裔。他知道楊洪對張裔瞭如指掌，就問楊洪有什麼看法。楊洪說：「張裔能力可以，性格不行，不適合獨當一面。」

楊洪從諸葛亮這裡出來，正好碰到張裔。楊洪這人比較光明磊落，就把自己對諸葛亮說的話都和張裔說了。張裔聽了非常生氣，氣憤地對楊洪說：「丞相留我的意思非常明瞭，不是府君你能攔得住的！」當然，出於團結益州派的需要，諸葛亮還是讓張裔當了留府長史，但張裔和楊洪徹底鬧翻。

後來張裔又和負責管理食鹽專賣的岑述不和，鬧得不可開交。諸葛亮趕緊寫一封信給張裔，說：「當年我和張飛率軍入蜀，你被張飛打敗，我一直擔心你的安危，都吃不下飯；後來你被雍闓流放到東吳，我一直很難過，都睡不著覺；好不容易你從東吳回來，我讓你擔當重任。自以為我倆的交情稱得上是古代那種感情深厚的『石交』（像石頭一樣堅硬的交情）。交情到了這個程度，我為了朋友好，甚至可以舉薦仇人來幫忙朋友，捨棄至親來向朋友表明心跡。如今我不過是用了岑述，你就受不了了嗎？」

諸葛亮這封信還是很下功夫，張裔比諸葛亮大十五歲，是諸葛亮的長輩；又是益州人在蜀漢政府的一面旗幟，有政治意義。諸葛亮不管是出於尊敬，還是政治需要，都不可能一上來就劈頭蓋臉罵張裔一頓。諸葛亮打的是感情牌：我一直很關心你，我倆交情深。緊接著話鋒一轉，用了個反問句，言外之意，於私我對你這麼好，於公我要任人唯賢，你還鬧脾氣，是不是太對不起我和朝廷了？（參見《三國志・蜀書・張裔傳》及〈楊洪傳〉）

諸葛亮不直接指責張裔，不大罵張裔，而是和他套交情，講道理，讓張裔自我反省。他用這種方法來反擊張裔，進而協調人際關係。總之，諸葛亮非常重視人際關係，也有協調人際關係的辦法。對關羽、魏延這樣比較驕傲的武將，採取的是安撫、誇獎，順著他們，短期內取得很好的效果，為自己創造良好的人際環境，也讓組織內其他人和他們大體上可以相安無事；但從長期來看，無法糾正他們的錯誤，反而使他們在組織裡愈來愈孤立，造成很惡劣的後果。

對張裔這樣的文人，諸葛亮採取的是打感情牌、旁敲側擊的辦法。不直接指責，但讓你自己反省，自己收斂，這個方法比較有效。應該說，諸葛亮在人際關係協調上有獨到的一面，也有不足的地方。

三、諸葛亮的「管理學」

沒有加班費，士兵搶著加班，諸葛亮有什麼管理技巧？

注重誠信和感情投資

對於加班，大多數員工肯定都不願意，可是不加班，不光是任務無法完成，連長官都覺得你偷懶，不給你好臉色看。

其實，長官也很頭疼。我留得住員工的人，卻留不住員工的心。員工在這裡忙忙碌碌，效率就是上不去，班是加了，卻沒有成效，給加班費、給補休都不行，最後好多員工被加班嚇跑了。可是不加班，績效做不完，效益又出不來。

這個問題諸葛亮也遇過，蜀漢軍隊當中有一種叫「十二更下」的輪更制度，就是十分之二的軍隊輪流休息。例如軍隊有十萬人，其中八萬人站崗，另外二萬人休息，相當於放假。等這二萬人休息好了，再回來站崗，換另外二萬人休假。以此類推，十萬人裡，總有二萬人在休息，其他八萬人在崗位上，和現在說的輪班是同意思。

諸葛亮第四次北伐時，碰上一件棘手的事：八萬大軍和司馬懿對壘，其中有二萬人要休假，休完假的二萬人也回來了。諸葛亮身邊的人建議：魏軍太強大，要打很費力，不如讓應該休假的這二萬人加班，下個月再回去，這樣就有十萬大軍了，最起碼的先在聲勢上壓一壓對方。

火燒眉毛時，這倒是個辦法。不過這批人多加一個月的班，其他人也得跟著多加一個月，不然下個月一下走了四萬人，軍隊就變成六萬人了。沒想到諸葛亮卻說：「吾統武行師，以大信為本；得原失信，古人所惜；去者束裝以待期，妻子鶴望而計日，雖臨征難，義所不廢。」我聽說統軍作戰以誠信為本，現在要休假的這些士兵都已經收拾行裝，準備回家。他們家裡的老婆、孩子也數著天數等他們回去。雖然現在戰事緊急，我不能失信於他們。隨後，諸葛亮就下令讓這二萬人趕緊回家休假。

沒想到的是，準備休假的士兵聽說諸葛亮拒絕讓他們加班，感動不已，紛紛表示這麼要緊的時刻，我們不能走，我們自願加班！不僅加班，而且更加賣力。平時工作八小時，現在休假期間自願加班，天天做十二小時。

這些人都說：「諸葛公之恩，死猶不報也。」等打起仗來，各個以一當十，大敗魏軍。（以上見《三國志．蜀書．諸葛亮傳》裴注引《郭沖五事》）

諸葛亮做為長官，面臨困難，遵守約定；二萬士兵做為員工，有血有肉，關鍵時刻挺身而出。諸葛亮不強制加班，不給加班費，只靠誠信，員工居然還搶著加班。

諸葛亮這個做法說明兩個問題，第一，一個組織裡，「誠信」非常重要。有誠信，才能有權威，別人才服你。第二，組織的管理不僅要有制度，還得有人情味。當然，如果制度和人情味能夠完美結合就更好了。

當代管理學中有個人際關係學派，透過著名的霍桑實驗，提出在組織管理中，人際關係、感情投入都非常重要，員工和組織都需要人情味。

當然，感情投資也有限度。例如，讓你去打仗，你半路開小差，我還說沒事，可以理解，那這個組織就沒有約束力，離解散不遠了。講誠信，講人情味，但不是做爛好人。

不與下屬爭功

除了注重誠信和感情投資，諸葛亮的管理還有一個特點，就是不與下屬爭功。

建興八年，諸葛亮指揮防守反擊戰，魏延和吳壹在南安郡大破魏軍。一出祁山，諸葛亮做為組織者，自貶三級；這次做為防守反擊戰組織者，應該有賞賜。

然而諸葛亮絲毫沒提封賞自己的事，而是對立大功的魏延、吳壹大為推崇。魏延之前是鎮北將軍、都亭侯。鎮北將軍在蜀漢是個雜號將軍，地位中等；都亭侯是爵位，亭侯級別。西征後，魏延升任前軍師、征西大將軍，假節，封南鄭侯。前軍師，是蜀漢軍隊序列的一種官職，前軍師就升到頭了；征西大將軍，屬於雜號大將軍，地位非常高。而且蜀漢雜號大將軍的設置，就是從魏延開始的。假節是一種很高的榮譽和權位。南鄭侯，是縣侯，比之前的亭侯高了兩級；而且諸葛亮才是個鄉侯，魏延的爵位比諸葛亮還要高一級。

諸葛亮對於有才幹、有功勞的下屬，絕對不遺餘力地提拔。好多人都說諸葛亮不喜歡魏延，喜不喜歡難說，但諸葛亮替魏延請功時，完全看不出他討厭魏延。這就是不與下屬爭功，哪怕你功勞比我大，哪怕讓你的爵位比我高，只要你有能力，都沒問題！

不與下屬爭功，下屬出頭的機會自然就多，這也是人才培養的一種原則。

破格提拔人才

俗話說「蜀中無大將，廖化作先鋒」，諷刺蜀漢人才匱乏，後繼無人，說諸葛亮能力很強，可是什麼事都自己做，不給新人機會，不培養人才。這個就冤枉了，諸葛亮非常重視人才，他說過「治國之道，務在舉賢」（《便宜十六策．舉措》，見《諸葛亮集》）。治理國家的關鍵，就在於選拔和培養人才。

例如楊洪，從郡功曹被破格提拔為蜀郡太守，又平調益州治中，這個升遷都不算快，還有比楊洪更快的。楊洪底下有個叫何祗的人，他是蜀郡人，如假包換的草根，整天嘻嘻哈哈，又饞又色，別人都瞧不起他。後來何祗到郡裡做官，一開始當門下書佐（抄寫文書的小吏），然後升任督軍從事，負責審案子。據說這傢伙辦事一點都不用心，引起諸葛亮關注，打算親自去調查，何祗要真這麼不像話，肯定當場就得罷官。

何祗不知道從哪裡打聽到諸葛亮要來查他的消息，趕緊通宵達旦把手裡案子的卷宗全部背下來。第二天一早諸葛亮來檢查，何祗對答如流，把這些案子說得清清楚楚。當然，何祗這點小聰明肯定瞞不過諸葛亮。可是他能在一夜之間把所有的案子都弄清楚，全背下來，也不是一般人能做得到的。諸葛亮一看，這小子有點意思。這廟小，你怠工；我給你機會，看看怎麼樣。

於是諸葛亮決定試試何祗，破格讓他在成都縣當縣令。成都縣在天子腳下，不好管。何祗不但管得不錯，後來因為政績好，又兼任郫縣縣令。

再後來，汶山地區少數民族有騷動，何祗又就任汶川太守，當地少數民族對他特別信服。此後，何祗升任廣漢太守，汶山的少數民族又鬧了起來，說：「要是朝廷把何府君調回來，我們就老老實實的。」可是這時何祗已經升官，不方便再讓他回汶山。於是諸葛亮就找了何祗的族人去管理汶山。汶山的少數民族一看是何祗家的人，二話不說，全解散，不鬧了。

何祗最後一直做到犍為太守（李嚴之前當過的官），並在任上病逝，只有四十八歲，很可惜。（見《三國志．蜀書．楊洪傳》裴注引《益部耆舊雜傳記》）

《三國志》有句話說：「始洪為李嚴功曹，嚴未去犍為，而洪已為蜀郡。洪迎門下書佐何祇，有才策功幹，舉郡吏，數年為廣漢太守，時洪亦尚在蜀郡。是以西土咸服諸葛亮能盡時人之器用也。」（《三國志．蜀書．楊洪傳》）

意思是說，楊洪是犍為太守李嚴的功曹，李嚴還沒離任，楊洪已經升任蜀郡太守。楊洪在蜀郡選用的門下書佐何祗，數年之間就當上廣漢太守，此時楊洪也沒離任。整個巴蜀地區都佩服諸葛亮能夠充分提拔人才，讓他們的能力展現出來，這個評價可以說非常高。

除此之外，還有很多例子。例如蔣琬當縣長時，劉備去檢查工作，發現他不理政務，一氣之下差點把他砍了。諸葛亮趕緊攔住，說區區一個縣長展現不出蔣琬的才幹。蔣琬治理地方，以安民為本，不瞎忙，不做表面功夫，您再觀察一下吧。

此後，蔣琬被諸葛亮一步步培養成接班人。諸葛亮死後，蔣琬「安民為本」的能耐就全面表現出來了。諸葛亮連年北伐，客觀地說，消耗不少人力、物力，蔣琬實行休養生息政策，讓蜀漢的社會經濟慢慢有所恢復。

還有馬忠、張嶷，常年鎮守南中。特別是張嶷，懷柔少數民族，調解關係，他有一手；帶兵打仗，鎮壓叛亂，他也沒問題。後來張嶷跟著姜維北伐，戰死沙場，南中人聽說後號啕大哭，爭著替張嶷立廟，一年四季都拜祭他。做官能做到這個程度，蜀漢除了諸葛亮，就只有張嶷了。

對於軍事人才方面，諸葛亮一直有意培養。例如從馬謖軍中提拔的王平，本來是個文盲，但諸葛亮沒有歧視他。諸葛亮死後，王平一直做到漢中地區的總負責人，相當於魏延接班人。從姜維投奔蜀漢開始，諸葛亮就重點栽培他，不僅給他一支五千人的部隊歷練，還直接把他推薦給皇帝劉禪。

諸葛亮從來沒有忽略人才戰略，也培養不少人才。但平心而論，和曹魏、東吳比起來，蜀漢的人才確實少。原因主要有兩個：

一個是客觀原因，由蜀漢國情決定。蜀漢主要依靠荊州人和東州人來統治，這些人都是從外地來的，時間一長就後繼無人。土生土長的益州人，本來可以源源不斷地提供人才，但要嘛不和蜀漢合作，天天盼著弄一個世家大族把控的九品官人法；要嘛蜀漢用起來有所防範，限制人才的培養。東吳人才多是因為實現本土化，啟用江東本地人。

另一個是主觀原因，就是諸葛亮的問題了。他有兩個非常大的狀況：一是喜歡用特別穩重的人，這樣的人能夠讓組織四平八穩，少出亂子。這和諸葛亮自身謹慎的性格有關，也和此前關羽、劉備的接連失敗有關。可是太穩重的人也有個毛病，就是做事謹慎，缺乏開創性，組織容易死氣沉沉，沒活力。當然，這不是絕對，諸葛亮生前非常看重的姜維，後來是出了名的膽子大。

事必躬親

諸葛亮還有一個大毛病，就是事必躬親。把什麼事都做了，別人沒機會得到鍛鍊，人才的發展自然受到限制。

其實有限度的事必躬親，不是一點都不好。例如諸葛亮發現斧子的品質有問題，就是親自調查的結果。但人的精力有限，什麼事都自己做，什麼事都要管，而且愈管愈細，先不說能不能照顧到全部，能不能管好，就是自己的身體也承受不了。

對於這個毛病，諸葛亮底下的人提過意見給他，他也虛心接受，就是改不了。最後一次北伐，軍中有人違反軍紀，要打二十軍棍，就這麼點小事，諸葛亮都要親自去管，每天忙得連飯都不怎麼吃。難怪司馬懿聽說後感慨：「諸葛亮快死了。」

諸葛亮就是活活把自己累死的。

第七章

無雙國士

一、諸葛亮的巨額財產去哪裡了？

三筆固定收入的價值

諸葛亮的巨額財產去哪裡了？你可能會說，我了解的諸葛亮是個清廉奉公的人，去世以後沒什麼財產呀。諸葛亮上過一道奏表給劉禪，公開自己的家產，他說：「成都有桑八百株，薄田十五頃，子弟衣食，自有餘饒。至於臣在外任，無別調度，隨身衣食，悉仰於官，不別治生，以長尺寸。若臣死之日，不使內有餘帛，外有贏財，以負陛下。」（《三國志．蜀書．諸葛亮傳》）

就是說，諸葛亮家裡有八百棵桑樹，十五頃田地，其他的就是一般生活必需品。漢代的十五頃地，約相當於今天的七百畝。這麼一聽，好像也不少。

不過諸葛亮是一國宰相，權力比皇帝大，這點財產確實太過寒酸。例如統一三國的西晉，曾根據官品對官員的占田數量做出規定，十五頃是八品官的法定占田數。（《晉書．食貨志》）西晉的八品官是什麼職位呢？差不多是小縣縣長。大縣縣令的法定占田數都要高於十五頃，而且實際占有的土地數量可能遠高於法定數量。也就是說，蜀漢權力最大的人的家產和西晉一個小縣縣長一樣。

諸葛亮死後，人們發現他家裡真的就這點東西，別的什麼都沒有。他真的是個非常廉潔的官員。

既然諸葛亮很清廉，為什麼又說他有巨額財產呢？別急，我們來算一算諸葛亮到底有多少財產。

先來算算收入，史書中沒有蜀漢官員收入的記載，我們比照東漢的情況來計算。為了方便，只計算諸葛亮當丞相以後的收入。諸葛亮的日常收入主要由五部分組成。

第一部分叫俸祿，每個月都發，類似月薪。諸葛亮每個月的工資一部分發糧食，一部分發貨幣。糧食是一百七十五斛粟（小米），貨幣是一．七五萬錢。東漢官方的糧食價格是一斛小米價值一百錢，按此折算，諸葛亮每個月的工資是三．五萬錢，一年就是四十二萬錢（暫以東漢五銖錢來核算）。（《續漢志．百官志五》）

諸葛亮收入的第二部分叫制度化賞賜，一般有兩種：一種是立了功，皇帝高興臨時發的福利；還有一種是每年固定賞賜，就是制度化賞賜。東漢有春賜和臘賜制度，春賜就是年初立春時發福利，相當於節慶獎金；臘賜就是年底臘月時發福利，相當於年終獎金。

諸葛亮的春賜福利應該有六十四帛，就是絲織品。（《通典》卷三五〈職官祿秩〉）臘賜福利有二十萬錢，二百斤牛肉，二百斛粳米。（《後漢書．何敞傳》李賢注引《漢官儀》）

帛若按五百錢／匹計，六十匹就是三萬錢；二百斛米，折合成粟約為三百三十三．三三斛，就是三．三三萬錢。二百斤牛肉忽略不計，再加上二十萬錢，兩筆福利一起折算，大概是二十六．三三萬錢。

除此之外，諸葛亮收入的第三部分是食邑收入。按照漢代制度，如果被封爵位會享有一定戶數的賦稅。諸葛亮封的是鄉侯，而贊同諸葛亮是鄉侯者一般認為在蜀漢有武鄉這個地方，就是諸葛亮的封爵有實際收入。參考漢、魏之際，鄉侯的食邑以六、七百戶居多，按照一戶二百錢算，一年也有十三萬錢。

綜上，俸祿（四十二萬錢）、制度化賞賜（二十六・三三萬錢）和食邑收入（十三萬錢）是每年的固定收入，最高的時候，一年有八十一・三三萬錢。

諸葛亮從章武元年四月擔任丞相，到建興十二年八月去世，一共當了十三年又四個月的丞相，工資（俸祿）總額大概是五百六十萬錢。其間經歷十三次制度化賞賜，總額大概是三百四十二萬錢。諸葛亮從建興元年五月封侯，到十二年去世，共十一年，食邑收入是一百四十三萬錢。

這三部分加起來，一共是一千零四十五萬錢，這是固定收入。

這期間有一年，諸葛亮曾自貶右將軍，俸祿和制度化賞賜這兩部分收入會受到影響。但考慮到這種差額影響不大，而且諸葛亮當丞相前的收入亦未計入，因此可將這一年的收入變動忽略不計。

臨時賞賜的價值

除此之外，諸葛亮還有兩種非固定收入。

一種是臨時賞賜，就是劉備、劉禪臨時給他的。目前能夠看到的有兩次，不是說就賞了兩次，而是有記載的是這兩次。

一次是《三國志・蜀書・張飛傳》說的，劉備平定益州後，對諸葛亮、法正、張飛、關羽有大規模賞賜，每個人賞了黃金五百斤，白銀一千斤，錢五千萬，錦一千匹。

先來算一筆明確一點的帳，漢代一斤相當於今天二百二十二克。五百斤黃金，就是今天一百一十一公斤。假設一克黃金是三百五十元左右，一百一十一公斤黃金價值約一億七千萬元新臺幣。當然，這只是穿越的演算法，無法說明諸葛亮當時的情況。

回到漢末、三國時代，當時金銀的比價大概是一：五，也就是說，一千斤白銀大概相當於二百斤黃金。五百斤黃金和一千斤白銀加一起，折算下來是七百斤黃金。一斤黃金，東漢前期價值六千到一萬錢。取個保守的估值六千錢，七百斤黃金至少得有四百二十萬錢。＊

錦，按均價一匹五百錢算，一千匹就是五十萬錢。劉備這一次賞賜，共計五千四百七十萬錢。

還有一次臨時賞賜是劉禪賜給諸葛亮的。有本書叫《北堂書鈔》，是類似《太平御覽》的類書，引用一封諸葛亮寫給李嚴的信，提到諸葛亮受賜八千斛糧食。

現在通行本的《諸葛亮集》提到這個數字，一般是寫成「八十萬斛」，但《北堂書鈔》的流傳版本很多，一些版本裡沒有「萬」字，還有把「十」寫成「千」的，「千」和「千」又很容易混淆。因此，所謂「八十萬斛」，很有可能是「八千斛」的誤寫。八千斛如果是粟（小米），折算下來又是八

＊早年學界曾懷疑漢代的黃金是黃銅，其實漢人對「金」、「銅」分得很清楚，不可能將二者混淆。尤其是海昏侯墓出土的大量黃金，也為漢代曾大量賞賜真金提供一定的考古支援。一種折中的猜測是，漢代賜金給的是黃金等價物。就劉備這次賞賜而言，如果五百斤黃金真的指五百斤黃銅，折算下來合今天十一萬一千克黃銅。當時一枚銅錢若以蜀五銖二．五克計，五百斤黃銅最多能產出五萬錢（考慮到加入其他金屬會增重，但鑄錢也會產生材料損耗和各種成本）。這次賞賜中還包括五千萬錢，那麼五萬錢之於五千萬錢實無足輕重，甚至與同時賞賜的白銀、錦相比都可有可無。故而這五百斤只能是黃金或黃金等價物（例如等價的五銖錢），而不可能是黃銅。

十萬錢。這兩筆臨時賞賜加在一起，就有五千五百五十萬錢。

不動產的價值

除了臨時賞賜，最後一種收入就是諸葛亮的十五頃田和八百棵桑樹，它們也有產出。但這個不太好算，暫時先不考慮。不過十五頃田合一千五百漢畝，東漢中期成都附近的田地價格，按照中等水平的田地算，是每畝一千六百三十一．五七錢，一千五百畝也得有二百四十五萬錢。

把前面算過的都加起來，固定收入是一千零四十五萬錢，史書記載的兩次臨時賞賜是五千五百五十萬錢，固定資產估值二百四十五萬錢，三筆合在一起是六千八百四十萬錢，這是諸葛亮收入的下限，實際要比這個多。

諸葛亮財產總額的估算

以上折算的錢數是根據東漢的五銖錢推算。還需要討論蜀漢的貨幣問題，蜀漢一直發行直百五銖錢和太平百錢，規定一枚新錢等於以前一百枚舊錢。東漢末年的五銖錢，一般一枚重二．五克，而蜀漢前期的直百五銖重量是十克，諸葛亮去世時的直百五銖和太平百錢在二克左右。

由於通貨膨脹，蜀漢的貨幣一直在貶值，購買力愈來愈差。另一方面，三國時代存在工資縮水的情況，例如魏明帝曹叡時期，官員的俸祿只有過去的五分之一。（見《三國志．魏書．高堂隆傳》）

諸葛亮的收入，尤其是貨幣財富，首先會因為通膨而縮水；可能也會因為財政吃緊，有降薪的時候。不過考慮到黃金、白銀都是強勢貨幣，蜀中的蜀錦又屬於戰略物資，這兩項收入的價值不會貶值太厲害。用一種不太科學的方法估計，諸葛亮當丞相這些年的收入，按漢末五銖錢的購買力，接近一千萬錢估計還是有的。

漢代官方小米價格，一斛小米是一百錢。一斛又等於一百升，就是一升小米值一錢，一千萬錢就是一千萬升小米。當時的人每天飲食的上限是五升穀物，五升酒，二斤肉；下限是三、四升穀物。一個人一年吃一、二千升米，諸葛亮的財產夠一萬個人吃一年；或者說，夠二百人從出生吃到死，這還是比較保守的估計。

當然這種計算很多都是估值，因為史料有限，我們無法算出諸葛亮的確切收入，但很顯然，如果僅從收入和資產上看，諸葛亮的財產絕對要比他公開得多。

但諸葛亮最後確實沒剩下多少遺產，整天忙著治國、打仗，沒心思花錢，這些錢到底去哪裡了呢？這是一個謎，從歷史記載上找不到答案。

不過裴松之注引的〈雲別傳〉記載過，趙雲北伐失敗回來，還有不少物資，諸葛亮曾經提議把這些物資分給將士。（見《三國志．蜀書．趙雲傳》裴注）考慮到諸葛亮一向的性格和品德，以及蜀漢的財政狀況和北伐的巨額花銷，諸葛亮的巨額財產要嘛沒領，要嘛是捐出去了。

二、一代權臣，身後為何未遭清算？

劉禪不喜歡諸葛亮

中國歷史上，諸葛亮算是首屈一指的權臣，正所謂「政由葛氏，祭則寡人」。（《三國志．蜀書．後主傳》裴注引《魏略》）眾所周知，權臣的結局往往不是自己或後代篡位奪權（如曹操、司馬懿），就是自己或家族身敗名裂（如霍光）。然而諸葛亮既沒有篡位，也沒有敗亡，而是去世以後仍然榮耀備至，沒有遭到皇帝清算。這是為什麼呢？

先搞清楚一件事，劉禪喜歡諸葛亮嗎？不喜歡，答案是肯定的。且不說大臣獨攬大權，成為吉祥物的皇帝願不願意。就說劉禪，他首先是個人，其次才是皇帝。從十八歲繼位到二十八歲時諸葛亮去世，正是劉禪最血氣方剛的年紀。

可是諸葛亮對劉禪管得太嚴了，還派了管得更嚴的董允來負責劉禪的生活。劉禪想把握青春，幹點正事，沒權；想荒廢青春，玩玩鬧鬧，不讓；找個小宦官當朋友，被批評；想多娶幾個媳婦，更沒戲。（見《三國志．蜀書．董允傳》）總而言之，想當好人不行，想當壞人也不行。劉禪內心對諸葛亮能喜歡得起來嗎？

諸葛亮去世後，全國各地的老百姓都自發祭祀，有人說不如直接在成都替諸葛亮立廟吧。劉禪堅決不答應，理由是制度不允許。（《三國志．蜀書．諸葛亮傳》裴注引《襄陽耆舊記》）

權臣的生存密碼

不招劉禪喜歡的權臣諸葛亮死後，不但沒有被清算，反而依然受到劉禪的尊崇。益州人李邈曾上疏說諸葛亮死了，益州人民歡天喜地。他是想試探劉禪要不要清算諸葛亮。沒想到劉禪一氣之下，二話不說就把李邈給砍了。（《華陽國志．先賢士女總贊中》）劉禪一輩子直接下令殺的就這麼一個人。

劉禪還把女兒嫁給諸葛亮的兒子諸葛瞻，更讓諸葛瞻擔任行都護、衛將軍、平尚書事，成為宰相，進入國家決策層。而且蜀漢滅亡前夕，劉禪終於批准在漢中替諸葛亮立廟。搞不清楚的人可能以為劉禪人格分裂。諸葛亮沒有遭到清算，和諸葛亮有關，和劉禪也有關。

諸葛亮對劉禪盡心輔佐，鞠躬盡瘁，死而後已，有目共睹；他一直很節儉，死後家無餘財，不讓劉禪驕奢淫逸，自己首先做到了。不像明代張居正對萬曆皇帝說你得勤儉節約，結果自己坐三十二抬大轎，最後萬曆皇帝大呼上當，不找他的碴都很難。而對於諸葛亮這樣一位盡忠職守的賢臣，只要不是混蛋，誰都能夠體會他的用心良苦，這叫身正不怕影子斜。

不僅如此，諸葛亮對兒子的教導也很可靠，諸葛瞻的品格絕對沒問題。不像西漢權臣霍光，自己沒事，他一死，兒子們想篡位，雖然霍光的榮耀沒有受到波及，可是霍家卻弄了個滿門抄斬。

諸葛亮沒被劉禪清算，他和他的後人行得端正，這是最關鍵因素。

當然，劉禪厚道也是原因之一。劉禪主政時期，基本延續了諸葛亮寬鬆的政治氛圍，一輩子直接下令處死的僅有李邈一人（劉琰死在諸葛亮生前，存疑），還是因為諸葛亮殺的。畢竟，他和諸葛亮也是有感情的。諸葛亮把他的母親追尊為皇后，對他有廢立之權卻根本沒有行使過，我想劉禪自己對諸葛亮也是感恩的。

更何況，從現實政治來看，諸葛亮是荊州人、東州人、益州人共同的領袖，真要清算諸葛亮，那可是傷筋動骨的大事，政治會混亂，思想會混亂，最後整個蜀漢都會長期陷入混亂，搞不好會被曹魏提前多少年滅掉。沒有清算諸葛亮，說明劉禪還沒有利令智昏。

從這點上講，他還是有一些政治智慧的。

三、所有反對諸葛亮的人都說他好

諸葛亮的一大魅力在於他的政敵佩服他，他的死對頭尊敬他，所有反對他的人都說他好。無論是蜀漢內部的廖立、李嚴、譙周，還是觀點對立的張昭，甚至敵對方的司馬懿、司馬炎、鍾會，都從心裡對諸葛亮報以敬佩之情。

前文提到，諸葛亮推行荊州人與東州人的融合政策，荊州人廖立和東州人、託孤大臣李嚴破壞團結，均被諸葛亮廢黜。然而，諸葛亮執法公正公平，廖立和李嚴對他的處置沒有半點怨言。而出身益州世家大族的譙周，因受到諸葛亮人格魅力的感染，早年也沒有對蜀漢採取排斥態度，甚至諸葛亮去世後，急切地跑到漢中弔喪。

被諸葛亮人格感染的可不只是譙周，司馬懿之子司馬昭控制曹魏時，曾經派鍾會伐蜀，鍾會到達漢中地區以後，馬上就去祭祀諸葛亮廟，而且命令將士不得在諸葛亮墓附近放牧、伐木。

後來司馬昭的兒子司馬炎稱帝，取代曹魏，建立晉朝。有一天，司馬炎問以前蜀漢的執政大臣樊建：諸葛亮治國怎麼樣？樊建回答：「聞惡必改，而不矜過，賞罰之信，足感神明。」諸葛亮知道自己的過錯就一定會改正，而不是一味遮掩偏袒過失。獎賞和懲罰的信譽能夠感動神靈。

司馬炎聽後大呼：「善哉！使我得此人以自輔，豈有今日之勞乎！」要是有這樣的人輔佐我，哪會像今天一樣這麼累啊！晉朝的前朝是曹魏，司馬炎的爺爺是諸葛亮一生最大的對手司馬懿，連司馬炎都想要諸葛亮這樣的大臣，可見他的人格魅力有多大。

除此之外，諸葛亮的智慧也讓他獲得反對派的認可。司馬懿雖然嘲笑諸葛亮不知道權變，可是他不敢和諸葛亮正面較量。諸葛亮死後，漢軍撤退，司馬懿觀察諸葛亮的營盤，不禁感嘆：「天下奇才也！」

另外，赤壁之戰以前，孫權的首席文臣張昭一直勸他投降，和諸葛亮的抗曹主張對立。等到赤壁之戰後，主和的張昭卻極力拉攏主戰的諸葛亮入夥，他對諸葛亮的才能極為欣賞。

總之，諸葛亮的人格魅力，包括他的大公無私、公平執法、知錯就改、鞠躬盡瘁，以及他的能力和智慧，都讓反對他的人不但不說他壞話，甚至交口稱讚。這就不僅是一種處世智慧，而是真正的人生境界。

四、澹泊明志，寧靜致遠

〈誡子書〉是諸葛亮的三大名篇之一，教育子弟方面，他有自己的獨特之處。先來介紹諸葛亮的兒子，史書記載，他有兩個兒子，老大叫諸葛喬，老二叫諸葛瞻。不過諸葛喬不是諸葛亮的親兒子，是過繼來的。

諸葛亮三十多歲，一直沒兒子，非常著急。他的大哥諸葛瑾就把二兒子諸葛喬過繼給諸葛亮。諸葛亮北駐漢中時，曾帶著諸葛喬一起到前線。建興六年，一出祁山那年，諸葛喬不幸去世。

諸葛瑾的長子諸葛恪，就是諸葛喬的親大哥，成為孫權的託孤大臣，死於權力鬥爭，整個諸葛瑾家族被滅族。諸葛喬的兒子諸葛攀認祖歸宗，仍然做為諸葛瑾之後，延續香火。

就在諸葛喬去世的前一年，諸葛亮的親兒子諸葛瞻出生了。不過那時的諸葛亮幾乎一直待在漢中，和諸葛瞻很難見到面。而且諸葛亮事必躬親，忙得連飯都吃不上，他去世那年，諸葛瞻才八歲。諸葛亮肯定沒有時間和精力，像正常的父母那樣陪伴在孩子身邊，手把手地把孩子培養成才。

雖然如此，諸葛亮仍然非常重視孩子的教育工作。今天有些父母很忙，沒空管孩子，把教育孩子的工作都交給家裡的長輩，有的甚至委託給老師、保姆。忙是可以理解的，畢竟現在生活壓力這麼大，但這不能當作不管孩子的藉口。再忙，能有諸葛亮忙嗎？

諸葛亮一直很擔心諸葛瞻不能成才，他人生的最後一年裡，曾經寫信給大哥諸葛瑾，信裡提到：「瞻今已八歲，聰慧可愛，嫌其早成，恐不為重器耳。」（《三國志・蜀書・諸葛亮傳》附〈諸葛瞻傳〉）諸葛瞻現在八歲了，聰明可愛，非常討人喜歡。可是這孩子的聰明過早外露，恐怕以後成不了大器。

小孩子聰明伶俐，誇他的人自然就多，更何況有諸葛丞相這樣的父親，諸葛瞻自帶光環。在這樣的環境裡成長，諸葛瞻特別容易自以為是，很難成才。

於是，諸葛亮用寫信的方式和兒子溝通交流。今天我們看到的只有兩段書信的片段，分別叫〈誡子書〉和〈又誡子書〉。從這兩個段落裡可以看出諸葛亮對諸葛瞻的用心良苦，大到如何立志、如何學習，小到喝酒這樣的生活瑣事，他都提到了。從中能看到一位父親對兒子的諄諄教導，以及無盡的關懷與愛。

八歲的諸葛瞻未必能完全理解諸葛亮的意思，但隨著年齡的增長，這些書信對諸葛瞻一定會有所幫助。

現存的史料還有一段諸葛亮寫給外甥的文字，被稱為〈誡外生書〉。這個外甥應該是他兩個姊姊的兒子，至於是蒯祺的，還是龐山民的，就不知道了。

結合這三個書信片段，以及諸葛亮教育子弟的一些行為，來講講諸葛亮如何教育子弟。

諸葛亮認為一個人想成才，要在四個方面不斷提升自己，就是立志、修身、學習和成才。

立志是什麼呢？就是確立目標。目標愈遠大，付出的努力就要愈多，收穫自然會愈大。沒有目標，沒有遠大的志向，其他的都無從說起。

諸葛亮一直叮囑自己的子弟，要「明志」，「志當存高遠」，「非志無以成學」。他還告誡說：「若志不強毅，意不慷慨，徒碌碌滯於俗，默默束於情，永竄伏於凡庸，不免於下流矣！」胸無大志，這個人就會一輩子碌碌無為，不會有什麼大出息。

以諸葛亮為例，他樹立的遠大志向是興復漢室，創造太平天下。當然，今天的社會很多元，我們不要求每個人都樹立諸葛亮這麼遠大的理想，不能說拯救地球是志存高遠，家庭幸福就是碌碌無為。家庭幸福美滿同樣是非常偉大的人生目標。

立志既然這麼重要，應當如何樹立正確的人生目標呢？諸葛亮認為立志要透過修身，透過修煉自己的品德來達成。〈誡子書〉有一句大家很熟悉的名言，就是「夫君子之行，靜以修身，儉以養德。非澹泊無以明志，非寧靜無以致遠」。諸葛亮告訴孩子，不保持平常心，不讓內心靜下來，就無法樹立遠大的志向。

諸葛亮認為要「靜」，就要「絕情欲」，不能為名利所累，不能為了一己的私欲為所欲為。當然，正當地追求名利和地位沒有什麼不對。君子愛財，取之有道。愛財本身不是問題，關鍵是「取之有道」。要是損人利己，這就不對了。而且對於個人來說，追逐名利，還要保持寧靜，不然就只看得見名利的好處，看不見壞處了。例如投資理財，不能只盯著收益，也得注意規避風險。應該怎麼做呢？就是要靜。

要做到「靜」並不容易，尤其是年輕人，心浮氣躁，急功近利，顧前不顧後。諸葛亮提到「淫慢則不能勵精，險躁則不能治性」，這樣下去，人很難靜下來。靜不下來，就沒辦法看清楚自己想要什麼，也沒辦法集中力量去獲得最想要的東西，最後可能暈頭轉向，不擇手段，結果什麼也得不到。

靜下來樹立志向後，接下來才是學習知識，鍛鍊能力。諸葛亮〈誡子書〉說：「才須學也，非學無以廣才。」想要成才，必須得學習。

要怎麼學習呢？諸葛亮首先提到的仍然是「靜」。他說「學須靜」，靜下心來，心無旁騖，和修身立志相通。

接下來是「慕先賢」、「廣諮問」，給自己樹立學習的榜樣，並且多交朋友，多向朋友請教。

最後，落實到書面學習，諸葛亮說：孩子們，你們要「去細碎」，不要整天盯著一堆零七八碎的東西。諸葛亮有個看書的方法叫「觀其大略」，只看精髓，不管細枝末節，不主張死記硬背。

諸葛亮北伐時，能在三年裡有突飛猛進的進步，這種學習能力和「觀其大略」的讀書方法有很大關係。

諸葛亮還很重視子弟的歷練，實踐出真知，不讓他們耍特權，而是讓他們到社會中，憑著自己的本領去進步。諸葛亮帶著二十四歲的諸葛喬去漢中，沒有讓他養尊處優，而是讓他和其他將領的子弟一樣，在崇山峻嶺之間參與糧草運輸。

除此之外，對於生活上的一些小細節，諸葛亮也對兒子嚴格要求。例如〈又誡子書〉裡，諸葛亮一直叮囑和客人喝酒要「合禮致情，適體歸性」，禮節到了就可以了。如果說兩人意猶未盡，多喝了一點，到了微醺的狀態也可以。但別酗酒，喝到最後神魂顛倒，連自己說什麼、做什麼都不知道，就會耽誤事情了。（「夫酒之設，合禮致情，適體歸性，禮終而退，此和之至也。主意未殫，賓有餘倦，可以至醉，無致迷亂。」）這是用喝酒的事例教育子弟，做事情不用因噎廢食，但一定要有自制力。

諸葛亮教育的兒子的結果如何呢？諸葛瞻十七歲時，劉禪把女兒嫁給他；三十五歲，諸葛瞻執掌國政；再加上人們對諸葛亮的懷念，使得諸葛瞻在蜀漢很有威望。

論能力，諸葛瞻確實比不上諸葛亮。他天資聰穎、記性好，學習刻苦，唯獨缺乏的就是磨煉和實踐。由於諸葛亮死得早，諸葛瞻沒有諸葛喬那樣的基層經驗。鄧艾偷襲蜀漢後方，諸葛瞻貽誤戰機，失去大好機會。

不過諸葛瞻的人品還是經得住考驗，鄧艾說：「你要是投降，我一定上表，封你為琅邪王。」（「若降者，必表為琅邪王。」見《三國志．蜀書．諸葛亮傳》附〈諸葛瞻傳〉）可是諸葛瞻根本不為所動，最後和長子諸葛尚戰死沙場。他的次子諸葛京活了下來，到了晉朝，擔任江州刺史。

五、一族仕三國，諸葛好家風

諸葛一門三兄弟，在魏、蜀、吳三國均位極人臣。諸葛亮在蜀漢當丞相，大哥諸葛瑾在東吳做到大將軍。諸葛瑾的兒子諸葛恪後來成為孫權的託孤大臣，還一度北伐擊敗過曹魏。

諸葛亮還有一個族弟諸葛誕。兩人的關係有點遠，他們的爺爺的爺爺是同一人，而且諸葛誕的年齡比諸葛亮小很多。諸葛亮和司馬懿是一代人，而諸葛誕和司馬懿的兒子司馬師是一代人。諸葛誕在曹魏擔任征東大將軍，是淮南戰區的軍事統帥。

人們把諸葛亮、諸葛瑾、諸葛誕稱為諸葛家族的龍、虎、狗。諸葛亮是臥龍，諸葛瑾是虎，諸葛誕是狗。狗在這裡是指「功狗」，就是有功的戰將，是誇諸葛誕，不是罵他。

一族三人在三個國家任官，都是中流砥柱，在中國歷史上極為罕見。諸葛兄弟三人性格迥異，但都取得不俗的成就，和諸葛家族的家風有著密不可分的關係。

前文提到，諸葛家在西漢時出過一個大官叫諸葛豐，擔任司隸校尉。諸葛豐最大的特點有兩個：一個是有能力，不然做不了司隸校尉這種監察官員；另一個是剛直不阿，以至於最後得罪皇帝和權貴，被罷官回家。三百年來，諸葛家族在山東大地上繁衍生息，子孫各異，唯獨不變的就是這兩點。

諸葛亮、諸葛瑾和諸葛誕的能力早已被事實所證明。品德呢？諸葛亮不用多言。諸葛瑾呢？當時江東有個叫虞翻的名士，因得罪孫權遭到流放。只有諸葛瑾敢在孫權面前，多次為虞翻求情。諸葛誕在曹魏，反對司馬氏專權，在淮南起兵反抗，最後兵敗，他身邊的數百名將士都說「為諸葛公死，不恨」，寧死不屈。

穿越三百年，穿越魏、蜀、吳，穿越不同性格、不同人生，卻能出現相同的諸葛子弟，這就是家風的力量。

附錄一

從「天府殷富」到「民皆菜色」——蜀漢經濟新探

二牧時代（一八八年～二一四年）：富庶下的暗流湧動

天府殷富

漢末北方混戰多年，經濟遭到嚴重破壞。南方一度遠離戰火，因而經濟形勢相對較好。其中，益州的富庶又為人所共知。劉備的三位謀士諸葛亮、龐統和法正，皆從戰略的角度為劉備指出益州財富的價值所在。

首先來看諸葛亮，他在〈隆中對〉明確指出：「益州險塞，沃野千里，天府之土。」（《三國志．蜀書．諸葛亮傳》）「天府」亦即天帝之府庫，無所不有。此詞最早見於《戰國策》蘇秦說秦惠王，所謂「沃野千里」與「天府」，本來是說富庶的關中平原。而將天府首用於蜀中者，蓋即諸葛亮。可見在諸葛亮眼中，奪取益州，除了「險塞」的地利以外，更重要的是益州富庶的經濟條件。

諸葛亮規劃荊、益之時，荊州尚在劉表手中。劉表「愛民養士，從容自保」（《後漢書．劉表傳》），荊州相對安定，加之劉備英雄尚無用武之處，因而對劉備來說，益州雖富，此時卻未必誘人。

待赤壁之戰後，劉備自領荊州牧，又向孫權求督荊州。然荊州經歷戰火，荒廢殘破，無論是從地緣政治考慮，還是從財政收入考慮，益州都成為劉備眼中的一塊肥肉。恰在此時，龐統為劉備精細規劃奪取益州之事。龐統認為：「荊州荒殘，人物殫盡，東有吳孫，北有曹氏，鼎足之計，難以得志。今益州國富民強，戶口百萬，四部兵馬，所出必具，寶貨無求於外，今可權藉以定大事。」（《三國志・蜀書・龐統傳》裴注引《九州春秋》）簡而言之，益州凡所應有，無所不有。《續漢志・郡國志五》所載東漢永和五年（一四〇年）戶籍人口顯示，益州確有一百三十四萬戶（個別資料根據歷史學家葛劍雄《中國人口史》第一卷修正），如果龐統所言「戶口百萬」是指「戶」，可能並非誇張。（不過亦有主張此處「戶口」指的是「口」者，如歷史學家高敏主編《中國經濟通史・魏晉南北朝卷》。）而「所出必具，寶貨無求於外」的描述，無疑與諸葛亮的「天府之土」有異曲同工之妙。

除了荊州的一龍一鳳，益州劉璋屬下的法正也持此論。張松、法正合謀，勸說劉璋邀請劉備入蜀抵禦張魯，卻暗中準備迎劉備入蜀取代劉璋。法正見劉備時也說：「資益州之殷富，馮天府之險阻，以此成業，猶反掌也。」（《三國志・蜀書・法正傳》）由此可見，憑益州的財富而成王霸之業，已經是當時有識之士的共識。

不過耳聽為虛，眼見為實。建安十六年（二一一年），劉備正式起兵入蜀，與劉璋在涪城大會百餘日。這次，劉備見識了「天府之土」的真正實力。

時劉璋「率步騎三萬餘人，車乘帳幔，精光曜日，往就與會」（《三國志・蜀書・劉璋傳》），派頭十足；且出手非常闊綽，「以米二十萬斛、騎千匹、車千乘、繒絮錦帛，以資送劉備」（《三國志・蜀書・劉璋傳》裴注引《吳書》），又「增先主兵，使擊張魯，又令督白水軍。先主並軍三萬餘人，車甲器械資貨甚盛」（《三國志・蜀書・先主傳》）。恐怕自從反曹失敗、離開徐州後，劉備久無緣享此待遇。

劉璋不會想到這只會進一步刺激劉備奪取益州的野心。建安十七年，亦即入蜀次年，劉備便起兵南向。益州從事鄭度建議劉璋將「其倉廩野穀，一皆燒除」（《三國志・蜀書・法正傳》），對劉備實施堅壁清野，再依靠益州雄厚的物質基礎拖垮劉備。然而劉璋不願「動民以避敵」，遂對鄭度黜而不用。

兩年後，劉備進圍益州之治成都。當時成都「城中尚有精兵三萬人，穀帛支一年，吏民咸欲死戰」（《三國志・蜀書・劉璋傳》）。只是劉璋宅心仁厚，不願因堅守而傷民，才出城納款。否則以成都之財力，劉備恐要再吃些苦頭才能攻克成都。

劉璋的益州州府究竟有多富裕，可以從另一個角度來窺探。

劉備定蜀後，對屬下進行大規模封賞。「蜀中殷盛豐樂，先主置酒大饗士卒，取蜀城中金銀分賜將士，還其穀帛。」（《三國志・蜀書・先主傳》）「益州既平，賜諸葛亮、法正、飛及關羽金各五百斤、銀千斤、錢五千萬、錦千匹。其餘頒賜各有差。」（《三國志・蜀書・張飛傳》）

不妨計算一下，劉備這一筆賞賜的花費。

東漢金、銀比價約一：三或一：五，我們取一：五。一千斤白銀約相當於二百斤黃金，與五百斤黃金加在一起，折算下來是七百斤黃金。東漢前期一斤黃金價值六千到一萬錢，保守取六千錢。七百斤黃金至少價值四百二十萬錢（實際等值銅幣數量只會更高）。

東漢後期，一匹絲織品的價格在四、五百錢，我們取五百錢，一千匹就是五十萬錢。（以上金、銀、錢價比與絲織品價格，參見歷史學家黃冕堂《中國歷代物價問題考述》）

綜合算下來，五百斤黃金、一千斤白銀、五千萬錢、一千匹錦，總共價值五千四百七十萬錢。同等賞賜共頒賜給諸葛亮、法正、張飛、關羽四人，總共將近二．二億錢，這只是四大功臣，尚不包括「分賜將士」、「頒賜各有差」的部分。

當然，這些只是估值，考慮到戰亂、物價變動等，這個數字必然與實際情況有出入。但亦可從側面反映出劉璋的益州州府確實如諸葛亮、龐統、法正等人所說，財力雄厚。

暗流湧動

漢末的益州為何如此殷富？

首先，東漢時期，益州有良好的經濟基礎，尤其是其核心區蜀地是新興經濟區。古代常以人口做為衡量經濟情況的指標，以漢順帝永和五年（一四〇年）的人口資料為例。（本《續漢志．郡國志》，據葛劍雄《中國人口史》修正資料）

先看戶數。益州以一百三十四萬餘戶名列天下諸州第二，僅次於荊州；其中蜀地五郡（蜀郡、廣漢、犍為、蜀郡屬國、廣漢屬國）近七十三萬戶，位列荊、益、豫、揚、冀、兗六州之後，屬於中等州水準，但也超過青州、司隸、徐州等北方人口大州。而巴郡和蜀郡在諸郡戶數排名中名列第四、五。

再看口數。益州以五百五十八萬餘人名列諸州第四；其中蜀地五郡二百九十五萬餘人，亦在八州之後，仍是中等州水準，蜀郡以一百三十五萬人為天下第六的人口大郡。以縣均人口計，蜀郡十一縣，平均每縣十二萬餘人，全國排名第三。

隨著南方經濟的發展，人口還在迅速增長。如永興二年（一五四年）巴郡太守但望上疏稱該郡有近四十七萬戶，一百八十七萬餘口。（《華陽國志・巴志》）而十四年前，《郡國志》記載的巴郡人口為三十一萬餘戶，不到一百零九萬口。短短十四年間，巴郡人口數增長了七二・七%。如果僅靠本地人口的自然增長，絕對不可能。益州經濟的增長吸引移民，而移民的到來又進一步促進經濟的增長。

當然，益州存在地廣人稀的問題。以蜀郡為例，人口密度為四一・六六人／平方公里。與北方陳國、齊國這樣人口密度動輒一、二百人的郡國相比，蜀郡還有相當大的容納空間。不管怎麼說，東漢中期，以蜀郡為核心的益州（尤其是益州北部的蜀、漢、巴地區），其經濟發展相當出色，而且潛力十足，為漢末二牧時代的益州提供極好的物質基礎。

除此之外，劉焉、劉璋父子在益州的統治相對安定寬鬆，也為益州經濟的發展提供較好的政治環境。關於這一點，可以透過蜀中的貨幣流通情況來窺探一二。

東漢建國伊始，光武帝劉秀便鑄造五銖錢，此種五銖重三～四克，人稱「建武五銖」。後來漢朝經濟形勢每況愈下，新鑄五銖錢愈來愈輕。到漢桓帝以後，社會上出現大量剪鑿錢，就是將完整的五銖錢鑿去外廓，這樣內圈、外廓各自做為一枚錢幣使用。這種剪鑿錢一般重一克，說明當時新鑄五銖錢的購買力就在一～二克，與東漢初期相比已經貶值五〇%～七五%。（東漢後期五銖錢樣，可參見《中國錢幣大辭典・秦漢編》）

漢靈帝曾試圖拯救瀕臨崩潰的經濟體系，發行過「四出五銖」，重二・七～四・六克，外廓俱在，鑄造精良，是一種相對足值的五銖錢。但日益動盪和腐敗的政治環境，使這種努力成為徒勞。特別是中平六年（一八九年）雒陽接連發生變亂，直至董卓挾持漢廷西遷長安，並改鑄〇．五克的劣質小錢後，東漢的貨幣經濟體系徹底瓦解。

就在北方一片焦土之時，劉焉、劉璋父子先後統治的益州，卻是另一番景象。大約從劉焉晚年開始，益州開始鑄造發行一種小五銖錢，後世稱為「蜀五銖」。此類錢幣鑄工精整，一般重量亦在二．一～三．七克，尤以二．五～二．八克者居多。相比於建武五銖和四出五銖，蜀五銖還是存在輕微的貶值；但已經比漢末減重的五銖錢優質很多，特別是與同時期北方的董卓小錢相比，這種蜀五銖更是難得的良幣。蜀五銖雖比較穩定，但總體來說也略見貶值的趨勢，例如湖北鄂州武昌城護城壕曾出土一．八四克的蜀五銖。（見江建等〈六朝武昌城護城壕出土錢幣及相關問題探討〉）

當然，人口也好，蜀五銖也罷，只能說明益州富庶，但還不足以解釋益州州府為何如此富有。東漢以來，豪強經濟發展迅速，國家對民間控制力持續削弱。如此一來，好處是民間經濟發展迅速，社會較以前更充滿活力；而消極的一面也很明顯，國家控制的編戶齊民有限，財政收入亦有限，對於國家層面的宏觀行為多所不利。古代帝制社會，國富不一定民富；同理，民富也不一定國富。

比照東漢社會，蜀中富庶，不代表益州州府富庶。因而，劉焉入蜀，欲加強州府權力，必然要對益州民間財富動手。由此，便發生劉焉父子代表的州府，依靠東州人打壓益州人的現象。劉焉曾「託他事殺州中豪強王咸、李權等十餘人，以立威刑」，「犍為太守任岐及賈龍由此反攻焉，焉擊殺岐、龍」。（《三國志．蜀書．劉焉傳》）

與此同時，「南陽、三輔人流入益州數萬家」，益州州府「收以為兵，名曰東州兵」。劉璋接掌益州後，「性寬柔，無威略」，導致「東州人侵暴舊民，璋不能禁，政令多闕，益州頗怨」。最終激起益州人趙韙叛亂，賴東州人「咸同心並力助璋，皆殊死戰」，才將趙韙鎮壓下去。（《三國志・蜀書・劉璋傳》裴注引《英雄記》）這是自劉焉入蜀至蜀漢滅亡七十餘年間，益州豪強最大規模的叛亂。

此間兵戈相向，必伴隨著經濟資源的爭奪。其中既有東州人對益州人的侵奪，亦有州府借東州人之手對益州人的侵奪。益州州府的財富積累，大抵在劉焉時期和劉璋初期完成。

隨著賈龍、趙韙的敗亡，益州豪強的勢力大為折損。州府、東州人和益州人的關係出現微妙變化。劉璋性格「寬柔」，既無爭霸天下的野心，也無大興土木的驕奢淫逸。如此，劉璋既沒有操作州府機器繼續向益州豪強侵奪資源的能力（即「政令多闕」），也沒有搜刮財富的動機。觀日後劉備圍攻成都，劉璋投降前夕所言：「父子在州二十餘年，無恩德以加百姓。攻戰三年，肌膏草野者，以璋故也，何心能安！」（《三國志・蜀書・劉璋傳》）劉璋雖然能力有限，但確實是個厚道人。

一個厚道人統治下的益州州府，放緩資源掠奪，與益州人的矛盾定然有所緩和；而東州人無法透過益州州府進一步擴大自己的利益（雖然他們一直「侵暴舊民」），與州府的矛盾自然逐步升溫。

於是，益州內部出現非常奇怪的現象。益州人做為益州州府打壓的對象，對劉璋表示出最大的容忍；而東州人做為益州州府依靠的核心力量，卻準備拋棄劉璋。

益州表面的太平穩定，實已無法掩蓋住各方勢力的暗流湧動。打破寧靜只是時間問題，而蜀五銖的減重，估計就發生在這一時期。

先主時代（二一四年～二二三年）：劫掠・衰退・崩潰

第一輪劫掠

從建安十三年到十九年，圍繞劉備入蜀問題，益州內部本已芥蒂很深的各方勢力，徹底分裂。已無更多利益可榨取的東州人，選擇拋棄劉璋，迎劉備入蜀。積極者如法正、孟達的「吃裡扒外」，消極者如李嚴、吳壹的「一觸即降」。反倒是過去被打壓的益州人，為了防止劉備入蜀後，遭到第二次劫掠，絕大多數（除了張松等少數人）都選擇站在劉璋一邊。著名者如王累、黃權、嚴顏、張任、張肅等。甚至劉備大軍圍攻成都之時，城中吏民仍「咸欲死戰」。

事實證明，益州人相當有遠見。劉備到來後，對益州人不僅繼續打壓與劫掠，而且較之二牧時代，簡直變本加厲。如前所述，劉備入蜀後，大開益州府庫，遍賞將士，僅對諸葛亮、關羽、張飛、法正賞賜的金銀錢錦，價值即高達二、二億錢。而對於中、下階軍官乃至士兵的賞賜，今已無從考證。我們只知道賞賜以後，「軍用不足，備甚憂之」（《三國志・蜀書・劉巴傳》裴注引《零陵先賢傳》）。

當然，從表面上看，這次賞賜所用的物資皆出自益州州府，尚未直接傷及益州豪強的利益。劉備早年在地方從政，政績頗佳；一生軍事生涯中，沒有發生過屠城的惡劣事件；其為君，殺人也較少（僅劉封、張裕、彭羕數人，與曹操、孫權相比確實不多）。因此，這次賞賜仍是以有序的形式進行，雖然「士眾皆舍干戈，赴諸藏競取寶物」（《三國志・蜀書・劉巴傳》裴注引《零陵先賢傳》），但並未發生軍隊在民間搶掠的行為。

然而，按照劉備的初衷，似亦有劫掠打算。「益州既定，時議欲以成都中屋舍及城外園地桑田分賜諸將。」（《三國志・蜀書・趙雲傳》裴注引《雲別傳》）若以此史料為實（《雲別傳》記載的真實性有一些爭議），則劉備集團曾有人打算征收益州人的私人不動產以做為諸將的賞賜。幸得趙雲諫阻，才未釀成慘禍。

漢末群雄中，劉備執政理念尚佳，所謂「操以急，吾以寬；操以暴，吾以仁；操以譎，吾以忠；每與操反，事乃可成耳」（《三國志・蜀書・龐統傳》裴注引《九州春秋》）。劉備為何會在益州做出如此反常的舉動呢？

總體來看有兩個因素，一是劉備的軍人集團性質，無論劉備如何表現出「仁」的一面，歸根結柢，他率領的團隊仍然是軍人集團。漢末軍人打仗，無非為了升官發財。加之蜀道之難難於上青天，劉備懸兵在外，攻略蜀中兩、三年之久，也必須採取激勵措施，方能得人死力。正因如此，劉備攻劉璋，要與將士誓約：「若事定，府庫百物，孤無預焉。」（《三國志・蜀書・劉巴傳》裴注引《零陵先賢傳》）這與五代時期士兵的「夯市」如出一轍，只不過有所約束而已。

另一個無法忽視的因素，就是劉備自身的暴發戶心理。他從未如此闊綽，且覬覦益州財富久矣。今取益州，一夜暴富，難免要豪放一把，有遍賞將士的情結。

劉備初攻劉璋，攻克涪城後，曾置酒作樂，興高采烈地對龐統道：「今日之會，可謂樂矣。」龐統諫曰：「伐人之國而以為歡，非仁者之兵也。」沒想到劉備借酒大怒，言：「武王伐紂，前歌後舞，非仁者邪？卿言不當，宜速起出！」（《三國志・蜀書・龐統傳》）劉備自比周武王，得意忘形，可見當時驕縱狂妄之盛。如此，取益州後，散盡千金也就不足為奇。

然而，驕縱過後，劉備必須為暴發戶心態買單。一方面，他聽從趙雲建議，沒有沒收益州豪強的土地房宅來賞賜將士，避免激化與益州人的矛盾；另一方面，遍賞將士後，劉備又下令「還其穀帛」（《三國志·蜀書·先主傳》）。因為錢沒有了，還可以想辦法再徵；糧食沒有了，數萬大軍頓時斷糧，必然動搖統治的根本。

即便如此，劉焉、劉璋兩代人透過搜刮益州人而為益州州府積累的財富，已經轉移到軍功集團手中。州府被搬空後，劉備立刻面臨著「軍用不足」的尷尬處境。劉備這時可能還沒有意識到，他一時衝動的賞賜行為，使蜀地陷入萬劫不復的經濟衰退，終蜀漢一朝，益州經濟再未恢復。

第二輪劫掠

為了解決軍用問題，劉備不得不採取劉巴制定的貨幣政策。而這一政策對整個西蜀地區和蜀漢國運，產生極為深遠的影響。

劉巴解決財政危機的辦法是：「但當鑄直百錢，平諸物賈，令吏為官市。」即鑄造面值遠高於實際價值的虛值貨幣。（《三國志·蜀書·劉巴傳》裴注引《零陵先賢傳》）

從考古出土的錢幣來看，劉備鑄造發行的新錢，叫做「直百五銖」。早期的直百五銖，最重者可達十·二克，常規大樣的亦重九～十克。（錢樣可參見《中國錢幣大辭典·魏晉南北朝隋編、唐五代十國編》、《上海博物館藏錢幣·魏晉隋唐錢幣》等）

可以與劉焉、劉璋父子發行的蜀五銖進行對比，如果蜀五銖按二．五克計算，直百五銖的重量是蜀五銖的三．六～四倍，而面值卻是蜀五銖的一百倍。

也就是說，以蜀五銖衡量，一百錢對應的是二百五十克銅的價值，每克銅價格僅〇．四錢；而以直百五銖衡量，一百錢僅對應十克銅的價值，每克銅的價格竟高達十錢。較之蜀五銖，直百五銖通貨膨脹二十四倍，貶值九六％！

當劉備鑄行直百五銖，並開辦官市，以直百五銖購買民間物資後，「數月之間，府庫充實」，瞬間解決火燒眉毛的財政危機。而民間，包括蜀中的益州豪強，自然包括普通百姓，手中的財富（主要是貨幣財富）也瞬間蒸發九六％！

如果說第一輪搶劫，只是慷自己之慨；那麼這一輪，就是慷他人之慨，赤裸裸的搶劫！無論如何解釋劉備的迫不得已，都無法改變鑄行直百五銖的劫掠實質。

不過，做為軍人集團，劉備傾囊賞賜、鑄行直百五銖，可能確實有一些迫不得已。如果在府庫充盈後及時廢止直百五銖，益州經濟環境尚有逐漸恢復的可能。

然而開弓沒有回頭箭，劉備嘗到直百五銖的甜頭後，再也沒有人能夠阻止蜀漢貨幣的持續貶值。虛值貨幣最大的問題在於必然產生劣幣驅逐良幣的惡劣現象。官方可以透過虛值貨幣劫掠民間財富；民間亦可將虛值貨幣熔鑄成更輕的減重貨幣，賺取差價。久而久之，貨幣愈來愈輕，官方屢禁不止，最後乾脆加入減重錢的鑄行大軍之中，貨幣貶值遂一發不可收拾。

一九七八年，四川威遠黃荊溝出土了一千七百零三枚貨幣，其中有蜀五銖四百枚，直百五銖四百三十五枚，二者共占近五〇％。直百五銖中，九．八克的有二百七十一枚，占直百五銖總數的六二．

三%；九・〇二克的八十一枚，占一八・六二%；六・一克的十枚，占二・三%；五・三克的十一枚，占二・五三%；三・七克的三十九枚，占八・九七%；三・二克的二十二枚，占五・〇六%。（克重和數量，見莫洪貴〈四川威遠出土大量「直百五銖」錢〉，原文即有一枚的誤差。）

不難看出，這批直百五銖中，九・八克的大樣占六成以上。如果再合併整理就會發現，九克以上的錢共三百五十二枚，占八〇・九二%；五〜七克的共二十一枚，占四・八三%；三克多的共六十一枚，占一四・〇二%。顯然，九克以上的大樣占有絕對優勢，尤以九・八克的數量最多，與目前所見最大的直百五銖十・二克相近。此外，劉焉、劉璋時期的蜀五銖數量亦較多，與直百五銖相當。

說明這批威遠蜀錢當是在鑄行直百五銖後不久鑄造的，威遠在漢末屬犍為郡，而犍為是劉備的兩大鑄幣中心之一（另一個是蜀郡），威遠蜀錢在很大程度上反映了當時劉備政府的鑄幣情況。一方面，九克多重的直百五銖大樣是主要流通貨幣；但另一方面，減重的直百五銖也已經出現，特別是出現三・二克的貨幣，且數量不在少數。如果這些貨幣不是後來混入，只能說明在直百五銖鑄行後不久，貨幣就出現減重、貶值，而且趨勢不容樂觀。

北伐與衰退

劉備捨不得放棄直百五銖，最重要的原因是對外戰爭對資源的嚴重消耗。劉備取蜀後，迫於嚴峻的形勢，戰爭並未停歇。先與孫權爭荊州，接著在巴地狙擊曹將張郃，進而發動規模甚大的漢中會戰。

為了應對嚴峻的軍事形勢，劉備開始著手打造「軍事最優先型經濟體系」（見柿沼陽平《蜀漢的軍事最優先型經濟體系》）除了發行直百五銖，還有三件事值得一提。

第一件事是設置鹽府校尉（司鹽校尉）、司金中郎將，實施鹽鐵專營。「先主定益州，置鹽府校尉，較鹽鐵之利。」（《三國志．蜀書．呂乂傳》）「先主以裔為巴郡太守，還為司金中郎將，典作農戰之器。」（《三國志．蜀書．張裔傳》）特別是鹽府校尉，機構龐大，下設典曹都尉分曹治事（《三國志．蜀書．呂乂傳》），可見劉備對於鹽鐵專營的重視。自管仲、桑弘羊起，「鹽鐵專營」已成為帝制時代政府經濟政策的標配，以國營壟斷利潤來達到所謂「民不加賦而國用饒」的目標。當然，搞鹽鐵專營的亦不只劉備一家，曹魏、孫吳皆有之。

第二件事是南中徵稅。劉備時期，即在南中設立庲降都督府做為管理機構，先後以荊州人鄧方、南中豪強李恢任職都督。劉備死後，南中爆發叛亂，益州郡雍闓拉當地豪強孟獲入夥。本來當地西南夷與雍闓不和，沒有參與他的叛亂，但孟獲對這些夷人說：「官欲得烏狗三百頭，膺前盡黑，螨腦三㪷斲，斷木構三丈者三千枚，汝能得不？」（《華陽國志．南中志》）孟獲說的這些東西，西南夷人無論如何都交不了差。然而，這些人對孟獲卻深信不疑，聽孟獲一說，便舉兵參加反叛。裡面除了孟獲在當地威望極高外，似乎蜀漢政府的公信力也確實不高。由此不得不令人懷疑，劉備時代，庲降都督府或南中地方郡政府，確實存在著苛捐雜稅的弊病。只是苛捐雜稅究竟出現在劉備入蜀初，還是在稱王稱帝以後，就不得而知了。

第三件事是定立《蜀科》。劉備定蜀後，命伊籍「與諸葛亮、法正、劉巴、李嚴共造《蜀科》」。在此期間，法正與諸葛亮發生爭論。

亮刑法峻急，刻剝百姓，自君子小人，咸懷怨嘆。法正諫曰：「昔高祖入關，約法三章，秦民知德，今君假借威力，跨據一州，初有其國，未垂惠撫；且客主之義，宜相降下，願緩刑弛禁，以慰其望。」亮答曰：「君知其一，未知其二。秦以無道，政苛民怨，匹夫大呼，天下土崩。高祖因之，可以弘濟。劉璋暗弱，自焉以來，有累世之恩，文法羈縻，互相承奉，德政不舉，威刑不肅。蜀土人士，專權自恣，君臣之道，漸以陵替。寵之以位，位極則賤；順之以恩，恩竭則慢。所以致弊，實由於此。吾今威之以法，法行則知恩；限之以爵，爵加則知榮。榮恩並濟，上下有節。為治之要，於斯而著。」（《三國志·蜀書·諸葛亮傳》裴注引《郭沖五事》之一）

法正主張「緩刑弛禁」，而諸葛亮堅持「榮恩並濟，上下有節」。有人依據此段史料，將《蜀科》和諸葛亮的立法簡單理解成劉備集團汲取社會資源的工具，恐怕過於武斷。

蜀漢所「汲取」者，首當其衝的當然還是益州人。益州人做為土著，擁有更加雄厚的固定資產；同時，做為劉備的反對派，劉備對益州人的壓制與劫掠亦具有懲罰性質。而《蜀科》立法過程中，參與者或為荊州人，或為東州人，並無益州人的一席之地。法正與諸葛亮爭論的焦點，恐怕是東州人與荊州人的利益分配，而不是對益州人的「汲取」問題。

劉備入蜀後，法正以謀主之尊擔任蜀郡太守，「一餐之德，睚眥之怨，無不報復，擅殺毀傷己者數人」，以致有人向諸葛亮告狀，希望他對法正進行約束。奈何諸葛亮認為法正使劉備「翻然翱翔，不可復制」，因而無人能夠禁止法正縱橫蜀郡。（《三國志·蜀書·法正傳》）

恐背後另有蹊蹺，法正所擅殺者，當如何焯所說，即《法正傳》前云對法正「謗無行」的「州邑俱僑客者」。但這些法正的三輔同鄉亦屬東州人，劉備當時正對東州人實施拉攏，以法正的聰慧，除了殺掉幾個有私怨的三輔同鄉外，必不會對其他東州人有過分處理，從而不會導致有人到諸葛亮處告狀。

蜀郡做為益州首郡，不僅東州人集中，益州人更為集中。法正在蜀郡所交往者，也不可能只有東州人而無益州人，甚至和一些益州人還有深交，如「益州別駕張松與正相善」（《三國志・蜀書・法正傳》）即是。因此放縱法正在蜀郡縱橫的恐怕不是諸葛亮，而是劉備。劉備實借法正之手，對益州人實施報復和立威。

我們不難想像在蜀郡縱橫的法正，以其睚眥必報的個性，絕不會代表益州人說話。法正所謂「客主之義，宜相降下」，這個「主」絕非指益州人，而是指東州人。聯想到法正在蜀郡的所作所為，他提出「緩刑弛禁」，似嫌諸葛立法對其縱橫蜀郡多有牽制。

而諸葛亮的回應則是與法正針鋒相對，亮言：「蜀土人士，專權自恣，君臣之道，漸以陵替。」然而自建安五年劉璋平定趙韙之亂後（《華陽國志・劉二牧志》），益州人並無「專權自恣」者，趙韙之亂距劉備平蜀已有十四年之久；劉備入蜀，除了極個別如張松外，益州人均死保劉璋，甚至在成都孤城中仍然「咸欲死戰」，也實難看出「君臣之道，漸以陵替」。

相反，倒是東州人有「專權自恣」者，如前云「東州人侵暴舊民，璋不能禁，政令多闕」（《三國志・蜀書・劉璋傳》裴注引《英雄記》）；又如河南人龐羲，「為巴西太守，遂專權勢」（《三國志・蜀書・劉璋傳》裴注引《英雄記》），甚至一度要造反（《三國志・蜀書・楊戲傳附季漢輔臣贊》程畿條）。

至於東州人「君臣之道，漸以陵替」者，在劉備入蜀之際更為多見。如法正、孟達迎劉備入蜀（「正既還，為松稱說先主有雄略，密謀協規，願共戴奉」，見《三國志・蜀書・法正傳》；「劉璋遣扶風孟達副法正，各將兵二千人，使迎先主，先主因令達並領兵眾，留屯江陵」，見《三國志・蜀書・劉封傳》）；李嚴、吳壹的「一戰即降」（「建安十八年，署嚴為護軍，拒先主於綿竹。嚴率眾降先主，先主拜嚴裨將軍」，見《三國志・蜀書・李嚴傳》；吳壹「將兵拒先主於涪，詣降」，見《三國志・蜀書・楊戲傳附季漢輔臣贊》吳壹條）；許靖的踰城而降（「璋蜀郡太守許靖將踰城降，事覺，不果」，見《三國志・蜀書・法正傳》）。

諸葛亮此處的「蜀土人士」必指東州人無疑，正與法正所說「客主之義」的「主」相對應。《蜀科》立法雖然有利於劉備集團在戰時的資源集中，但其目的絕不單純是在蜀中的「資源汲取」。事實上，由於劉璋的仁弱，益州州府的威信每況愈下。一個失去權威的組織必然只是渙散的烏合之眾。《蜀科》立法的本質亦是要重塑組織的權威，或許有矯枉過正之嫌，但絕非不必要，也絕不是簡單「汲取」二字所能概括。背後既包含著組織管理的基本問題，也包含平衡諸利益集團的問題。《蜀科》的實質是在戰時狀態下，提高組織的權威度和管理水準，保證戰時的令行禁止。

在組織建設、資源集中的基礎上，劉備依靠法正、黃權等謀士，以及黃忠、魏延等將領，再度鏖戰三年，終於戰勝宿敵曹操，攻克漢中。漢中會戰在政治和軍事上是巨大的成功；但不可避免的，對益州正在下滑的經濟則是雪上加霜。

建安二十三年，正當劉備在前線鏖戰之時，蜀中出現變亂。「盜賊馬秦、高勝等起事於郪，合聚部伍數萬人，到資中縣。」時任犍為太守的李嚴「不更發兵，但率將郡士五千人討之，斬秦、勝等首。枝黨星散，悉復民籍」（《三國志・蜀書・李嚴傳》）。而據《華陽國志・蜀志》載，郪縣「有高、馬家，世掌部曲」。馬秦、高勝之亂實則是蜀中豪強叛亂，在趙韙之亂平定後，極為罕見。

據此，我們或許可以認為劉備入蜀後以直百五銖劫掠蜀中財富，北伐漢中又消耗大量人力、物力，這種掠奪開始超越益州人（特別是益州豪強）的底線。於是趁著蜀中權力真空，益州人發動叛亂。

正因如此，當劉備向諸葛亮「急書發兵」時，諸葛亮猶豫了，乃以此事諮詢益州蜀部從事楊洪。因楊洪是犍為人，亦曾做為李嚴屬吏，諸葛亮或許認為楊洪對於犍為、蜀郡一帶情況更為清楚，他向楊洪諮詢發兵事，實則是諮詢蜀中豪強的承受能力。

楊洪則答：「漢中則益州咽喉，存亡之機會，若無漢中則無蜀矣，此家門之禍也。方今之事，男子當戰，女子當運，發兵何疑？」得到楊洪的答覆，諸葛亮才敢安心發兵，又趁機以楊洪領蜀郡太守。一方面免去益州人不喜的法正（法正雖在前線，但仍領蜀守），另一方面以益州人治益州人，以安定益州豪強之心。（《三國志．蜀書．楊洪傳》）

漢中之戰後，曹操盡徙漢中八萬餘口（《三國志．魏書．杜襲傳》），劉備「得地而不得民」（《三國志．蜀書．周群傳》），能夠從漢中做為補給的資源相當有限。隨後，劉備在漢中稱王，以魏延為守將後，便還成都。一路上，「起館舍，築亭障，從成都至白水關，四百餘區」（《三國志．蜀書．先主傳》裴注引《典略》），加緊修建防禦工事以防曹操再度來攻。由此，漢中部隊的補給、蜀道的館舍亭障，又是一筆不小的開銷。

「男子當戰，女子當運」，漢中戰後，蜀中一時財力、物力、民力耗盡，經濟繼續衰退。一九八四年，成都市郊彭縣（現已改制為彭州市）思文鄉梓柏村出土二千八百五十七枚錢幣，其中直百五銖二千八百四十一枚，蜀五銖只有十六枚。（見曾詠霞、丁武明〈成都彭縣出土「直百五銖」窖藏錢幣——兼談「蜀五銖」與「直百五銖」〉，以下錢重亦見此文）該批貨幣當是直百五銖流通一段時期後的產物。

與威遠蜀錢相比，彭縣蜀錢已經全面減重。由於原始資料的限制，我們很難像威遠蜀錢那樣做出區間分明的統計，但仍可以做大略的估計。一·六～四·一克的直百五銖約二千六百零九枚，占九一·三二%；四·二～六·四克的約二百零四枚，占七·一四%；六·六～九克的則更少，約十九枚，僅占〇·六七%；另有九枚的重量在三·二～四·八克，因統計區間問題，未計入以上資料。

這裡值得特別注意的有三點：

第一，四克以下的錢幣在威遠蜀錢中僅占一四·〇二%，而在彭縣蜀錢中已經激增至九一·三二%。直百五銖減重與貶值之嚴重，可見一斑。

第二，威遠蜀錢最輕者為三·二克，而彭縣蜀錢居然已經出現一·六克的小樣，重量僅前者的一半，直百五銖減重的趨勢更加嚴峻。

第三，威遠蜀錢中，九克以上者占八〇·九二%，甚至九·八克的直百五銖占到總錢數的六成以上；而彭縣蜀錢六·六克以上者僅十九枚，占〇·六七%，其中只有一枚九克錢，僅占彭縣蜀錢總數的〇·〇四%。

彭縣位於成都郊外，彭縣蜀錢可以直觀反應出益州最核心區的經濟狀況。劉備掌控下的益州經濟急劇衰退，已不言自明。

還要指出的是，彭縣蜀錢中未見「太平百錢」。太平百錢是漢末蜀漢時期，益州鑄行的一種貨幣，其始鑄人和時間均有爭議。楊榮新先生認為此錢最早鑄於劉備章武年間（二二一年～二二三年）或劉禪繼位初期的建興年間（二二三年～二三七年）（見楊榮新《「太平百錢」鑄地及年代考》），其說頗有見地。我以為太平百錢最遲在劉備稱帝前後已開始鑄造（後文會逐漸論述），那麼彭縣蜀錢的鑄造時間必然還要靠前。以時間論，彭縣蜀錢所展現的，或許正是漢中會戰前後蜀漢貨幣流通的情況。

東征與崩潰

直百五銖以後，蜀漢鑄行太平百錢，依然是一種以一枚銅幣比一百枚漢五銖錢的虛值貨幣。

劉備為什麼要在直百五銖之外，再度發行太平百錢呢？可能是幾年之內，直百五銖迅速貶值，信用下降；而虛值貨幣引發的民間盜鑄，州府依靠公權力難以禁止。因此，無論是打算整頓幣制，還是另行搜刮，益州統治者可能都認為直百五銖已難擔其任，是以鑄行新幣太平百錢。至於為何要以「太平」命名，可能正如楊榮新先生所言：「借此向人們表示，蜀漢政權建立以後，從此天下太平，給人們在心理上以安慰和滿足。」（見楊榮新《「太平百錢」鑄地及年代考》）

至於鑄行太平百錢究竟是整頓幣制，還是另行搜刮，就不好判斷了。

從積極方面看，太平百錢確實存在比較重的大樣錢。如《中國錢幣大辭典．魏晉南北朝隋編、唐五代十國編》中有八．一克、八克、七克的太平百錢（均有背星水紋）和六克的世平百錢（太平百錢的一種），《上海博物館藏錢幣．魏晉隋唐錢幣》中八．二克的世平百錢，以及彭信威《中國貨幣史》提到的八克「鹿角太平」、近六克的世平百錢等。如果從積極的觀點出發，或許劉備集團曾企圖以重量較足的太平百錢來沖淡直百五銖減重的影響，試圖整頓日益混亂不堪的幣制。

不過這種可能性雖然存在，卻難以做為定論，理由是六～八克的太平百錢數量不多，而且或多或少都比較特殊：有的具有背星水紋，有的字體奇怪猶如鹿角（鹿角太平），更有的連名字都不一樣（世平百錢），因此向來有學者把這類錢歸為壓勝錢或宗教錢。這些太平百錢是否為壓勝錢、宗教錢難說，從數量和做工特殊來看，似乎確實有特別意義，頗似後世的紀念幣。

如果太平百錢不是為整頓幣制而鑄造，就只能是為了進一步搜刮益州民間的財富。建安二十四年結束的漢中之戰，其消耗需要錢財補充；章武元年，劉備稱帝，各類儀仗禮器需要錢財供給；章武二年東征伐吳，更需要錢財籌備。總而言之，劉備政府開銷太大，收入太少。既然劉備不願加稅以公開激化矛盾，就只能靠錢幣減重和通貨膨脹來維持政府的生計。其時直百五銖儘管事實上已經減重，但官方亦不好直接承認，遂另起太平百錢。

據傳，劉備為了搜集銅料鑄錢，甚至到了「取帳鈎銅鑄錢以充國用」的地步（《南齊書・崔祖思傳》），足見劉備鑄幣之心的急切。

漢中之戰後，直百五銖已經減重到二～四克；現存二克以上的太平百錢中，三～四克的居多。從貨幣重量來看，太平百錢與減重後的直百五銖相當。可見，劉備稱帝前後，蜀錢的重量大體維持在二～四克，也就是說，劉備在蜀中主政近十年裡，貨幣貶值六〇％～八〇％；如果與劉璋時代的蜀五銖相比，則貶值高達九八・四％～九九・二％！

太平百錢沒有換來人們企盼的「太平」，多年的戰爭和搜刮下，蜀中經濟萎靡不振。劉備的通貨膨脹政策無疑是一種惡性循環，社會經濟破產，蜀漢政府自然掠不到多少財富。北伐漢中已經耗盡蜀中力量，此時即使休養生息三年，以蜀中財力再度支持劉備東征已經極端困難。如此，這次東征在準備上必然難稱充足。

劉備東征初期，曾「水陸俱進」，這是憑藉上游優勢以水軍進取荊州的正確戰術。然而進入夷陵後，劉備「反舍船就步」（《三國志·吳書·陸遜傳》），不僅失去上流進軍的優勢，而且徒增補給成本，特別是結營三峽，被陸遜看出破綻，遂火燒連營，全軍覆沒。

平心而論，劉備早年軍事水準不佳，但隨著經驗積累，其軍事水準也迅速提高，攻劉璋、取漢中均可做為參照。以劉備多年行軍，不會不明白「水陸並進，則及鋒而用，舍船就步，則師老運艱，漸見釁隙，敵得以逸待勞，伺變擊怠」（《三國志集解·吳書·陸遜傳》注引何焯語）的道理。然而劉備還是選擇上岸，最大的可能是蜀漢軍中根本沒有適合大規模作戰的大型戰船。

晉滅吳時，王濬曾用一整年時間在益州造船。觀其所耗財力，以劉備的經濟狀況，恐怕已難承擔。看來，蜀漢當時的經濟實力，已經難以擔負起東征孫權的消耗。劉備兵敗夷陵，亦是早有定數。

葛相時代（二二三年～二三四年）：集權下的經濟「復甦」

建興初政，形勢繼續惡化

章武三年，劉備駕崩，劉禪繼位，諸葛亮全面執政，蜀漢進入「葛相時代」。諸葛亮執政初期，蜀漢經濟形勢繼續惡化。

一九五五年，湖北武昌任家灣磚墓出土錢幣三千六百三十枚，其中包括蜀五銖若干、直百五銖二十九枚、太平百錢一百二十八枚。（藍蔚〈武昌任家灣六朝初期墓葬清理簡報〉）簡報中未提及這批太平百錢的重量，只稱這批太平百錢的直徑在十三～二十公釐。比對同等直徑的太平百錢，重量在〇．八～一．五克。墓中還出土一塊鉛製買地券，根據其上所刻時間可知，此墓中的文物不會晚於吳黃武六年（二二七年）。

這一年，正是蜀漢建興五年，就是諸葛亮上〈出師表〉、率軍北駐漢中準備北伐的那一年。與劉備稱帝時相比，蜀漢錢幣減重再次跌破紀錄。夷陵之戰的後遺症在劉備去世後全面暴發，「今天下三分，益州疲弊，此誠危急存亡之秋」，竟然是對現實精準的描述！

與此同時，蜀漢的外部形勢也更加惡劣。北方曹魏是世仇，並接二連三以「天命」之說對蜀漢發動意識形態攻擊；東面孫吳雖然已經停戰，與蜀漢互派使節，但彼此芥蒂極深；特別是南方南中諸郡叛亂，使戰火燃至蜀漢境內，而叛軍的總後臺正是昔日的盟友孫權。

面對如此嚴峻的形勢，諸葛亮別無選擇。建興二年（二二四年）春，蜀漢政府宣布「務農殖穀，閉關息民」（《三國志．蜀書．後主傳》）。

所謂「息民」，意即休養生息。休養是真的，蜀中常年進行大型戰爭，蜀民早已筋疲力盡，經不起大的折騰。諸葛亮在全面執政初期，就已明確主張「閉境勤農，育養民物」（《三國志．蜀書．杜微傳》）。具體而言，這期間，諸葛亮「息民」的政策，主要有三：

其一，獎勵農耕，解決民眾和軍隊的吃飯問題。特別值得一提的是諸葛亮加強對都江堰的管理，「以此堰農本，國之所資，以徵丁千二百人主護之。有堰官」（《水經注．江水注》）。

其二，抑制豪強，確保國家控制足夠的編戶齊民以保證稅收，編制《蜀科》時即有此意圖。其三，輕傜薄賦，至少在稅收上可能是這樣。諸葛亮曾云：「唯勸農業，無奪其時；唯薄賦斂，無盡民財。如此，富國安家，不亦宜乎？」（《諸葛亮集》載《便宜十六策・治人第六》，不過《便宜十六策》真偽向來有爭議，今取李勳初說，云《十六策》或真偽摻雜。）

歷代休養生息均採此策，似無特殊解釋的必要。

然而，生息就未必了。諸葛亮和當年的劉備一樣，面臨著一個非常嚴重的問題：蜀漢要生存，必須走出內憂外患；走出內憂外患，處處需要用錢；蜀漢政府財力已竭，只有向社會汲取；而整個蜀漢社會已經不堪重負，瀕臨破產；社會愈破產，蜀漢政府愈沒錢，內憂外患愈嚴重，愈需要蜀漢自強；蜀漢愈自強，就愈需要錢，就愈要從社會汲取，社會負擔就愈重……蜀漢政府陷入惡性循環。因此，諸葛亮的「不折騰」是真的，想辦法開源也是真的。

諸葛亮早期開源的辦法也是老生常談，無外乎鹽鐵國營。這裡有兩件事值得一提，一是蜀漢製鹽業並非粗獷式經營，而是自有其精細處。諸葛亮「長於巧思」（《三國志・蜀書・諸葛亮傳》），其所發明之木牛流馬、改進之元戎連弩，婦孺皆知。在製鹽業上，諸葛亮也重視技術改進。蜀地有火井，可煮鹽，然當時人們對此的認識還十分膚淺。其時，臨邛發現一口火井，「縱廣五尺，深二、三丈。井在縣南百里，昔時人以竹木投以取火。諸葛丞相往視之後，火轉盛熱。以盆蓋井上，煮鹽，得鹽」（《博物志・異產》）。取火井煮鹽事半功倍，後臨邛鹽戶亦以此煮鹽，效率頗高。（《續漢志・郡國志五》「蜀郡」劉昭注引《蜀都賦注》）諸葛亮利用新技術提高煮鹽效率、降低成本方面，確實有貢獻。〈陳情表〉作者李密之子李興，曾稱讚諸葛亮：「推子八陣，不在孫吳；木牛之奇，則非般模；神弩之功，一何微妙！千井齊甃，又何祕要！」（《三國志．蜀書．諸葛亮傳》裴注引《蜀記》）直到鄧艾滅蜀後，艾仍「留隴右兵二萬人，蜀兵二萬人，煮鹽興冶，為軍農要用」（《三國志．魏書．鄧艾傳》），可見蜀漢昔日製鹽業之盛。

二是製鹽業的效率。劉備入蜀之初，即設立鹽府校尉（又稱司鹽校尉），以王連擔任。王連後卒於任上，前後司鹽政約十年。這十年裡，王連「較鹽鐵之利，利入甚多，有裨國用」，又「簡取良才以為官屬」，其所提拔的呂乂、杜祺、劉幹等人，亦「終皆至大官」（《三國志．蜀書．王連傳》）。

由於王連司鹽期間鹽利頗豐，故而一路升遷，至建興元年諸葛亮主政，王連已升任丞相長史，以丞相府首吏的極高身分主持蜀漢的鹽鐵國營。王連在世時，諸葛亮曾數次考慮親征南中，但都被王連以「此不毛之地，疫癘之鄉，不宜以一國之望，冒險而行」為由勸住。（《三國志．蜀書．王連傳》）究其原因，估計還是有王連主持鹽政，蜀漢財政危機有所緩解。而一旦王連去世，便再無此類人才可以在盡量不傷民的前提下，維持蜀漢經濟命脈的高效運轉，諸葛亮只能選擇另闢蹊徑，親征南中。

王連的鹽政對蜀漢政府居功甚偉，但並非毫無瑕疵。廖立曾吐槽「王連流俗，苟作掊克，使百姓疲弊，以致今日」（《三國志．蜀書．廖立傳》），恐非虛言；王連提拔的得力助手呂乂，也是「持法刻深，好用文俗吏」（《三國志．蜀書．呂乂傳》）的刻薄之人。

實際上，經歷劉備十年的戰爭經濟後，諸葛亮已經陷入兩難境地。在益州經濟總量短期內難以改變的情勢下，要養民，就不能過分汲取資源；汲取資源，必然會傷民。

正是這種兩難的矛盾，使得鹽政雖然能夠令蜀漢政府在內憂外患中勉強維持，然仍不足以拯救益州的經濟形勢。前引武昌任家灣墓出土的太平百錢小樣，入土時間至遲在建興五年。考慮到此種貨幣從在蜀漢鑄行，到吳國流通尚需一定時間，則這種太平百錢小樣的發行時間，大概亦在建興初年。這是劉備稱帝前後的一．六克輕錢進一步流通的結果。由此，足可見益州經濟形勢仍然持續惡化。要走出兩難境地，諸葛亮和蜀漢政府必須迅速找到新的經濟增長點。

諸葛經濟學的「奇蹟」

建興三年是蜀漢經濟的分水嶺，此前的十年間，劉備雖然成功入蜀，並對外取得漢中之戰的勝利，但財力、物力消耗極為嚴重，兩次荊州戰役均以慘敗告終，漢中經濟蕭條亦無法對蜀中經濟形成補充。整個蜀漢的經濟處於嚴重損耗的形勢下，即將走到崩潰的邊緣。

這一年或稍前，王連去世。諸葛亮發兵，平定南中；繼而分割郡縣，削弱豪強、夷帥，抽調當地精銳「勁卒、青羌」入巴蜀，加強對南中的直接控制；與此同時，諸葛亮也允許忠於蜀漢的南中豪強如焦、雍、婁、爨、孟、量、毛、李等大姓擁有部曲，做為蜀漢在南中統治的代理人。（《華陽國志．南中志》）由此，諸葛亮在南中實現「夷漢粗安」。（《三國志．蜀書．諸葛亮傳》裴注引《漢晉春秋》）

蜀漢平定南中的意義，遠不只平定叛亂、增加名義上的國土面積，更在於在巴蜀漢地區以外，開闢新的戰略資源基地。南中戰略資源基地的建設成為劉備入蜀後，蜀漢開闢的唯一經濟增長新區。

南中平定後，李恢、張翼、馬忠先後擔任庲降都督，管理南中地區。其時，南中「出其金、銀、丹、漆，耕牛、戰馬給軍國之用」（《華陽國志・南中志》），「賦出叟、濮耕牛、戰馬、金、銀、犀革，充繼軍資，於時費用不乏」（《三國志・蜀書・李恢傳》）。由此，當南征大軍回到成都時，深陷經濟危機的蜀漢竟然出現「軍資所出，國以富饒」的局面（《三國志・蜀書・諸葛亮傳》），可見蜀漢政府從南中獲得巨額財富。

做為一名成熟的政治家，諸葛亮亦深知僅依靠對南中「劫掠式」的資源開發，並非長久之計。這不僅受制於南中的生產力，還會使「南撫夷越」的民族政策成為畫餅。掠奪式經濟只會使南中迅速淪為第二個危機重重的巴蜀。事實上，蜀漢在南中的統治，並非「終亮之世，南方不敢復反」（《三國志・蜀書・馬良傳附馬謖傳》裴注引《襄陽記》）。由於蜀漢在南中剝削較重，當地小規模叛亂從未停息。如諸葛亮回師後，「南夷復叛，殺害守將」，賴得李恢鎮壓（《三國志・蜀書・李恢傳》）。建興九年，張翼為庲降都督、綏南中郎將，「性持法嚴，不得殊俗之歡心」（《三國志・蜀書・張翼傳》），兩年後南中豪強劉冑被逼反，「擾亂諸郡」（《三國志・蜀書・馬忠傳》）。接替張翼的馬忠雖然平定叛亂，但不久後，「牂牁、興古獠種復反」（《三國志・蜀書・張嶷傳》裴注引《益部耆舊傳》）。這些叛亂均發生在諸葛亮執政時期。

後來鄧艾偷渡陰平，劉禪有逃難南中的想法，譙周說：「大敵已近，禍敗將及，群小之心，無一可保，恐發足之日，其變不測。」此言非虛。

故而，諸葛亮獲得南中物資的同時，開始對南中地區實行改造和建設。其一，「命人教打牛，以代力耕」（《滇考・諸葛武鄉侯南征》），將蜀地先進的生產技術和工具規模傳入南中，改變當地的原始農業。於是「諸夷慕侯之德，漸去山林，徙居平地，務農桑，諸部於是始有姓氏」（《諸葛亮集．故事．遺事篇》張澍引《滇載紀》）。此處敘述較為誇張，但在南中推廣農業生產技術應為真。

其二，對當地落後的「土鹽」技術加以改造，開發新的製鹽基地。如雲南郡蜻蛉縣（今雲南省楚雄彝族自治州永仁縣境）的黑鹽井，即蜀漢時以更為先進的技術始開鑿。（見《華陽國志．南中志．十二》任乃強注十三）

其三，面對南中地區「其俗徵巫鬼，好詛盟，投石結草，官常以盟詛要之」的落後文化，諸葛亮親自「為夷作圖譜，先畫天地、日月、君長、城府；次畫神龍，龍生夷，及牛、馬、駱、羊；後畫部主吏乘馬幡蓋，巡行安恤；又畫夷牽牛負酒、齎金寶詣之之象，以賜夷。夷甚重之，許致生口直」（《華陽國志．南中志》），提升南中地區的文明水準。

正是由於諸葛亮的良性建設，南中得到史無前例的良好開發，也使得蜀漢政府的資源汲取獲得一定合法性。今雲貴地區少有言蜀漢苛政者，倒是民間敬仰諸葛亮的傳說廣播，真偽難辨的武侯遺跡遍布。民意如此，足見諸葛亮對南中經營之成功。

南中之役，促使蜀漢政府「國以富饒」。此處的「富饒」，當然指蜀漢國庫的「富饒」，亦即平定南中後運回成都的物質資源，大大充實蜀漢嚴重損耗的國庫。然而，對比同期的太平百錢，可知在國庫富饒的同時，巴蜀地區社會經濟「疲敝」的狀況絲毫沒有得到改善。要改變這種情況，以支援即將開啟的北伐事業，諸葛亮還需另謀他法。

鹽鐵之利，南中開發，雖使蜀漢國庫充盈，但本質上賺的都是自己人的錢。要進一步擴大收入，蜀漢政府只能從別人身上打主意。要賺別人的錢，就只有發展對外貿易。

諸葛亮將目光鎖在蜀錦上。

揚雄〈蜀都賦〉說：「爾乃其人，自造奇錦。」兩漢之際，蜀錦已聞名遐邇；至漢末、三國時期，更成為蜀中價值極高的特產。前文提到劉備定蜀後，對四大功臣各賜「錦萬匹」，足見當時益州州府所存蜀錦之多。

蜀錦名貴，曹操祖孫三人尤為喜愛。曹操曾「遣人到蜀買錦」。（《後漢書・左慈傳》）曹丕因買到殘次品而咆哮不已，下詔曰：「前後每得蜀錦，殊不相比，適可訝。而鮮卑尚復不愛也！」（《太平御覽》卷八一五引《魏文帝詔》）曹叡曾以「絳地交龍錦五匹」及「紺地句文錦三匹」賞賜倭使（《三國志・魏書・東夷傳》），據推測，這些錦也是蜀錦中的上乘。（余明俠《諸葛亮評傳》）

蜀錦既然是熱門商品，極度缺錢的蜀漢絕對不會放過如此財路。不過，把蜀錦的重要性提高到戰略地位的還是諸葛亮，他在〈言錦教〉說：「今民貧國虛，決敵之資，唯仰錦耳！」（《太平御覽》卷八一五引）

在成都，諸葛亮扶持國營織錦業，將織錦工匠集中起來，築城駐兵管理，並於城內設置管理織錦業的錦官。（繆鉞《成都設錦官始於蜀漢》）左思〈蜀都賦〉云：「封域之內」，「桑梓相連」，「闤闠之裡，伎巧之家，百室離房，機杼相和，貝錦斐成，濯色江波」。這些「伎巧之家」，就是錦官管理的錦工。這些由錦工織造的蜀錦經驗收合格後，便做為蜀漢的戰略物資，以維持軍國之用。

錦官所駐之城，即錦官城，在今成都市百花潭公園一帶。「其道西城，故錦官也。錦工織錦，濯其江中則鮮明，他江則不好。故命曰『錦里』也。」（《華陽國志・蜀志》）顯然，蜀錦顏色的好壞與水質有直接關係。錦官城既然壟斷最適合濯洗蜀錦的河流水段，最名貴的蜀錦非錦官壟斷生產不可。

當然，雖然錦官對高級蜀錦有壟斷地位，但不意味著所有蜀錦都是國營。事實上，當時蜀錦產業可能遍布蜀漢百姓家中，可以從錦絹等絲織品對蜀錢的補充作用一窺究竟。

曹操在田租之外徵收「調」，即絹綿（《三國志・魏書・武帝紀》裴注引《魏書》載魏公令、《三國志・魏書・趙儼傳》等），此後遂成定制，即租調制度。蜀漢雖然沒有頒行正式的租調制，但似也徵收絲織品做為實物稅。如趙雲兵敗箕谷後，「有軍資餘絹，亮使分賜將士」（《三國志・蜀書・趙雲傳》裴注引《雲別傳》），此或即以絲織品代替錢幣稅。

另外，諸葛亮也參與到蜀錦產業鏈當中。〈臨終遺表〉中，諸葛亮曾自云「成都有桑八百株」（《三國志・蜀書・諸葛亮傳》），蓋亦為民間種桑以供蜀錦生產的真實寫照。

當然，以蜀漢當時國營企業的絕對壟斷地位，自然經濟下分散生產的民營蜀錦對其不具備競爭力。曹丕所購蜀錦品質參差不齊，或許即與此有關。

諸葛亮扶持國營蜀錦，使蜀錦經銷中原、江南乃至塞北，獨步天下。南朝宋人山謙之在《丹陽記》說，江東「歷代尚未有錦，而成都獨稱妙。故三國時，魏則市於蜀，吳亦資西蜀，至是始乃有之」（《初學記・寶器部・錦》注引《丹陽記》）。觀前引曹丕詔書，則鮮卑人亦愛蜀錦。如此規模之國營貿易，必然為蜀漢帶來可觀的收入。

而伴隨著貨幣減重貶值，蜀錦反而成為硬通貨。一方面，蜀漢用於外交的國禮，皆為蜀錦。如建興元年，鄧芝使吳，帶給孫權的見面禮即有「馬二百匹、錦千端及方物」（《三國志・吳書・吳主傳》裴注引《吳曆》，一端為二丈，即半匹，千端為五百匹）。次年吳使張溫報聘，蜀漢亦贈送「熟錦五端」（《三國志集解・吳書・張溫傳》注引《太平御覽》卷八一五，引張溫上表）。

另一方面，蜀漢也將蜀錦用於儲備。劉禪投降鄧艾時，國庫中有「米四十餘萬斛，金、銀各二千斤，錦綺、彩絹各二十萬匹」。（《三國志・蜀書・後主傳》裴注引《蜀記》）金銀總量尚不及劉備定蜀時賞賜四大功臣的總額；嚴重貶值的蜀錢亦不見載；唯獨以蜀錦為代表的絲織品，存量達二十萬匹。

諸葛亮開闢的南中戰略資源基地，以及開啟的國營蜀錦貿易，終於使蜀漢的經濟逐漸好轉。蜀漢繼直百五銖和太平百錢之後，鑄行了第三種貨幣「直百」。彭信威先生認為新幣始鑄於建興十三年（二三五年）。（彭信威《中國貨幣史》）

顧名思義，直百仍然是一枚價值一百五銖錢的虛值蜀錢。直百錢鑄行時，均在二克以上，如二・三克（見《上海博物館藏錢幣・魏晉隋唐錢幣》）、二・五克（見《中國錢幣大辭典・魏晉南北朝隋編、唐五代十國編》），甚至還有二・七五克的（同上）。

劉備稱帝前夕，部分直百五銖已經減重到一・六克；諸葛亮建興初政時，太平百錢也已經有不少減重到〇・八～一・五克。諸葛亮去世後，劉禪鑄行二克以上的直百錢，我認為可能有兩種情況。

第一種，假設在章武年間和建興初年，一克蜀錢確實已經大量流通，此時劉禪鑄行二克直百，似仍有矯正幣制的意圖。而且二克直百雖然並非大量出土，但也絕非罕見，或許說明蜀漢政府這段時期有較強的經濟實力來鑄行二克錢。如此，則諸葛亮時期的蜀漢經濟，確實有復甦的跡象。

第二種，假設章武年間和建興初年，一克蜀錢流通量不大，前文提到的任家灣太平百錢屬於個例，那麼諸葛亮執政期間，蜀漢的錢幣重量當一直維持在二克以上。如此，諸葛亮時期的蜀漢經濟始終維持在一定水準，未出現劉備時期那樣雪崩式下滑的現象。

無論哪種可能都說明一點，就是諸葛亮治蜀的大部分時間裡，蜀漢的經濟形勢沒有繼續惡化。這還是在諸葛亮發動三次大型北伐、兩次小型北伐、一次防守反擊，同時沒有增加賦稅、沒有進一步增加民眾負擔的基礎上。

與此同時，相對於曹魏、東吳嚴重的通貨緊縮，蜀漢始終維持著貨幣經濟。在市場萎縮、貨幣不足的前提下，有貨幣總好過沒錢用。

因此，蜀漢的貨幣不僅在境內流通，在東吳境內也成為最主要的貨幣之一，從東吳陵墓出土的錢幣中可以得到驗證。

這不能不說是一個「奇蹟」！

「奇蹟」的真相

這真的是奇蹟嗎？

蜀漢經濟雖然沒有惡化，但本質上沒有多少發展。社會活力依舊低迷，和魏、吳相比，人民物質生活水準仍然較低。諸葛亮連年北伐，維持經濟不再惡化已屬不易，經濟發展和真正的「復甦」恐怕已經不是他當時的第一要務。

從政治與經濟的角度出發，人們追求的無怪乎效率與公平。經濟總量較為平穩的基礎上，蜀漢政府的收入保持高效，民眾的財富積累就一定不會高效。既然效率問題無法解決，就只能在公平上下功夫。

諸葛亮執法公正，向來為人稱頌，無須多言。如果說劉備時期，諸葛亮尚且受制於劉備，會出現放縱法正這種「汙點」；那麼劉禪時代，諸葛亮全面執政，則完全落實自己的執政理念。但很少有人注意到，諸葛亮這種公平公正的「法治」，依靠的並非制度，而是「人治」。

首先是司法制度。秦、漢以來推行的司法制度在蜀漢似乎始終未建立起來。秦、漢時期最重要的司法官廷尉，有關蜀漢的史料裡居然從未出現過。雖然蜀漢諸卿已趨於虛化，但傳統十二卿（太常、光祿勳、衛尉、太僕、廷尉、大鴻臚、宗正、大司農、少府、執金吾、大長秋、將作大匠）中，除廷尉、宗正和將作大匠，其餘九個皆記載有人擔任。將作大匠只是二千石，其執掌、地位與中二千石諸卿又不可同日而語。廷尉在中二千石裡都是極為重要者，又是正經八百的九卿之一，卻不見記載，確實比較奇怪。

當然，沒有廷尉，倒不意味著蜀漢沒有高級司法官員。疑似者，如章武元年「秋七月，先主東伐。群臣多諫，不納。廣漢秦宓上陳天時必無其利，先主怒，繫之於理」（《華陽國志・劉先主志》）；又如劉琰寫信給諸葛亮說：「間者迷醉，言有違錯，慈恩含忍，不致之於理，使得全完，保育性命。」（《三國志・蜀書・劉琰傳》）

「致之於理」，就是交給司法官員、下獄等的代名詞。東漢時，齊王劉晃犯錯被廢，漢章帝稱「不忍置之於理」（《後漢書・齊武王傳》）；安帝說樂成王劉萇驕淫不法，漢安帝也說「不忍致之於理」（《後漢書・樂成靖王黨傳》）；又如漢末，毛玠涉嫌謗毀案中，和洽曾說曹操「不忍致之於理」（《三國志・魏書・和洽傳》）。可見，有關秦宓、劉琰的史料，只能證明蜀漢有相關的司法官員，但不能證明有廷尉或能具有相等職權的官員。

即便說蜀漢的九卿只是空架子，實權歸丞相府、大司馬府、大將軍府或尚書臺，然而兩漢時期，分曹治事中掌管司法刑獄的賊曹、獄掾等在蜀漢史料中也不見記載。

司法官職可考者，只有益州督軍從事。如楊戲「年二十餘，從州書佐為督軍從事，職典刑獄，論法決疑」（《三國志·蜀書·楊戲傳》）；何祗「後為督軍從事」，「常奄往錄獄」，又「讀諸解狀」（《三國志·蜀書·張嶷傳》裴注引《益部耆舊傳雜記》）。

督軍從事之名，顯然仍是戰時政府的官職，而且是地方州級的「吏」，不是中央朝廷的「官」。打個不恰當的比方，蜀漢的司法權力是由戰時地方軍事法庭來行使，漢代民事司法機構的框架，蜀漢不是沒有建立，就是微不足道到不值得記載。

司法制度有缺陷，但並不缺失，終究不妨礙日常的執法。然而蜀漢的監督機制，似乎從未建立起來。東漢最高監察長官為御史中丞，司隸校尉亦行使一定的監察權。蜀漢雖然也設有二職，但情況和東漢完全不一樣。

先看御史中丞，可考者只有孟獲、向條二人。孟獲為御史中丞（《華陽國志·南中志》），未有監察官員之例，統戰意味濃厚；向條為向朗之子，景耀中（二五八年～二六三年）為御史中丞，然亦無事蹟可尋。（《三國志·蜀書·向朗傳附向條傳》）而且蜀漢相關史料中，亦無任何關於御史的記載。不禁讓人懷疑，蜀漢的御史中丞是否也是虛職？蜀漢是否根本就沒有御史臺？如果沒有御史臺，自然也找不到任何御史的影子。

再看司隸校尉。蜀漢擔任司隸校尉者，只有張飛和諸葛亮兩人。張飛在章武元年四月以車騎將軍領任司隸校尉，六月即卒，監察根本談不上；張飛卒後，諸葛亮即以丞相錄尚書事領司隸校尉。

（《三國志．蜀書．先主傳》、〈張飛傳〉、〈諸葛亮傳〉）但諸葛亮既是丞相錄尚書事，又領司隸校尉，這就在制度角度談不上獨立的監察權。特別是劉禪時期，諸葛亮又領益州牧，司隸校尉的官職就此寢廢。蜀漢的司隸校尉象徵意義更大，從來都沒有履行過獨立的監察權。

總之，制度化的監察制度與監督機制，蜀漢從來就沒有建立起來。

蜀漢政權從奠基開始，就有非常明顯的戰時政府特點，軍事化管理色彩濃重。蜀漢做為三國之中實力最弱者，想在三足鼎立的競爭格局中處於不敗之地，並努力打破僵局、振興自強，就只有比魏、吳兩家更集中權力、汲取資源。

然而，權力愈集中，「法」對於「權」的作用愈弱，尤其對於權力頂端的制約作用，全靠權力的自我約束。也就是說，權力愈集中，公平公正愈依靠人本身，制度的作用反而被削弱。因為權力在人手裡，而不在制度化的組織手裡。這不是說集權者一定在主觀上要撇開制度，而是制度在客觀上確實已無法對集權者實行有效制約。所以，蜀漢的法治其實具有極強的人治特點。

由於監督機制不存，監察機構癱瘓，諸葛亮為維持公平公正的清明政治付出慘痛代價，就是事必躬親。這樣的例子在史料中比比皆是，有些甚至耳熟能詳：

親自校簿書校到滿頭大汗（《三國志．蜀書．楊戲傳附季漢輔臣贊》注引《襄陽記》）；為了追查斧子的品質問題，親自找作部做實驗（《太平御覽》卷三三七、七六三引〈作斧教〉，見《諸葛亮集》）；為了杜絕懶政荒政，親自考察督軍從事何祗（《三國志．蜀書．張嶷傳》注引《益部耆舊傳雜記》）；最著名的當然還是諸葛亮最後一次北伐時，「夙興夜寐，罰二十以上，皆親覽焉；所噉食不至數升」（《三國志．蜀書．諸葛亮傳》注引《魏氏春秋》）。

不是諸葛亮選擇事必躬親，而是高度集權逼迫他事必躬親。蜀漢經濟的穩定或「復甦」，從制度層面講，不過是諸葛亮以透支身體代替制度來勉強維持。

蜀漢的經濟如同其政府機構運作，亦如同諸葛亮的身體，全憑憋住的一口氣。但人都要喘氣，這口氣早晚會鬆；不鬆，就會憋死。

後主時代（二三五年～二六三年）：休養生息挽不回的土崩瓦解

惡性通膨

建興十二年，諸葛亮去世，蜀漢的復甦時代結束。

以競爭視野觀察，蜀漢在短期內透過損耗社會活力和透支社會未來財富來汲取更多資源，以集中力量打破僵局，其實無可厚非。

就好比不同階層的人奮鬥，富家子弟可以將大把精力、財力用於全方面發展，而貧家子弟只能把有限的精力和財力用於一方面，例如求學或做生意，這是貧家子弟改變命運的唯一出路。不僅如此，貧家子弟還要犧牲大量的娛樂時間，加班、熬夜，以透支身體來彌補出身的「先天不足」。

如果貧家子弟成功了，即可逐漸提升社會地位和改善生活環境，進一步可以選擇發展自己的興趣愛好，抑或健身養生。總之，在競爭中成功脫貧後，他有了更多選擇。

蜀漢正是這樣的貧家子弟，在競爭視野下，以曹魏和孫吳的標準來苛責蜀漢，無異於以富家子來指責窮家子的不全面發展、透支健康。免於指責的唯一方法，似乎只有直接認輸，退出競爭，結局當然是任人宰割。

倘若北伐大業取得成功，以目前所見史料看，雜糅儒家、法家、道家思想的諸葛亮，必然能夠推行「育養民物」（《三國志．蜀書．杜微傳》）的休息政策。

而後世所有的非議都在於北伐失敗，諸葛亮五伐中原不成，自己的身體嚴重透支，終於支持不住，秋風星落五丈原。與諸葛亮一樣，經過嚴重透支，開始支撐不住的還有整個蜀漢的經濟。

諸葛亮死後，蜀漢發行新貨幣直百。彭信威先生將發行時間定在建興十三年，理由是「劉禪更加恣意於奢侈，蔣琬等人的話未必能打動他」（彭信威《中國貨幣史》），於史無徵。不過，他在後面提到孫權鑄行大泉五百與直百的關係，似乎對直百錢首鑄時間的判定更有啟發。

其實，孫吳政府此前就疑似鑄行過虛值貨幣，到了吳嘉禾五年（二三六年），又鑄行虛值貨幣「大泉五百」，即一枚面值五百五銖錢的貨幣，比蜀漢的「直百」系列面值更大。

大泉五百初鑄時為十二克，蜀漢的直百在初鑄時在二．三～二．五克，重量大概是大泉五百的五分之一，與兩者面值的倍數正相符。由此觀之，孫權鑄造大泉五百，或許即是應對蜀漢「貨幣戰爭」的舉措。在此之前，孫吳境內使用的錢幣既有漢五銖，也有新莽時期的虛值貨幣大泉五十等。蜀漢大規模發行直百，加上之前嚴重貶值的直百五銖、太平百錢，終於使孫吳承受不住。為了防止銅料外流，乃鑄行大泉五百做為應對措施。由此觀之，直百鑄行的時間定在建興十三年，大抵不會有錯。

諸葛亮去世後，蔣琬、費禕先後執政，蜀漢鑄行二克以上的直百。然而至遲在十五年後，蜀錢的減重又破了紀錄。安徽馬鞍山朱然墓（朱然去世於赤烏十二年，即二四九年）出土的七枚太平百錢，只有〇．九克。特別是還出土一種叫「太平百金」的錢。這種錢本來也是太平百錢，但因為太輕、太小，以致沒有足夠的空間將「錢」字完整地刻鑄在錢幣上，於是「錢」字只能刻一半，變成「金」。（費小路《三國吳朱然墓出土錢幣》）太平百金是一種比太平百錢減重貶值更嚴重的蜀錢，一克的太平百金已可稱為「大樣」了。

這十五年裡究竟發生了什麼，令蜀漢的經濟再度衰退呢？

相比於諸葛亮時代，蔣琬和費禕都在努力息兵養民，費禕更不惜以制約姜維、屢施大赦，來贏取疲憊的蜀民支持。但顯然，蔣琬和費禕的努力，換來的卻是經濟惡化。他們雖然清靜無為，但沒有著力扶持蜀漢境內的社會經濟復甦，也沒有阻止錢幣的減重。

長期以來，蜀漢的貨幣政策本身就是一種對民間財富的掠奪；而諸葛亮全力扶植的國營壟斷式經濟體系，必然對民營經濟產生過度排擠。當紅利期過後，社會經濟的凋敝就日漸明顯。所謂休養生息，已經是治標不治本。

如果仍以人來做比喻，諸葛亮時代的蜀漢，無疑是一位生病的貧家子弟。雖然他的工作有點起色，但身體隱約出現問題。此時，貧家子弟需要的是治病，僅臥床休息已經無法使身體恢復健康。

蜀漢末日

蔣琬、費禕尚不能挽救蜀漢的局勢，劉禪親政後，蜀漢就只能江河日下。

由於集權效應，蜀漢公正的法治實則建立在人治基礎上。要維持政治清明，依靠的是執政者自我約束。做為魅力型人物，諸葛亮留給蜀漢的最大遺產，莫過於廉潔奉公的精神。如蔣琬「為政以安民為本，不以修飾為先」，「好惡存道」（《三國志‧蜀書‧蔣琬傳》）。費禕「雅性謙素，家不積財。兒子皆令布衣素食，出入不從車騎，無異凡人」（《三國志‧蜀書‧費禕傳》）。姜維「處群臣之右，宅舍敝薄，資財無餘，側室無妾媵之褻，後庭無聲樂之娛，衣服取供，輿馬取備，飲食節制，不奢不約，官給費用，隨手消盡」（《三國志‧蜀書‧姜維傳》）。董允「秉心公亮」（《三國志‧蜀書‧董允傳》）。

然而，人治終究不穩定。費禕、董允死後，劉禪親政，重用陳祗、黃皓，蜀政漸亂。與此同時，姜維重新啟動大規模北伐，他雖然錄尚書事，但常年軍旅在外，實則只統軍，不統政。諸葛亮時代以一己之力維持軍事行動與財政平衡的機制，此時徹底無法維持下去。

這種平衡的打破只是一個縮影。姜維連年北伐，或有慘敗，使得蜀漢對效率的要求變本加厲，經濟被進一步掏空；而劉禪重用佞臣，政治混亂，使得公平無法維持，諸葛亮時代在效率與公平之間建立的平衡機制徹底崩盤。

而且，諸葛亮時期全力打造的國營壟斷經濟體系，即鹽鐵專賣與錦官機構，伴隨著蜀漢亂政，這時也一定出現效率低下的問題。

舉一個簡單的例子。還是在諸葛亮時期，蜀漢的軍工部門「作部」即出現過人浮於事和嚴重的品質問題。建興七年，諸葛亮發動第三次北伐，進攻曹魏武都，命部隊拆除魏軍的鹿角，結果「一日鹿角壞刀環千餘枚」。所幸此時魏軍撤退，「若未走，無所復用」。隨後，諸葛亮「自令作部作刀斧數百枚，用之百餘日，初無壞者」，方知「彼主者無意，宜收治之」。靠著諸葛亮的事必躬親，對作部工作及時監督和調整，未來的戰爭中才沒有釀成「敗人軍事」的慘禍。（《太平御覽》卷三三七、七三六引〈作斧教〉，見《諸葛亮集》）

諸葛亮時期尚且如此，更不要提劉禪親政時期了。

此時的蜀漢，好比一個身體嚴重透支的病人，沒有及時就醫，只是簡單休息一陣子，又開始熬夜加班；不僅如此，竟然還要花錢儲值、熬夜打手遊。

那麼這個人的命運，只有死路一條。

做為被剝削最為嚴重的益州人，愈來愈多人開始詛咒蜀漢滅亡。如諸葛亮去世時，蜀中大儒譙周「在家聞問，即便奔赴，尋有詔書禁斷，惟周以速行得達」；擔任太子劉璿家令期間，對太子多有規勸。從這裡來看，經歷諸葛亮時代的譙周，與那些嚴重抵觸劉備的蜀中大族不同，他對蜀漢政府沒有那麼排斥，工作也可謂盡職盡責。或許諸葛亮的人格魅力曾一度感染了譙周。不過，隨著蜀漢經濟的再度崩潰，譙周的態度發生巨大轉變。「於時軍旅數出，百姓凋瘁」，譙周乃作〈仇國論〉，號召停戰。（以上見《三國志．蜀書．譙周傳》）又散布謠言，說「先主諱備，其訓具也；後主諱禪，其訓授也。若言劉已具矣，當授與人，甚於穆侯、靈帝之祥也」（《宋書．五行志二》），詛咒蜀漢早日亡國算了。

國勢日蹙，不僅導致益州人再度對蜀漢離心離德，也導致蜀漢統治集團內部崩解。代表劉禪擴張皇權而干預朝政的宦官黃皓、主張停戰休息的執政大臣諸葛瞻、主張用兵自強的軍事統帥姜維，矛盾日深。

各種動盪對蜀漢的經濟無疑雪上加霜。蜀漢末期，劉禪又鑄行新錢「定平一百」。此錢最重者不過一．七克，稍大的一．一克，而大多數在一克以下，甚至有大量〇．四～〇．五克的輕錢；與此同時，直百錢也瘋狂減重，出現〇．三克的劣幣，比定平一百有過之而無不及。

蜀錢減重貶值至此，是蜀漢政府在主動減重、對蜀中人民瘋狂搶劫，還是被盜鑄者帶壞節奏被迫貶值，一切已經不重要了。因為後果都一樣：「主暗而不知其過，臣下容身以求免罪，入其朝不聞正言，經其野民皆菜色。」（《三國志．吳書．薛珝傳》裴注引《漢晉春秋》薛珝語）

蜀漢經濟破產，蜀民的正常生活已經無法維持。即便諸葛瞻成功擋住鄧艾，即便姜維逼退鍾會，等待劉禪和蜀漢的仍然是被蜀民拋棄的命運。

晉政初代（二六三年～二六八年）：世家大族的解放

炎興元年（二六三年），魏將鄧艾偷渡陰平，在益州大族譙周的勸說下，劉禪投降，蜀漢滅亡。司馬氏控制的曹魏政府將進入益州的人士大量遷出，「後主既東遷，內移蜀大臣宗預、廖化及諸葛顯等並三萬家於東及關中」。（《華陽國志．大同志》）同時下詔：「勸募蜀人能內徙者，給廩二年，復除二十歲。」（《三國志．魏書．陳留王紀》）又宣布「特赦益州士民，復除租賦之半五年」。（《三國志．魏書．陳留王紀》）

自中平五年（一八八年）遭到入侵的益州人，特別是自建安十九年被捆綁在蜀漢戰車上的益州人，終於獲得解放。

在「九品官人法」為基礎的曹魏和西晉的統治下，在善待蜀人以爭取孫吳的策略下，益州的世家大族不僅獲得夢寐以求的「蜀人治蜀」之權，更獲得在朝廷中晉升的空間。

息民、免稅、停戰、自治，一切都來之不易，一切又是那麼美好。很美好，但這不是全部。《華陽國志·李特雄期壽勢志》：「鍾、鄧之役，放兵大掠，誰復別楚、蜀者乎！」

《晉書·王濬傳》：巴郡「郡邊吳境，兵士苦役，生男多不養」。直到王濬接任太守，「嚴其科條，寬其傜課，其產育者皆與休復」，才「所全活者數千人」。不禁讓人想起那句名詩：「信知生男惡，反是生女好。生女猶得嫁比鄰，生男埋沒隨百草。」

甚至在泰始四年（二六八年），蜀中還爆發假託諸葛瞻的起義。

「故中軍士王富有罪逃匿，密結亡命刑徒，得數百人，自稱諸葛都護，起臨邛，轉侵江原。江原方略吏李高、閻術縛富送州，刺史童策斬之。初，諸葛瞻與鄧艾戰於綿竹也，時身死失喪，或言生走深逃。瞻親兵言富貌似瞻，故富假之也。」（《華陽國志·大同志》）

這就是被蜀中大族寄予厚望的西晉，也許，當「解放者」晉軍來到蜀中後，對他們夾道歡迎的不過是那些重獲權力的大姓豪強。至於蜀中小民，依然苟且。

「葛公在時，亦不覺異，自公歿後，不見其比。」（《小說》）

補記：本文寫作倉促，必有未能兼顧和謬誤之處，望讀者海涵與指教。

另外考察蜀漢經濟時，本文主要使用的參考係為貨幣，而沒有使用人口。因三國人口本身即為重大課題，史料記載或有疏漏，出土材料亦少，葛劍雄先生《中國人口史》亦對其頗多質疑，故而文中暫未涉及蜀漢的人口問題。

原作於二〇一九年五月九日
二〇一九年十二月六日修訂

附錄二

試論蜀漢的史官制度

三國史料中，蜀史最為簡略。究其原因，陳壽《三國志》卷三三〈蜀書三．後主傳〉中說：「國不置史，注記無官。是以行事多遺，災異靡書。諸葛亮雖達於為政，凡此之類，猶有未周焉。」

有人據此認為蜀漢沒有史官，甚至進一步認為是諸葛亮故意為之，為的是讓自己大權獨攬，不受史官干涉，避免身後留下專權僭越的罵名，特別是陳壽說了：「諸葛亮雖達於為政，凡此之類，猶有未周焉。」

當然也有反對的聲音，經常被人拿出來說的證據仍是出自〈後主傳〉，裡面提到景耀三年（二五八年），「史官言景星見，於是大赦，改年」。連陳壽都寫了，蜀漢有史官，怎麼會是「國不置史，注記無官」呢？

那麼，蜀漢到底有沒有設置史官，諸葛亮到底是不是為了大權獨攬而刻意不設史官呢？蜀漢的史料為什麼如此簡略稀少呢？

一、蜀漢到底有沒有設置史官？

太史令——不是史官的「史官」

要回答這一系列問題，首先要確定史官究竟是什麼。這是問題嗎？看起來不是，但其實是個大問題。

先來看〈後主傳〉提到的「史官言景星見」問題。從古至今，無論是專業學者的論文，還是歷史愛好者的文章，無一例外會在這個問題上有所糾結。

甲方認為〈後主傳〉既然明言「史官」，蜀漢一定設立了史官；乙方則反對，說這個史官是管天文曆法的天官、曆官，和從事歷史記錄的史官無關。甲方又說，既然叫「史官」，肯定和歷史著述有關，管天文曆法和歷史著述不衝突，例如司馬談、司馬遷父子曾經擔任過的太史令；乙方又有人說太史令本來就是天官、曆官，不是史官……

吵來吵去，核心問題還是〈後主傳〉的「史官」二字。

什麼是史官？幾乎所有人都會說就是記錄史實、蒐集史料、撰寫史書的官員。總之，就是從事歷史著述的官員。尤其是「太史公曰」四個字，更使太史令這個史官名稱家喻戶曉。司馬談、司馬遷父子都曾擔任太史令，正是這一職務，方便他們蒐集整理史料，最終成就司馬遷「史家之絕唱，無韻之離騷」的皇皇巨著《史記》。

司馬遷擔任的太史令屬於「從事歷史著述的官員」，這沒問題。問題在於這個「太史令」的前面必須加上「司馬遷擔任的」六個字。

漢武帝時期，太史令繼承先秦太史的傳統，一方面負責記事修史，是史官；另一方面掌管著天文曆法，是天官。當時的太史令工作涉及天文、曆法、禮樂、上計、算術、災變、圖書等諸多領域，記錄歷史只是職責之一，撰寫史書更是一項可以做，但不做也沒人追究的工作。

漢昭帝以後，太史令不再負責收受郡國計書，史官職能逐漸削弱，天官職能日益突出。東漢光武帝建武中元元年（五十六年），群臣建議太史撰集祥瑞，光武帝沒有批准。至遲到這一年，太史負責記錄的內容已經與國史無關了。太史令完全變成天官了。

具體而言，東漢的太史諸官隸屬太常。《續漢志》卷二五〈百官志二・太常〉言：「太史令一人，六百石。本注曰：掌天時、星曆。凡歲將終，奏新年曆。凡國祭祀、喪、娶之事，掌奏良日及時節禁忌。凡國有瑞應、災異，掌記之。丞一人。明堂及靈臺丞一人，二百石。本注曰：二丞，掌守明堂、靈臺。靈臺掌候日月星氣，皆屬太史。」

做為天官，太史不是什麼歷史都不記。但其所記內容僅限於「瑞應、災異」，和我們理解的記錄言行、事件的史官差得太遠。雖然如此，做為天官的太史令，卻仍然被人們稱為「史官」，成為後來眾多口水官司的導火線。

例如剛提到的群臣建議太史撰集祥瑞事件，據《後漢書》卷一下〈光武帝紀下〉記載，群臣上奏稱「宜令太史撰集，以傳來世」，光武帝沒有批准，理由是「常自謙無德，每郡國所上，輒抑而不當，故史官罕得記焉」。在這裡，「史官」即「太史」。

又如卷三〈顯宗孝明帝紀〉記載，永平三年（六〇年），漢明帝曾下詔說：「朕奉郊祀，登靈臺，見史官。」前引〈續漢百官志〉說過，靈臺歸太史掌管，其職責是「掌候日月星氣」，這裡的史官還是指天官太史。將天官太史稱為史官的習慣，至三國時期仍然未改。《三國志》卷二〈魏書二・文帝紀〉裴注引《魏書》，延康元年（二二〇年）三月「丙戌，令史官奏修重、黎、羲、和之職，欽若昊天，曆象日月星辰，以奉天時」。太史做為天官，不僅別人稱其為史官，官員也自稱史官。〈文帝紀〉注引〈獻帝傳〉載，延康元年十月辛亥，「太史丞許芝條魏代漢見讖緯於魏王曰：臣職在史官，考符察徵，圖讖效見，際會之期，謹以上聞」。許芝當時是太史丞，後來又升任太史令。（據《三國志》卷三五〈蜀書五・諸葛亮傳〉、《晉書》卷一二〈天文志中・史傳事驗〉）

無一例外，這些被稱為「史官」的太史令、太史丞，其職責都是天象、讖緯、曆法一類。可見，無論是擔任長官太史令，還是擔任佐官太史丞；也無論是自稱還是他稱，做為天官的太史令都被稱為「史官」。

蜀漢標榜漢朝正統，諸多制度沿襲東漢。〈後主傳〉提到的「史官言景星見」，同樣有關天象，同樣有關「史官」，這個所謂的「史官」只能是做為天官的太史，而與「從事歷史著述的史官」毫無關係。

不過，亦有人提出陳壽說「災異靡書」，蜀漢的天官也是缺位的。反對方當然會以〈蜀書〉中幾條關於災異的記載來駁斥，進而認為陳壽的「災異靡書」是胡說八道。這又怎麼解釋呢？只要對「災異靡書」不做絕對化的解讀，問題就好解決了。「災異靡書」的字面意思是災異沒有記載，但與上句「行事多遺」對仗，其表達的意思不過是記錄的災異現象很少。

當然，史官不僅可以用來稱呼東漢以來負責天文曆法的太史，更可以稱呼從事歷史著述的官員。這一類官員就是平時提到歷史工作性質的「史官」。

今天看來，編修史書是一件非常專業的事情，而且耗時、耗力，史官當然要找專業的人來當。但東漢時期卻不是這樣，把西漢和東漢加在一起也找不出一個職業史官，所有史官都是兼職。

西漢、東漢、蜀漢：史官只招兼職

西漢時期的史官主要是太史令，這個職位既是天官又是史官，本來就是個兼職官員，與早年史官、天官同源有關。到了東漢，太史令成為職業天官，史官卻一直沒有成為獨立職位。

雖然如此，記錄歷史的工作還是要有人做。當時，歷史著述工作先後主要由蘭臺（明帝時）、東觀（章帝至獻帝初）和祕書監（獻帝時）三個機構負責。用現在的話來說，這些機構就是國家圖書館和檔案室。具體的職員分別稱為蘭臺令史、東觀校書郎中（校書郎）和祕書監。從這些官號名稱也能看出來，校書郎管校勘文字，祕書監管理圖書，相當於國家圖書館和檔案室管理員、出版社編輯。

不過這些圖書管理員和編輯都是飽學之士，又守著圖書（當時紙張未普及，更沒有印刷術，圖書是稀有資源）和檔案，讓他們來負責歷史著述的工作，簡直是近水樓臺先得月。

具體而言，這種歷史著述工作有二：其一是記言、記事，就是把剛發生的事情記錄下來，是為「注記」；其二是修撰史書（尤其是修撰本朝國史），是為「修史」。負責注記的可稱其為注記官；負責修史的當然就稱其為修史官。不過注記官和修史官往往不這麼涇渭分明，漢、魏之時大多數史官既是修史官，也是注記官。

例如，平時在社群軟體裡發文，記錄生活，記錄想法；有一天突然有人把自己和好友的內容整理一下，最後在此基礎上加工而寫成一本書。前面發文的那位就是注記官；後邊整理寫書的就是修史官。自己發文又自己整理出書的，就是兼有注記與修史職責的史官。

朝廷如果有修史需求，特別是從東漢開始系統編撰本朝國史，首先想到的就是蘭臺令史、校書郎和祕書監；除此之外，朝廷還會從其他機構借調合適人選，共同組成「國史編撰小組」，負責編撰史書，地點自然就近選在蘭臺、東觀或祕書監。修史如此，注記也是如此。

也就是說，東漢設有履行修史和注記職責的史官，只不過這些史官都不是專門從事歷史著述的職業史官。他們要嘛是國家圖書館和檔案室的管理員，要嘛是國家出版社的編輯校對，要嘛是其他政府部門臨時借調的公務員。總之，有事大家就修史注記，修注完就返回原單位。

這樣的史官，蜀漢是有的。蜀漢也有國家圖書館，仍然叫東觀或祕書監。雖然蜀史簡略，但從事祕書工作可考者也有五位，分別是郤正、陳壽、王崇、司馬勝之和習隆。按照東漢的制度，他們都是兼職史官。因此，從東漢兼職史官制度的角度看，說蜀漢「國不置史」是不對的。

蜀漢是三國中唯一沒有專職史官、沒有修史成果的政權

可是三國時代畢竟不是漢代，時代在發展，社會在進步。《三國志》成書於西晉，西晉繼承於曹魏。如果從曹魏或西晉的角度看，蜀漢這種兼職史官確實是「國不置史」。因為曹魏誕生了專職史官——著作官。魏明帝太和年間（二二七年～二三三年），在中書省設立著作郎一名，專門負責修史和

注記工作。《晉書》卷二四〈職官志〉載：「魏明帝太和中，詔置著作郎，於此始有其官，隸中書省。」最早任此職者是以侍中、尚書典著作的衛覬。這一次，郎不再是「祕書」，也不是「校書」，而是正經八百的「著作」。曾經的圖書管理員、編輯搖身一變，終於成為職業作家，這是朝廷設置專掌國史修撰之官的開始。

除了著作郎，曹魏仍設有祕書官，負有兼職史官的職責，但史官專職化的趨勢已經勢不可當。嘉平（二四九年～二五四年）年間，司馬懿掌政，為著作郎配備三名「助理」——著作佐郎。晉武帝泰始（二六五年～二七四年）初，又設立專門的修史機構著作局。從此，史官不僅有了專門職位，還有專門機構，甚至有專門的辦公室。和這麼專業的史官機構比起來，蜀漢的兼職史官確實可以叫「國不置史」。

當然，你會說是以偏概全。我們說了東漢，說了曹魏，說了西晉，說了蜀漢，偏偏沒說東吳。東吳一度和蜀漢差不多，實行的也是兼職史官制度。東吳至遲在孫權晚年有了史官，不過實行的是西漢的制度——讓東漢已經獨立的天官太史令重操舊業，成為天官、史官合一的職位。當然，東吳也有創新。太史雖然同時具備天官、史官職能，但是擔任天官太史令及太史諸官者只負責天文曆法（如吳范、陳苗、公孫騰、趙達），擔任史官太史令者只負責歷史著述（如丁孚、韋曜）。因此，東吳的太史令雖謂兼職，實際上是向專職發展。

到了東吳末代君主孫皓時，在中書省設立祕閣，就是國家圖書館和檔案室，由東觀令、丞掌管圖籍。東觀令、丞不僅是專職的圖書管理員，還是兼職的史官。例如曾任東觀令的華覈，任東觀令、東觀左丞的周處都曾參與東吳國史的編撰，完全就是東漢兼職史官制度的翻版。從機構設置的角度看，說早期的東吳「國不置史」，似乎也沒問題。

可是誰都沒這麼說東吳，為什麼呢？

因為孫晧很快又對史官制度進行改革，設立左、右國史，其中左國史負責修撰國史，右國史負責注記起居。左、右國史不僅是專職史官，而且分工明確，比曹魏的著作郎還要職業化。

更重要的是，無論是前期的兼職史官，還是後來的專職史官，東吳總算是做出一部官方編寫的國史《吳書》。

史官有兩大職責，其一是修國史，國家出錢、出人、出力，組織編撰本國的歷史。東漢就已經有修國史的傳統，班固擔任蘭臺令史期間，完成大名鼎鼎的《漢書》。此後，東觀又成為修史場所，東漢朝廷組織大量人力編撰國史，歷時八十餘年，至少十九人參與，經過三次大規模修史，終於撰成官修國史《東觀漢記》。不過此時的修國史只是傳統，還沒有形成完整的制度。

東漢滅亡後，魏、吳都繼承官修國史的傳統。曹魏先後由尚書典著作衛覬、侍中典著作應璩、著作郎王沈主持，歷二十餘年修成《魏書》；東吳則在太史令丁孚、郎中項峻、太史令韋曜（後改任侍中領左國史）、左國史薛瑩先後主持下，歷二十餘年而修成《吳書》。

而蜀漢毫無成果，甚至沒有任何關於修史活動的記載。

從這個角度講，蜀漢的「國不置史」，不僅是沒有設置專職史官，連部像樣的國史都沒有修撰。可以說，蜀漢「國不置（專職）史（官）」是對東漢剛性制度的繼承；而「國不置（國）史」則是對彈性傳統的拋棄。

注記有官，注記亦無官

被拋棄的彈性傳統，除了修國史，還有集注起居。

集注起居，一定程度上來說就是注記，在西漢稱為著紀，東漢稱注記、起居注或注。兩漢沒有專門負責注記的官員，注記官仍然是兼職，一般有兩種。一種是相關的官員寫的，例如各級官員撰寫的文書日誌、相關官員撰寫的活動紀實、地方郡國呈報的本地報告等。參與者上至公卿（如太尉府有長史記事、太常也有記事）、尚書令、侍中、御史中丞等重臣，下至郡國記室主簿、主記室史（主記）、上計掾史等員吏。內容、人員相當廣泛。這種紀錄就是由工作報告組成的「大資料」，尚無歷史意識，更像是原始檔案，我們可稱為「甲類注記」。而負責注記的人員，其實稱不上是真正的注記官。

另一種注記則是由史官完成，西漢主要由太史令負責，東漢主要由蘭臺令史、校書郎負責。尤其是東漢，記錄的多是皇帝（包括東漢實際掌權的太后）的言行功德。與原始檔案不同，這類史官完成的注記更規範、更專業、更有條理。

東漢明帝永平十五年（七二年），班固完成為光武帝撰寫的《建武注記》。以此為開端，東漢歷代皇帝都有史官撰修的注記。漢獻帝的史官祕書監荀悅在《申鑒．時事篇》中說：「先帝故事，有起居注，日用動靜之節必記。宜復其式，內史掌之，以紀內事。」安帝元初五年（一一八年），史官為鄧太后撰寫《長樂宮注》，又開了為太后、為活人寫注記的先河。

總之，東漢時期的注記已經不僅是簡單地記錄言行，更不僅是原始檔案，而是經過注記官的編輯加工，有一定的結構和規範，而且形成為皇帝、太后修注記的傳統。這種進化版的注記可以稱為「乙類注記」。

三國時期，魏、吳對注記也很重視。曹魏設立專職史官著作郎、著作佐郎後，注記工作當然也隨之歸於著作諸官。《通典》卷二一〈職官三〉載：「自魏至晉，起居注則著作掌之。」《唐六典》卷八〈門下省〉云：「魏晉已來，皆中書著作兼修國史。」東吳的左、右國史更是分工明確，右國史專門負責注記。

蜀漢既然有東觀祕書的兼職史官，遵循東漢制度，這種兼職史官必然同時為修史官和注記官。也就是說，曾任東觀祕書郎的陳壽自己就是注記官，怎麼會說「注記無官」呢？

或許這裡的「無官」，與「國不置史」的「不置」一樣，都是指蜀漢史官制度的非專職性質。東觀祕書郎只是兼職的注記官，並非專職；特別是，東漢「乙類注記」的傳統蜀漢沒有繼承下來。這與東觀祕書郎是兼職修史官，東漢修國史的傳統沒繼承下來是相通的。

如此，「國不置史，注記無官」，可以解釋為蜀漢繼承東漢史官制度，設置兼職的史官（兼有修史、注記職能），而沒有像曹魏、東吳那樣設置專職史官；蜀漢放棄東漢修史與注記的傳統，沒有編修國史，也沒有修撰乙類注記。

但這只能解釋陳壽在〈蜀書〉中，一面說蜀漢設有史官，一面又說「國不置史，注記無官」的矛盾；卻解釋不了「行事多遺，災異靡書」，亦即蜀漢史料相對於魏、吳兩國過於簡略的現象。

看來問題沒有這麼簡單。

二、為什麼蜀漢史料如此簡略？

蜀漢有史官制度，但不意味著一直有史官制度；蜀漢有史官制度，卻依然存在史料簡略的問題。要進一步解釋蜀漢史料簡略的問題，還得更細緻地探究蜀漢史官制度的來龍去脈。

比較尷尬的是，由於蜀漢史料簡略，對蜀漢史官制度的探求本身，直接的史料較少，因此推論比較多，但我們會努力接近歷史真實。

許慈、胡潛、孟光、來敏並非史官

依照目前的史料來看，蜀漢建立較完備的東觀祕書制度是在諸葛亮去世前後（具體考證見後）。也就是說，蜀漢前期相當長的一段時間裡，就是劉備和諸葛亮時代，沒有真正意義上的史官。

近來常有把許慈列入蜀漢史官者，理由是《華陽國志》卷七〈劉後主志〉中有許慈「普記載籍，掌典舊文」之語，許慈是一名注記官，當然就是史官。

提到許慈，就不得不把胡潛、孟光、來敏都帶上。先來看許慈和胡潛，這兩人關係比較「密切」。據《三國志》卷四二〈蜀書十二・許慈傳〉記載，許慈「師事劉熙，善鄭氏學，治《易》、《尚書》、《三禮》、《毛詩》、《論語》」。他擅長鄭玄之學，必然要治群經，屬於通才。

胡潛就專一得多，〈許慈傳〉云：「潛雖學不沾洽，然卓犖強識，祖宗制度之儀，喪紀五服之數，皆指掌畫地，舉手可采。」學識淵博方面，胡潛和許慈無法比。好在胡潛記性好，對禮儀制度倒背如流，甚至到了你有疑問，他張嘴就能解決的地步，是如假包換的禮儀專家。

劉備定蜀後，「承喪亂曆紀，學業衰廢，乃鳩合典籍，沙汰眾學」（〈許慈傳〉）。劉備重振學業，目的是恢復「曆紀」。因此，劉備這時急需專家整理文獻資料，並根據所學來為自己確定禮儀制度。故而，擅長諸經（當然也包括禮）的通才許慈、禮儀制度專家胡潛都被劉備任命為博士，因為東漢以來，制定禮儀和校勘圖書都是博士的職責。

許慈還經常與胡潛因學術觀點而爭辯，甚至到了打架鬥毆（「時尋楚撻」）的地步。胡潛是禮儀制度的專家，許慈與他因學術觀點爭吵，吵的也只能是禮儀制度問題。

因此，許慈的「普記載籍，掌典舊文」是博士整理校勘書籍的本職工作，未必和注記有關係。所謂「載籍」、「舊文」，不過是舊文獻罷了。至於「普記載籍，掌典舊文」則是為了制定蜀漢的禮儀制度。

這一點，〈孟光傳〉也有所體現。〈許慈傳〉稱許慈、胡潛「與孟光、來敏等典掌舊文」。然而與經學家許慈、禮學家胡潛相比，孟光更接近於史學家。〈孟光傳〉云，光「博物識古，無書不覽，尤銳意三史，長於漢家舊典。好《公羊春秋》而譏呵《左氏》」。雖然孟光也治《公羊傳》，但最突出的成就還是在《史記》、《漢書》、《東觀漢記》方面。尤其對漢朝的制度、典章、慣例，孟光非常了解。因此，劉備定蜀後，便拜孟光為議郎，「與許慈等並掌制度」。（〈孟光傳〉）

可見，〈許慈傳〉裡孟光的「典掌舊文」與〈孟光傳〉裡孟光的「並掌制度」其實是一回事。許慈、胡潛、孟光的工作都是整理文獻，制定禮儀制度。

來敏比較特殊，劉備定蜀後，任命他為典學校尉，聽名字也知道和教育工作有關。聯繫到「喪亂曆紀，學業衰廢」之語，來敏的工作更多是針對「學業衰廢」而言。來敏沒有進入制禮小組，或許與來敏的個性或態度有關。〈來敏傳〉裴注引《諸葛亮集》中諸葛亮後來發布的教令說：「昔成都初定，議者以為來敏亂群，先帝以新定之際，故遂含容，無所禮用。」這個典學校尉或許就是「無所禮用」的安慰鼓勵獎。

總而言之，博士許慈、博士胡潛、議郎孟光、典學校尉來敏，本職工作都是整理文獻，許慈、胡潛、孟光進一步負責制定禮儀制度，來敏名義上負責教育。他們都不是史官，也沒有明確規定他們要負責注記；至於修史，就更說不上了。

劉備和諸葛亮都沒有設立史官

從劉備定蜀到建國，時間不短。但無論是稱王還是稱帝，從目前史料來看，劉備都沒有重建東漢的東觀祕書制度，也沒有配備相應的兼職史官。

當然，沒有史官不等於沒有從事歷史著述的人員。修史的工作固然沒有，但注記的工作還要進行。蜀漢前期歷史的史料遠比後期豐富，〈先主傳〉、〈諸葛亮傳〉等記載雖然不夠詳細，但絕非簡略。尤其是蜀漢早期的政治大事件，如稱王、稱帝、封皇后、封太子、封丞相、封大將，群臣奏議、劉備策書也是一應俱全。

由此可見，蜀漢前期的檔案有所保存，人物事蹟也不是完全沒有記錄。不過這種記錄最初可能比較原始，就是前面提到以原始檔案為代表的「甲類注記」。注記人員由不同級別、不同部門的公務人員擔任。這時不僅沒有專職注記官，甚至連兼職注記官也稱不上，完全是東漢以前的狀態。

這種狀態反應在史官制度上，就是沒有完備的東觀祕書制度，沒有校書祕書官，自然沒有東漢制度下的兼職史官。

劉備時期，成都應該還是有「圖書館」。劉備要「鳩合典籍」，許慈等人要「典掌舊文」，沒有藏書之處說不過去。但「典掌舊文」的人員很雜，沒有出現東觀郎這樣的專職圖書管理員；而且「舊文」的數量也不會太多。

眾所周知，劉備去世前，給劉禪所下的遺詔提到：「聞丞相為寫《申》、《韓》、《管子》、《六韜》一通已畢，未送，道亡，可自更求聞達。」（《三國志》卷三二〈蜀書二・先主傳〉裴注引《諸葛亮集》）劉備想讓劉禪看幾本書，還得讓身在永安的諸葛亮親自書寫，再派人帶回成都，可見成都是沒有這幾本書的。從側面反映出蜀漢宮廷藏書有限，祕書制度或不健全，或根本就沒有。

劉備時代如是，諸葛亮時代亦如是。

前文提到，與東觀祕書制度有關的工作人員可考者有五人，分別是郤正、陳壽、王崇、司馬勝之和習隆。其中，郤正的履歷揭示出蜀漢東觀祕書制度的一些線索。

據《三國志》卷四二〈蜀書十二・郤正傳〉，郤正「弱冠能屬文，入為祕書吏，轉為令史，遷郎，至令」；「自在內職，與宦人黃皓比屋周旋，經三十年」。

蜀漢滅亡之時（二六三年），郤正在「內職」已有三十年，也就是說郤正出任內職的時間是建興十二年。查郤正履歷，所任者先後為祕書吏、祕書令史、祕書郎、祕書令，皆為祕書官。蜀漢所設東觀祕書當在宮中，所謂任內職三十年，就是當了三十年祕書官。因此，郤正弱冠而任祕書吏的時間正是建興十二年。這是目前所見五位祕書官裡，任職時間最早者（其他四位時間詳見後）。

建興十二年的蜀漢發生一件大事，就是丞相諸葛亮去世。

如果郤正任祕書官的時間，正好就是蜀漢設立東觀祕書的時間，這座「國家圖書館檔案館」有很大可能是八月諸葛亮病故以後設立的。

當然不排除在建興十二年以前，諸葛亮在世時便設立東觀祕書。畢竟蜀漢史料稀缺，相關記載沒有流傳下來也是可能的。不過現存史料還找不到相關證據。反而是陳壽吐槽完「國不置史，注記無官。是以行事多遺，災異靡書」後，馬上吐槽「諸葛亮雖達於為政，凡此之類，猶有未周焉」。陳壽沒有將「國不置史，注記無官」的責任歸於劉備，而是歸於諸葛亮，看來陳壽是認為蜀漢掌權者從劉備到諸葛亮，應該從「無史」走向「有史」了。

諸葛亮不設史官，是害怕史書對自己不利？

關於這個問題，還得要回顧曹、劉、孫三家早期歷史著述工作的情況。劉備方面含混不清，曹操和孫權則明確選擇兩條不同道路。

建安二十一年（二一六年），曹操封魏王後，即仿效東漢朝廷的祕書監，設立魏王國的祕書令、祕書丞、祕書郎等祕書官。祕書監是東漢末年的國家圖書館檔案室，以及兼修國史的地方。曹操設立的祕書官至少在形式上繼承了東漢的兼職史官制度。

不過曹操的祕書官又並非東漢的祕書官，據《宋書》卷四〇〈百官志下・祕書監〉載：「魏武帝為魏王，置祕書令、祕書丞。祕書典尚書奏事。」祕書令的主要職責是分尚書之權，管理圖籍都成為次要職責，更別提做為兼職的歷史著述。

曹魏的祕書官回歸到東漢祕書制度是在曹丕黃初初年。同書云：「文帝黃初初，置中書令，典尚書奏事，而祕書改令為監……掌藝文圖籍。」此時祕書已經回歸圖書管理員的職責，但仍然隸屬於少府。魏明帝青龍末年，王肅任祕書監，祕書才從少府獨立出來，真正與東漢的東觀相當。嘉平年間第二次修國史時，祕書監王沈還參與其中。然而在此之前，魏明帝已經設立著作郎做為專職史官。

曹魏走的是利用東漢祕書兼職史官的制度，使史官制度正規化的路線，孫權則走了一條非正規化的路線。

早年孫權割據一方時，以長史、主記做為注記人員。長史張紘、張昭都曾負責書記，「每有異事密計及章表書記，與四方交結，常令（張）紘、張昭草創撰作」。（《三國志》卷五三〈吳書八．張紘傳〉）這與東漢太尉長史記事一脈相承。此外，負責注記的還有主記室史。如「孫權為討虜將軍，召騭為主記」。（《三國志》卷五二〈吳書七．步騭傳〉）主記就是主記室史的省稱，據《續漢志》卷二八〈百官志五〉，其職責是「主錄記書，催期會」。然而長史記事、主記記事都是東漢官員記事的延續，其注記成果顯然屬於「甲類注記」的範疇。

孫權稱帝建國十分漫長，為三國最晚；其史官的正規化也很晚。

從目前史料來看，東吳最早的史官太史令，直到孫權晚年（二五〇年左右）才履行史官職責。據《三國志》卷五三〈吳書八．薛綜傳〉載華覈上疏：「大皇帝末年，命太史令丁孚、郎中項峻始撰《吳書》。」

曹魏能夠走史官專業化路線，首先得益於東漢朝廷長期掌握在曹操手中，朝廷雖然是傀儡，但基本框架還在。曹魏建國後，可以直接將東漢的史官框架移植到曹魏政權中。此外，曹魏有東漢禪代的合法性，自居正統，孫權即曾俯首稱臣，劉備一度陷入絕境，曹魏境內又率先實行九品官人法，都使得曹魏比東吳、蜀漢更早走出以擴張為首要目標的「戰爭狀態」，進入以內政為首要目標的「治理狀態」。

相反，孫權割據一方，最缺乏合法性，且需要進行江東本土化，因此東吳建國漫長，長期（至少在名義上）處於「戰爭狀態」，史官設立相對較晚。

劉備與蜀漢雖然號稱正統，實際上與孫權相近，而且形勢更為嚴峻。劉備自入蜀以來，定蜀之役、湘水之盟、漢中會戰、關羽敗亡、火燒夷陵，幾乎年年征戰。附錄一提到蜀漢在戰爭的拖累下非常疲憊，劉備去世時，蜀漢經濟已經跌至谷底。而設置史官，進而集注起居、編修國史是一件燒錢的事情。迫於生存壓力，劉備不得不歲歲出兵，政權的經濟建設全部圍繞軍事行動進行，即柿沼陽平提出的「軍事最優先型經濟體系」。在不打仗就不能生存、只能砸鍋賣鐵支持打仗的情況下，劉備當然不會對史官制度給予財政支持。

諸葛亮時代與劉備時代相似，諸葛亮接手的蜀漢危機四伏，尤其在建興初年，整個蜀漢經濟在嚴重損耗的形勢下，即將走到崩潰的邊緣。其後經過諸葛亮的「鞠躬盡瘁，死而後已」，形勢有所好轉，但迫於內外的生存壓力，蜀漢的國策仍然是積極北伐、興復漢室。蜀漢經濟形勢十分嚴峻，又無法結束「戰爭狀態」進入「治理狀態」；財政自然傾向於軍事擴張，而不是修史著述。這又是蜀漢比東吳更加嚴峻的條件，迫使蜀漢前期無法建立史官制度的原因。

至於像某些文章提出諸葛亮之所以沒有設史官，主要是害怕史官記錄他不好的言行，阻礙他行權做事，則屬於無稽之談。首先不設置史官，不代表沒有人記錄史事。只要東漢的文書制度和記事傳統還在，「甲類注記」就仍然存在。陳壽能寫出長篇大作〈諸葛亮傳〉，本身就說明史料無法透過不設史官來消滅。

其次，自古害怕自己歷史名聲敗壞的，無不透過修史來為自己洗白。例如嘉平元年（二四九年）司馬懿發動高平陵之變，當年就命應璩以侍中典著作，開始第二次集中編修魏國官方史書《魏書》；不僅如此，司馬懿還特設著作佐郎做為著作郎的佐官；而這次修史在曹魏三次修史活動中，是人數最多、規模最大、時間最長的一次。換句話說，諸葛亮如果怕歷史紀錄對自己不利，更應該設立史官，或集中修史，或集中處理檔案，人為將史料全部轉向有利於自己的一面；而不是透過「國不置史，注記無官」，任由史料散佚——和前者相比，後者的效率太差，效果也不好。

東觀整理蜀漢前期史料的猜想

諸葛亮去世後，蔣琬、費禕實行休養生息的政策。蜀漢從前期的「戰爭狀態」向「治理狀態」轉型。東觀祕書制度在此時建立，亦屬合理。

蜀史有個很有趣的現象，前期的人物事蹟中，重要人物的史料相對充足，其他人物相對簡略。例如〈先主傳〉、〈諸葛亮傳〉放在整部《三國志》裡，都算比較詳實；而像簡雍如此地位的老部下竟然不知所終。

而蜀漢中後期的人物事蹟則斷斷續續，非常簡略。吳壹兼有國戚、高層、名將的身分，關於他的素材居然支撐不了一篇完整的傳記，著實令人驚訝。

可是，與蜀漢史前詳後略相矛盾的是史官全部活躍在中後期。也就是說，沒有史官時期的歷史比有史官時期的歷史更詳細，實在說不通。

蜀漢中後期設立東觀祕書郎，有了兼職史官，注記有了具體的官員負責。這種情況下，即便東觀祕書郎沒有集注起居，產生「乙類注記」，由於有了專人負責，「甲類注記」的記錄、整理、保存也應該要好於蜀漢前期。這樣的前提下，卻出現前面提到的矛盾，原因無外乎以下兩種：

一種可能，東觀祕書郎集體沒有履行好注記職責。或者說，東觀祕書郎本來就是個虛職。史學家劉咸炘說：「東觀乃真記注之職，然沿舊制而有此官，未必有其地行其職。」歷史學家盧弼也以為「劉說為允」。（《三國志集解》卷三三）然而蜀漢前期本來就沒有東觀，犯不上為了「沿舊制」而設立一個不幹活的機構。東觀雖然不是核心實權部門，但至少在設立之時絕不是用來養老；至於後期政治昏暗、經濟衰退，東觀的工作是否因此受到阻礙就不得而知了。

另一種可能，後期史料遺失，而前期史料獲得保留。這看來幾乎不可能。一般情況下，史料愈早愈容易散失，怎麼會出現後期丟失而前期保留的情況呢？

幾乎不可能，但也存在一絲可能。如果蜀漢前期的史料呈現形式比後期史料更容易保存，就有可能出現相反結果。

換句話說，如果東觀對蜀漢前期的史料做過一些簡單的編輯加工，經過加工的前期史料就較後期的更容易保存。就好像一本整齊的資料分析報告，和一堆堆散亂不堪的資料表，哪個更容易保存，是不言而喻的。

因此，我懷疑東觀的祕書官對蜀漢前期的檔案做過一些整理。東漢注記本來就已經產生整理史料、集注起居的傳統。不過，蜀漢東觀如果真的存在整理工作，這種工作也非常初級。至少以財政狀況來看，特別是後來姜維重新發動大規模北伐，蜀漢朝廷仍然無力支持大規模的國史編修。這種工作與魏、吳的修史工作沒有可比性。此外，由於蜀漢前期長年沒有史官，檔案蒐集與保存不可避免地有所疏漏；即便對其整理，也無法彌補這種疏漏的缺憾。

不少人對蜀漢史料的丟失有過猜測，例如毀於鍾會之亂，又或者遭到司馬氏故意銷毀。我們不知道東觀是否真的有這樣的初步整理工作；假設有，也不知道成果如何。但無論是散佚於戰亂，還是受禍於焚書，經過整理的史料終究較原始檔案更容易保存，不過此說也純屬推測。

陳壽接觸到的蜀漢史料到底有多少？

前面考證郤正履歷，其任職東觀祕書的時間，恰好是諸葛亮去世至蜀漢滅亡的整個後期階段。現在來看另外四位，先說比較簡單的。王崇，蜀漢東觀郎。蜀漢滅亡後，王崇與陳壽一同入洛陽，著有《蜀書》，「其書與陳壽頗不同」。入晉後，王崇官至太守。（《華陽國志》卷一一〈後賢志・王化傳〉）他當是蜀漢後期的史官。

司馬勝之，蜀漢祕書郎，蜀漢末年被郡裡察舉孝廉。入晉後又任梁州別駕、舉秀才、遷縣令，官至散騎。可見也是蜀漢後期的史官。（《華陽國志・後賢志・司馬勝之傳》）

習隆，以步兵校尉掌校祕書。習隆是劉備從龍之臣習禎的孫子，又在蜀漢滅亡前夕上疏劉禪請求為諸葛亮立廟，顯然也是蜀漢後期人物。（見《三國志》卷四五〈蜀書十五·楊戲傳〉附〈季漢輔臣贊〉、裴注引《襄陽記》）習隆的任職還說明蜀漢祕書官至少在名義上絕不是虛職，不然已經擔任步兵校尉的習隆，不必再掛個「掌校祕書」的虛銜。既為祕書官則必與東觀祕書有關聯，可證蜀漢後期是有祕書兼職史官的。

下面重點說的是《三國志》作者陳壽。

據《華陽國志·後賢志·陳壽傳》，陳壽師從譙周，在蜀漢的履歷是「初應州命，衛將軍主簿，東觀祕書郎，散騎、黃門侍郎」。按蜀漢無散騎，任黃門侍郎者如董允、費禕，以陳壽之資實難擔任。因此，《華陽國志》說陳壽曾任黃散，可能是對其入晉後官職的誤寫。故而，陳壽在蜀漢所任之職，應該是州吏、衛將軍主簿和東觀祕書郎三個。

蜀漢衛將軍可考者僅姜維和諸葛瞻，姜維任職在延熙十年至十九年（二四七年～二五六年），陳壽生於建興十一年（二三三年），其時十五至二十四歲。諸葛瞻任衛將軍在景耀四年至六年（二六一年～二六三年），其時陳壽二十九至三十一歲，但蜀漢已接近滅亡。考慮到陳壽任衛將軍主簿之後，又遷東觀祕書郎，此後又遭到黃皓打擊、遭遇父喪、受到鄉黨貶議，不像是在二、三年間就能發生的事情。

如果陳壽所任不是諸葛瞻的主簿，就只能是姜維的主簿。此前陳壽接受益州州府辟除州吏，當在大將軍費禕領益州刺史之時，即延熙七年至十六年（二四四年～二五三年）。考慮到陳壽的年齡，陳壽在費禕執政後期起家的可能性較大。

主簿是東漢時期公卿郡國等機構的常置掾屬，其職責是文書收發與記事。衛將軍幕府的主簿亦當如此，屬於文職人員。從《三國志》對姜維作戰的記述來看，陳壽顯然沒有隨姜維到過前線，其主要工作應是在姜維的駐地完成的。

姜維擔任衛將軍期間，只有延熙十一年（二四八年）、十四年（二五一年）、十五年（二五二年）和十六年沒有出兵。假設主簿需要隨幕主出征，則陳壽只能在此四年中擔任衛將軍主簿。考慮到陳壽的年齡問題，則其擔任主簿的時間以延熙十四年至十六年為宜；稍前，則任益州州吏。此時陳壽二十歲左右，正好是弱冠之年。延熙十六年，費禕遇刺，姜維重新發動大規模北伐。陳壽亦在此時離開衛將軍幕府，進入東觀。

以上只是推論，不一定是事實。即便推論不成立，延熙十九年伊始，姜維遷大將軍，至遲在此年初，陳壽也已經進入東觀。時黃皓與侍中守尚書令陳祗互為表裡，已經參政。景耀元年（二五八年），陳祗去世，劉禪復設中常侍，黃皓任中常侍干政，朝政日壞。

《晉書》卷八二〈陳壽傳〉載：「宦人黃皓專弄威權，大臣皆曲意附之，壽獨不為之屈，由是屢被譴黜。」看來陳壽與他頂頭上司郤正一樣，都沒有巴結黃皓。不同的是，郤正獨善其身，沒有得罪黃皓；陳壽卻因「不為之屈」而「屢被譴黜」。陳壽究竟因何事情得罪黃皓，已無可考；但遭到黃皓多次暗中刁難，圖書管理員兼史官的工作也不會做得太順心。

蜀漢末年，陳壽更煩悶了。先是景耀四年，諸葛亮之子、軍師將軍諸葛瞻晉升行都護、衛將軍、平尚書事，主持國政。而諸葛瞻素來「輕壽」。（《晉書．陳壽傳》）黃皓和諸葛瞻都看不上陳壽，他的仕途自然到頭了。

大約在此時，陳壽的父親去世，他在守喪期間生病，因讓婢女送藥，被當作桃色新聞，受到鄉黨貶議。此後蜀漢滅亡，司馬氏號稱以孝治天下，陳壽遂因此事多年未被錄用。（《晉書·陳壽傳》）

以時間論，蜀漢滅亡時，陳壽正在守喪。

總結一下，陳壽於延熙十六年至十九年間進入東觀，景耀元年以後得罪黃皓，屢次被暗中刁難；景耀四年，向來看不起陳壽的諸葛瞻上臺執政；當此之時，陳壽又遭父喪，且受鄉黨貶議，直至蜀漢滅亡。這麼算下來，陳壽在東觀安心當管理員和史官的時間，最長不過五年，最短可能只有二、三年。

三、五年的時間，沒有朝廷財力支援的情況下，陳壽不可能蒐集和整理足夠多的史料來撰寫《蜀書》。由於受到黃皓阻撓，陳壽的歷史著述工作一定阻礙重重。陳壽接觸到的史料（包括編輯過的史料和未經編輯的原始檔案）很可能是有限的。同在東觀任職的王崇能夠編撰《蜀書》，且內容與陳壽的《蜀書》「頗不同」。這個「不同」不僅是內容本身不同，亦可能是內容詳實不同。也就是說，王崇看到的史料與陳壽看到的史料是存在差異的，這種差異既可能在內容上，也可能在數量上。

泰始四年，陳壽的同學羅憲向晉武帝司馬炎推薦陳壽（《三國志》卷四一〈蜀書十一·霍峻傳〉裴注引《襄陽記》）；於此同時，黃門侍郎張華也很欣賞陳壽。陳壽遂在此年或次年被舉為孝廉，以著作佐郎兼領巴西郡中正。其間，陳壽寫了《益部耆舊傳》，得到司馬炎重視，晉升為著作郎，隨即又被外派出任平陽侯相。

陳壽除治理轄地外，主要精力都用在編次諸葛亮作品集上。泰始十年（二七四年）二月，陳壽因完成《諸葛亮集》而重新回到洛陽擔任著作郎。六年後，《三國志》成書。

陳壽在洛陽看到的蜀史材料，恐怕不會比在成都看到得更多。畢竟經歷亡國，經歷鍾會之亂，經歷圖籍運輸，洛陽的蜀史材料與成都相比，只少不多。這樣的情況下，陳壽只能感慨蜀漢早期沒有史官，後期沒有專職的史官，以至於沒有人編修國史（「國不置史」），沒有人集注起居（「注記無官」），從而導致「行事多遺，災異靡書」的後果。

附錄三

漢朝和三國時的人名為什麼多是單字？

關於中國人的名字有很多有趣的現象。例如東漢、三國、西晉近三百年時間裡，人名用單字，就是一個字的特別多。隨便舉幾個耳熟能詳的人，曹操、劉備、孫權，諸葛亮、夏侯惇、司馬懿，關羽、張遼、周瑜……姓有一個字的，也有兩個字的，例如諸葛、夏侯、司馬，可是名全是一個字。當然，偶爾有兩個字的名，例如黃承彥、戲志才，但畢竟是少數。

為什麼當時的人取名喜歡用單字呢？這個問題說簡單也簡單，說複雜也複雜。先說明，古人有姓、有名，還有字，名和字不同。不過現在的口語都叫名字，其實只相當於古人的名。為了方便起見，後文都用名字來指代古人的名。

接著來說單字名的事，先說簡單的。西漢元始二年（二年），漢平帝下了一道改名詔書：「皇帝二名，通於器物，今更名，合於古制。」漢平帝本來叫劉箕子，這個名字用了兩個字，「箕」是「簸箕」的「箕」，所以叫「皇帝二名，通於器物」。漢平帝就下詔，自己改名為劉衎，「衎」是「出行」的「行」，把中間劈開加了一個「干支」的「干」。詔書說：改成這個字就符合古代的制度了。

當時的朝政大權實際在王莽手裡，漢平帝下詔改名其實是王莽的意思。據《漢書・王莽傳》和

〈匈奴傳〉記載，就在漢平帝改名前後，王莽還頒布過一個法令：「令中國不得有二名。」就是漢朝人取名字，不能用兩個字，只能用單字。後來不只漢朝人改了，連匈奴人也把名字改成單字。

當時名字用兩個字不僅犯法，還會受到嘲笑，史書記載叫「中國譏二名」，就是譏笑二字名。王莽有個孫子叫王會宗，也在這波改名浪潮中改叫王宗。後來王莽篡位稱帝，建立新朝，這個王宗整天想著當皇帝，結果陰謀敗露，自殺了。做為懲罰，王莽就把王宗的單字名「宗」恢復成二字名「會宗」。可見那時用二字名不僅法令不允許，還是一種侮辱。

說到這裡，你可能會恍然大悟：哦，原來後來三百年，大家都喜歡用單字名，是因為王莽啊。本文開頭說了，單字名這個事情，說簡單也簡單，說複雜也複雜。簡單的說完了，複雜的呢？

還得先說王莽。眾所周知，王莽建立的新朝最後被推翻了。劉秀建立東漢，王莽被定性為奸臣篡位，他的法令制度全部被廢除，改名令肯定也被廢了。王莽還改過官名、地名，這些名稱對後世幾乎毫無影響。而且從漢末王莽執政，到最後新朝被推翻，總共二十多年，僅影響到兩代人。

按理說，王莽一道改名令，不可能影響到後來三百年裡人們取名字的規則。這背後還有更複雜的原因。

這事還得從儒家經典《春秋》說起，它是中國著名的編年體史書，現存版本據說是孔子修訂的。《春秋》記載一件事，原文是：「季孫斯、仲孫忌帥師圍鄆。」說魯定公六年（前五〇四年），魯國大夫季孫斯、仲孫忌率軍包圍鄆城。乍聽起來，好像和人們的名字用一個字還是兩個字，沒什麼關係。

但問題是，仲孫忌的全名叫仲孫何忌，《春秋》記載這件事時，少寫了一個「何」字。其實這也不是什麼大事，可能少抄一個字，也可能是為了省竹簡，把名字簡寫了。

這個疑似筆誤，被一幫搞研究的人盯上。他們覺得儒家六經《詩》、《書》、《禮》、《樂》、《易》、《春秋》，《春秋》是唯一一部孔子親自寫成的，每個字、每句話都蘊含著孔聖人的「微言大義」。而這些研究人員的任務就是把這些微言大義找出來。

當時有三部解釋《春秋》的著作，分別是《左傳》、《公羊傳》和《穀梁傳》，合稱「春秋三傳」。《公羊傳》對「仲孫何忌」寫成「仲孫忌」這件事發表看法，說：「此仲孫何忌也，易為謂之仲孫忌？化二名。二名，非禮也。」《春秋》還有把「魏曼多」的名字寫成「魏多」，《公羊傳》也大發感慨，說：「此晉魏曼多也，易為謂之晉魏多？化二名，二名，非禮也。」

總而言之，在《公羊傳》的作者眼裡，《春秋》把二字名寫成單字名，是覺得二字名「非禮」，不符合禮法。可是名字取一個字還是兩個字，和禮法有什麼關係呢？

這就和古人名字的避諱有關係了。同樣是儒家六經之一，《禮記》的〈曲禮上〉有一句話叫「二名不偏諱」。這個偏是「偏向」的偏。這句話有兩種解釋，一種是按照字面，說如果一個人的名字有兩個字，那麼這兩個字的避諱不能「偏諱」，就是不能只避諱一個字，而是兩個字都要避諱。另一種解釋認為，這個偏字是「徧」的通假字。偏是一個單人旁加一個「扁」字；「徧」（「遍」的異體字）是一個雙人旁加一個「扁」字。兩個字很像。如果這麼解釋，就是「二名不偏諱」，也就是如果名字有兩個字，避諱一個就行了，不用兩個都避諱。

不管這兩種解釋哪一種更接近原著的意思，但《公羊傳》的作者支持第一種解釋，就是說名字如果有兩個字，都要避諱。東漢時期，著名的研究《公羊傳》學者何休曾說：二字名「其為難諱也，一字為名，令難言而易諱」。就是說，名字用一個字，容易避諱；要是用兩個字，都要避諱就很麻煩。

名字一旦和禮法攪在一起就麻煩了，特別是秦、漢以來，皇帝一家獨大，皇權愈來愈強，為了突顯皇帝的至尊地位，相關的禮儀就愈來愈嚴格。漢代皇帝的名字，臣民都要避諱。如果翻看帶有古人注釋的《漢書》和《後漢書》，就能在注釋中看到皇帝叫什麼名，具體避諱時，用哪個字。

例如漢朝開國皇帝，姓劉名邦，「邦」字要避諱。遇到要說「邦」的時候，不能用「邦」，而要用另一個字「國」。漢初的宰相叫相國，在這之前叫「相邦」，為了避劉邦的諱，才改為「相國」。

漢代時，儒家分為今文經學和古文經學。《公羊傳》屬於今文經學，本來就是個學術派別，對名字和避諱的看法只是一家之言。可是到了漢武帝時，想加強皇權，由於今文經學，特別是《公羊傳》能夠為他的皇權專制提供理論支援，所以漢武帝特別推崇今文經學，推動西漢皇帝獨尊今文經學的關鍵人物董仲舒就是研究《公羊傳》。漢武帝在中央政府設立今文經學的博士，這些博士有權議政。於是，今文經學就成了西漢官方的意識形態。當時今文經學的影響力極大，絕大多數學者都在研究今文經學；而研究今文經學又可以進一步走仕途，甚至西漢中後期好幾任宰相都是今文經學的專家。「二名不偏諱」、「二名非禮」的觀點，可能就是此時逐漸獲得官方和民間知識分子的承認。

舉三個例子。西漢昭帝劉弗陵繼位後，按照制度，臣民要避諱他的名字。朝廷規定，只對「弗」這個字進行避諱。看上去符合「二名不偏諱」的原則，但漢、魏時期的張晏認為是劉弗陵改名叫劉弗，只用單字名，不用二字名，大家避諱起來很方便。若是按張晏的說法，漢昭帝遵循的就是「二名不偏諱」、「二名非禮」的原則了。

這個還有爭議，但後面還有例子。漢宣帝劉病已繼位，改名叫劉詢，也是二字名改單字名。再後來，漢平帝劉箕子改名劉衎，同樣是二字名改單字名。

漢平帝改名時特別指出，以前的「箕子」是二字名，用的字還是大家平時用的器物，這樣人們避諱很不方便，所以改成單字名「衎」，而且這個字很偏，一般用不到。因此詔書說這「合於古制」。按照今文學家的解釋，這個古制就是《禮記》的「二名不偏諱」和《公羊傳》的「二名非禮」。

王莽執政前，無論是朝廷官方，還是控制話語權的知識分子，他們其實比較認同「二名非禮」的觀點。也許當時社會上已經開始流行用單字名了，只不過朝廷沒有明文規定，學術圈沒有完全形成定論，即使用雙字名，也沒人管你。

後來王莽推行改名令，明文規定用單字名，只是對這個趨勢又往前推了一把。所以說，不是王莽的改名令，人們才開始用單字名；而是有了改名令後，本身已經流行的單字名使用比以前更加普及了。

雖然王莽的統治時間不長，諸多法令後來也被廢除，但單字名的習俗不但沒有廢止，反而隨著有文化和講禮法的人愈來愈多，這種觀念愈來愈深入人心。雖然在東漢，今文經學逐漸衰落，古文經學逐漸興起，但仍然沒能把人們這種觀念再度改變過來。因此，東漢、三國、西晉都流行單字名；由於沒有明文禁止，取雙字名的人也是有的，只不過數量很少。

到了東晉南北朝，一方面道教和玄學興起，新的習俗產生，掌握文化的門閥貴族如果信仰天師道，往往會在單字名後面加一個「之」字，「之」在名中代表其宗教信仰，與佛教徒以「釋」、「法」、「曇」用在名字中類似。也就是說，「之」用在名字中，只是代表宗教信仰，代表這個人是天師道信徒，就和教名差不多。

例如王羲之、王獻之、祖沖之都是這樣。另一方面，南北朝時期，寒門興起，這些人文化水準一般，沒有那麼多條條框框，僅是南朝皇帝裡，就有不少是二字名的。到此時，貴族和寒門子弟的名字都開始用二字名，過去「二名非禮」的規矩，自然就被打破了。

附錄四

穿越到三國，該怎麼稱呼頂頭上司？

我猜想，穿越到三國時代的人有不少是想著建功立業甚至一統天下。如果有一天你很幸運地被青天霹靂電了一下，一睜眼，發現自己是威風凜凜、橫掃天下的大將。這時，你的長官說要見你，還要給你升官封侯。於是你喜出望外，急不可待地跑去見頂頭上司。那麼，第一個問題就是見到上司，你該叫他什麼呢？

例如頂頭上司是曹操，這天，你因為曾經熟讀三國史而上知天文，下知地理，前知五百年，後知五百年，因此立下汗馬功勞。曹操聽聞大喜過望，從床上一躍而起，光著腳就來見你。見到光腳而來的曹操，你熱淚盈眶，熱血沸騰，終於忍不住深情款款地叫了一聲：「主公！」

然後？就沒有然後了……因為曹操可能根本搞不懂你是什麼意思。也許他現在發現光腳走路實在太涼，於是開始思考自己的鞋丟到哪裡了……

很多年後，你又跑去西蜀，成為丞相諸葛亮的幕僚。這天，你看到勞勞車馬未離鞍的諸葛丞相，想到他的「鞠躬盡瘁，死而後已」，不由得悲從中來，於是忍不住深情款款地叫了一聲：「丞相！」

然後？又沒有然後了……因為諸葛亮覺得你的稱呼好生神奇，他在想你是剛從南中來成都的吧。

也許他今天心情好，還會特意讓蔣琬、馬謖來教你「普通話」……

現在你終於發現，電視劇都不可靠，小說也是浮雲……

萬能稱呼——將軍

那麼，當你見到長官（無論是你的直屬長官，還是所屬勢力的最高領袖）時，該叫他什麼呢？以下為了方便起見，還是暫時把頂頭上司代稱為「主公」。

一般而言，這要視你的「主公」實際官職而定，比較萬能的稱法是直接稱呼「將軍」。漢魏之際，天下大亂，各方勢力人人帶兵，皆稱將軍。只要你的主公有將軍銜，無論是朝廷正式授命，還是自封，你稱他為「將軍」一般都沒問題。

例如曹操在當司空前，曾先後任行奮武將軍、建德將軍、鎮東將軍，這時他底下那幫人都稱他將軍。荀彧為曹操規劃天下時，就稱：「將軍本以兗州首事，平山東之難，百姓無不歸心悅服。」（《三國志．魏書．荀彧傳》）

又如徐庶向時任左將軍的劉備推薦諸葛亮時，說：「諸葛孔明者，臥龍也，將軍豈願見之乎？」而諸葛亮著名的〈隆中對〉也稱劉備「將軍既帝室之胄，信義著於四海」（《三國志．蜀書．諸葛亮傳》）。所以叫將軍，一般不會叫錯。

叫「大人」？你可能被誤會在認爹

除了將軍，還有一些稱呼也經常使用。如果主公正在當州牧、州刺史，或者是郡太守，千萬不要叫「州牧大人」、「刺史大人」或「太守大人」等，否則你可能被誤會是在認爹。

漢、唐時期，「大人」一般是用來稱呼父母，再舉個例子。江夏太守黃祖準備殺禰衡時，他的長子黃射趕來勸阻道：「此有異才，曹操及劉荊州不殺，大人奈何殺之？」（〈禰衡別傳〉）因反對司馬師而慘遭夷滅三族的毌丘儉，其子毌丘甸曾對他說：「大人居方岳重任，國傾覆而晏然自守，將受四海之責。」（《三國志．魏書．毌丘儉傳》裴注引《世語》）

這都是稱父親為「大人」。

此外，大爺（伯父）、叔叔（叔父）這種和「父」沾上邊又有血緣關係的（當時統稱「從父」，他們和你的父親有同一個父親），也可以叫「大人」，甚至連族父（和你的父親有同一個曾祖父）這種血緣已經不太近的都可以叫「大人」。

例如漢末名將皇甫嵩的從子皇甫酈曾說：「本朝失政，天下倒懸，能安危定傾者，唯大人與董卓耳……大人今為元帥，仗國威以討之，上顯忠義，下除凶害，此桓、文之事也。」（《後漢書．皇甫嵩傳》）

而同樣因為反對司馬氏，被司馬懿開棺暴屍、夷滅三族的令狐愚，曾對其族父令狐邵說：「先時聞大人謂愚為不繼，愚今竟云何邪？」（《三國志．倉慈傳》裴注引《魏略》）

母親也可以稱「大人」，黨錮之禍中被殺的名士范滂，與母親訣別時說道：「仲博孝敬，足以

供養，滂從龍舒君歸黃泉，存亡各得其所。唯大人割不可忍之恩，勿增感戚。」（《後漢書・范滂傳》）

不管是稱呼父母還是從父、族父，這種大人的叫法都是漢人的用法。但到了邊疆，尤其是「胡風剽悍」的少數民族聚集地區，大人的用法就大不相同。

鮮卑或烏桓的少數民族兄弟，常把自己的首領稱為大人。像步度根、軻比能都是鮮卑比較著名的大人。還有北魏拓跋氏的祖先拓跋力微是鮮卑索頭部大人。烏桓與鮮卑同源，也有蘇僕延、難樓等大人。（《三國志・魏書・烏丸鮮卑傳》、〈魏書・序紀〉等）

當時鮮卑、烏桓勢力強盛，大概是受其影響，北方的其他少數民族首領也開始使用大人稱號。眾所周知，匈奴的頭頭在此前四百多年裡，基本都叫「單于」，這時卻出現匈奴大人胡薄居姿職；受鮮卑軻比能統治的丁零族，其首領兒禪也被稱為大人。（《三國志・魏書・明帝紀》）

更有甚者，胡漢雜居的西涼地區的豪強也被稱為大人。與馬騰、韓遂等齊名的邊章、胡軫、楊定等人都是涼州大人。（《後漢書》李賢注引《獻帝春秋》及《九州春秋》）對此，唐高宗的章懷太子李賢曾注云：「大人，謂大家豪右。」

明府

說了半天大人不能用，可是遇到州牧、刺史、太守這些人，該叫他們什麼呢？總不能「嘿」、「欸」地招呼過去吧？

這裡可以用非常熟悉的一個詞——使君。豫州牧劉備就被稱為使君，《三國志・鄧芝傳》記載：「芝問其人為誰？亮曰：『即使君也。』」（當時鄧芝為廣漢太守）

此外，還可以用「府君」（注意是府君，不是「腐君」，更不是「夫君」）。《後漢書・華佗傳》：「佗脈之（指廣陵太守陳登）曰：『府君胃中有蟲。』」如果覺得這些都不足以表達你對長官滔滔江水、連綿不絕的敬仰之情，可以再加個「明」字，稱其為「明使君」或「明府」。

「曹丞相」和「諸葛丞相」的叫法不可靠

如果你家主公已經位列三公（太尉、司徒、司空），甚至是更高等級的官職（大司馬、太傅、丞相），就是說他可能是國家名義上或實際上的首腦，你就要注意了，什麼「將軍」、「明使君」、「明府」統統不好用了。

這時最簡單的方法是，直接稱他為「公」或「明公」。例如官渡之戰期間，荀彧對曹操說：「今與公爭天下者，唯袁紹爾。」（《三國志・魏書・荀彧傳》）而曹操升任司空前，他給曹操獻「奉天子以令不臣」之策時，還稱曹操為將軍。

下次再見到曹丞相、諸葛丞相時，千萬別再叫錯了。

順便說一下，雖然「公」是對三公、上公的尊稱，但不是特有的稱謂，一般人也能使用。張繡就稱自己的謀士賈詡為「公」。「繡謝（賈詡）曰：『不用公言，以至於此。』」

此外，三國時人們似乎不習慣在彼此稱謂上把姓帶上，也不喜歡帶官職。把姓和官職帶上，一般都是當事人不在場時的稱謂。

例如程昱對范縣縣令靳允說：「曹使君智略不世出。」（《三國志・魏書・程昱傳》）張松對劉璋說：「劉豫州，使君之肺腑。」（《三國志・蜀書・劉璋傳》）高幹、荀諶對韓馥說：「袁車騎引軍東向。」（《三國志・魏書・袁紹傳》）

這就好比說今天在市裡見到市長，你直接叫「市長」就好；叫「張市長」、「李市長」時，這個市長一定不在現場，而是你和別人談論他。

「大王」可直呼，「皇上」不能叫

如果你家主公已經稱孤道寡，再用以上這些稱謂，恐怕就要準備把腦袋拿下來當球踢了。例如對諸侯王，你要叫「大王」或「殿下」。桓階與魏王曹操說話時稱「而大王甫以植而問臣」。（《三國志・魏書・桓階傳》裴注引《魏書》）

「大王」，嗯，很不正式的感覺。不過請放心大膽地叫大王吧，曹大王是不會因此叫你去巡山的。孫權寫信給魏王曹丕稱「殿下承統」。（《三國志・吳主傳》裴注引《魏略》）孟達降魏時，給漢中王劉備上表也是稱「伏惟殿下將建伊、呂之業，追桓、文之功」。（《三國志・蜀書・先主傳》裴注引《魏略》）

相比於「大王」，「殿下」的稱法貌似斯文了許多，也被用來稱呼太子。不過，對諸侯王而言，這個斯文的稱法後來就不能用了，因為後世「殿下」只能用來稱呼太子，而諸侯王則只能被稱為「大王」。

最後，當你有機會面見九五之尊時，注意千萬不要發抖說錯話！輕輕叫一聲「陛下」——而不是大喊「皇上」。

蔡邕《獨斷》：「漢天子正號曰皇帝，自稱曰朕。臣民稱之曰陛下……史官記事曰上。」當你和別人談起皇帝時，可以稱他為「今上」，但面見皇帝時，不能這樣稱呼。

孫權搶先註冊皇帝專稱「至尊」

除了陛下、今上，皇帝還有一些別稱，「至尊」就是其中之一。虎落平陽如漢獻帝，大臣們一樣稱他為「至尊」。但這個稱呼很早時就被孫權給「盜」了。

據《三國志》記載，孫權被稱為「至尊」十二次（呂蒙三次，甘寧三次，呂蒙之母二次，陸遜二次，魯肅一次，周瑜一次），均在孫權未稱帝時。其使用時間貫穿周瑜、魯肅、呂蒙、陸遜四大都督掌軍時期。最早可以追溯到建安八年以後，甘寧棄劉表而投孫權，提出「二分天下」之策時。

那時，搶先註冊「預備皇帝」的袁術才死不到五年，曹公還在慘兮兮地鏖戰袁紹的蠢兒子們，劉皇叔還因為大腿長了好多肥肉和劉表抹眼淚。某種程度上，這算是一種明目卻不敢張膽的僭越。看來，做為袁術勢力的一個分支，江東孫氏也在搶著註冊「預備皇帝」，可謂得其精髓。

此外，《建康實錄》記載一次「至尊」是陸遜勸孫權不要廢太子孫和之時。這時的孫權早已稱帝，臣子們稱他「至尊」倒是實至名歸。

不是每個人都能被叫「主公」

至於最耳熟能詳的「主公」不是不能用，但理論上只能對一個人用——劉備。沒錯，主公是劉備的專有稱呼，而且是他從定蜀到自王漢中這段時間的稱呼。

《三國志》和裴注裡，主公一詞共出現十五次，全部出現在《蜀書》當中。其中有十四次是劉備定蜀後、稱漢中王前，蜀中臣子對他的稱呼（彭羕六次，諸葛亮三次，法正二次，馬超一次，張裕一次，無名氏一次）。只有一次出現在後劉備時代，那是諸葛亮對皇帝劉禪的稱呼。而這僅有的一次還是陳壽筆誤或後世編輯亂改，不能算數。

可以肯定，主公是劉備入蜀後，其下屬對他的特殊稱呼。

主公這個詞，後來的歷史中愈用愈多，從兩晉十六國時稱呼準君主（如張軌、劉裕），到唐、宋以後僕人稱主人、客人稱主人，直到透過《三國演義》在廣大群眾中發揚光大。

這種搞特殊化的稱呼，無非是讓這些割據一方的豪傑有一種身分上的優越感。說白了，就是想搞搞類似帝王的稱謂特殊化，但又不敢公開稱帝，於是只好編出個稱謂來自我滿足，劉備的「主公」、孫權的「至尊」，莫不如此。不過比起赤裸裸地使用皇帝專用的「至尊」，主公多少還是含蓄一點，有創意一點。

曹操是歷史上第一個「相公」

孫權稱至尊，劉備叫主公，三分天下有其二、挾天子以令諸侯的曹操，有沒有專稱呢？有，必須有！不過這個專稱比較……

曹操的專稱是相公。對，就是後世「相公……」、「娘子……」的「相公」這兩個字，而且曹操還是中國歷史上第一位相公。相公這個稱謂，絕對是拍馬屁拍出來的。

建安二十年，已經晉封魏公的曹操率軍征張魯。時任魏侍中、名列建安七子的王粲隨軍出征，寫了一首非常肉麻的〈從軍詩〉，開頭寫道：「從軍有苦樂，但問所從誰。所從神且武，安得久勞師？相公征關右，赫怒振天威……」

看到這首詩以前，我只知道王粲喜歡學驢叫；看過這首詩以後，我才知道可以把驢叫成馬。王粲後來還寫過一首〈羽獵賦〉，裡面有一句：「相公乃乘輕軒，駕四駱，拊流星，屬繁弱。」就是這兩首詩，開天闢地創造了一個詞——相公。「相」說的是曹操在建安十三年當了丞相；公說的是曹操在建安十八年被封為魏公。西漢丞相多封侯，東漢三公往往連侯都不封。而曹操既是丞相，又是公，合起來當然就是「相公」了。可惜郭嘉死得早，不然……你能想像郭嘉見到曹操，一口一聲「相公」……那場景實在不忍想像……

不過這個詞僅出現在王粲的詩裡，實際生活中，曹操沒有使用。大概已經位極人臣，分茅列土，向來務實的曹孟德，沒有像劉備、孫權那樣囂張。

只是相公一詞的壽命相當短暫，王粲絞盡腦汁造出這個詞後沒幾個月，曹操就進爵為王，想必

「相公」也就壽終正寢了。直到日後司馬昭滅蜀漢，以相國身分進爵晉王，大臣們才依樣畫葫蘆，搞出一個同樣很短命的稱呼——相王。

曹操之後，劉裕、宇文泰也曾被稱為相公。到了唐、宋時期，相公逐漸成為宰相的專稱，算是徹底洗掉「篡位權臣」的汙點。與愈來愈走草根路線的主公相比，相公一度很高級。但所謂否極泰來、物極必反。到了宋、元時代，相公的含義變成今天最熟悉的「老公」意思。

再到明、清，相公居然成為男妓的專稱！相公聚集的地方被稱為「相公堂子」。「八大胡同」之一的韓家胡同，當年就是著名的相公堂子……

要是有機會在這些特殊時期面見曹操、劉備、孫權，記得要入鄉隨俗，叫相公、主公和至尊，不然他們會不爽。要是見到別人就算了，或者乾脆替他們取個新稱呼，什麼「總裁」、「總統」、「董事長」，全往他們臉上叫，興許他們一高興，你就從此飛黃騰達，在《三國志》裡入個列傳，名垂千古。

參考文獻

一、古籍

（一）《三國志》類（皆為晉陳壽撰、南朝宋裴松之注）

1. 百衲本，臺灣商務印書館一九八八年版。
2. 汲古閣本（毛本），日本早稻田大學藏。
3. 南監本（馮本），哈佛大學燕京圖書館藏。
4. 西爽堂本（吳本），易培基《三國志補注》底本，（臺北）藝文印書館一九五五年版。
5. 殿本（官本），（上海）五洲同文書局一九〇三年版。
6. 中華書局標點本，陳乃乾校點，中華書局一九五九年版。
7. 中華書局標點本，陳乃乾校點，中華書局一九八二年版。
8. 簡體字本，陳乃乾校點，王秀梅等校訂，中華書局二〇〇〇年版。
9. 岳麓本，吳金華校點，岳麓書社二〇〇二年版。

（二）《三國志》注釋類

1. 劉路集釋：《三國志蜀書集釋》，未刊。
2. 盧弼集解：《三國志集解》（影印本），古籍出版社一九五七年版。
3. 盧弼集解，三國志吧點校小組校點：《三國志集解》，二〇一一年。
4. 盧弼集解，錢劍夫整理：《三國志集解》，上海古籍出版社二〇〇九年版。
5. 〔清〕梁章鉅撰，楊耀坤校：《三國志旁證》，福建人民出版社二〇〇〇年版。
6. 易培基注：《三國志補注》，（臺北）藝文印書館一九五五年版。
7. 趙幼文校箋，趙振鐸等整理：《三國志校箋》，巴蜀書社二〇〇一年版。
8. 楊耀坤、揭克倫校注：《今注二十四史·三國志》，巴蜀書社二〇一三年版。
9. 繆鉞主編：《三國志選注》，中華書局一九八四年版。
10. 方北辰譯注：《三國志全本今譯注》，陝西人民出版社二〇一一年版。
11. 吳金華：《三國志校詁》，江蘇古籍出版社一九九〇年版。
12. 吳金華：《三國志叢考》，上海古籍出版社二〇〇〇年版。

（三）史部類

1. 〔漢〕班固撰，〔唐〕顏師古注：《漢書》，中華書局一九六二年版。
2. 〔南朝宋〕範曄撰書，〔晉〕司馬彪撰志，〔唐〕李賢等注書，〔梁〕劉昭注志：《後漢書》，中華書局一九六五年版。

3.〔唐〕房玄齡等：《晉書》，中華書局一九七四年版。
4.〔梁〕沈約：《宋書》，中華書局一九七四年版。
5.吳士鑒、劉承幹注：《晉書斠注》，中華書局二〇〇八年版。
6.〔梁〕蕭子顯：《南齊書》，中華書局一九七二年版。
7.〔宋〕歐陽修、宋祁撰，〔宋〕董沖釋音：《新唐書》，中華書局一九七五年版。
8.周天遊校注：《八家後漢書輯注》，上海古籍出版社一九八六年版。
9.〔宋〕司馬光撰，〔元〕胡三省注：《資治通鑑》，中華書局二〇一二年版。
10.〔晉〕習鑿齒撰，黃惠賢校補：《校補襄陽耆舊記》，中州古籍出版社一九八七年版。
11.〔晉〕常璩撰，任乃強校注：《華陽國志校補圖注》，上海古籍出版社一九八七年版。
12.〔晉〕常璩撰，劉琳校注：《華陽國志校注》（修訂版），成都時代出版社二〇〇七年版。
13.〔清〕馮蘇：《滇考》，影印文淵閣四庫全書本。
14.由雲龍編：《滇錄》，雲南省教育會，一九三三年。
15.熊明輯校：《漢魏六朝雜傳集》，中華書局二〇一七年版。
16.〔宋〕唐庚：《三國雜事》，影印文淵閣四庫全書本。
17.〔明〕何宇度：《益部談資》，影印文淵閣四庫全書本。
18.〔清〕孫星衍等輯，周天遊點校：《漢官六種》，中華書局一九九〇年版。
19.〔唐〕杜佑：《通典》，中華書局一九八八年版。
20.〔唐〕李林甫等撰，陳仲夫點校：《唐六典》，中華書局二〇一四年版。

21. 〔清〕楊晨：《三國會要》，中華書局一九五六年版。
22. 〔清〕錢儀吉：《三國會要》，上海古籍出版社一九九一年版。
23. 〔北魏〕酈道元撰，陳橋驛校正：《水經注校證》，中華書局二〇〇七年版。

（四）子部類

1. 〔漢〕應劭撰，王利器校注：《風俗通義校注》，中華書局二〇一〇年版。
2. 〔漢〕蔡邕：《獨斷》，影印文淵閣四庫全書本。
3. 〔漢〕桓譚撰，朱謙之校輯：《新輯本桓譚新論》，中華書局二〇〇九年版。
4. 〔晉〕張華撰，范寧校證：《博物志校證》，中華書局一九八〇年版。
5. 〔唐〕徐堅等撰：《初學記》，中華書局二〇〇四年版。
6. 〔宋〕樂史撰，王文楚等點校：《太平御覽》，中華書局二〇〇七年版。
7. 〔南朝宋〕劉義慶撰，〔梁〕劉孝標注，餘嘉錫箋疏：《世說新語箋疏》，中華書局二〇一六年版。
8. 〔南朝宋〕劉義慶撰，〔梁〕劉孝標注，龔斌校釋：《世說新語校釋》，上海古籍出版社二〇一一年版。
9. 周興陸輯著：《世說新語彙校匯注匯評》，鳳凰出版社二〇一七年版。
10. 《漢魏六朝筆記小說大觀》，上海古籍出版社一九九九年版。

（五）集部類

1.〔漢〕諸葛亮撰，段熙仲、聞旭初編校：《諸葛亮集》，中華書局一九六〇年版。
2.〔漢〕諸葛亮撰，李伯勳箋論：《諸葛亮集箋論》，陝西人民出版社一九九七年版。
3.〔漢〕王粲撰，俞紹初校點：《王粲集》，中華書局一九八〇年版。
4.〔清〕嚴可均輯，許振生審定：《全後漢文》，商務印書館一九九九年版。
5.〔清〕嚴可均輯，馬志偉審定：《全三國文》，商務印書館一九九九年版。

二、專著

（一）訓詁類

1. 吳金華：《古文獻研究叢考》，江蘇教育出版社二〇〇〇年版。
2. 吳金華：《古文獻整理與古漢語研究》，江蘇古籍出版社二〇〇一年版。

（二）傳記類

1. 王瑞功主編：《諸葛亮研究集成》，齊魯書社一九九七年版。
2. 王瑞功主編：《諸葛亮志》，山東人民出版社二〇〇九年版。
3. 朱大渭、梁滿倉：《諸葛亮大傳》，中華書局二〇〇七年版。
4. 余明俠：《諸葛亮評傳》，南京大學出版社二〇一一年版。

5.（日）內藤湖南著，崔金英、李哲譯：《外國人眼中的中國人：諸葛亮》，東方出版社二〇一四年版。
6.舒躍育：《天命可違——諸葛亮行為決策的心理傳記學分析》，清華大學出版社二〇一八年版。
7.楊耀坤、伍野春：《陳壽裴松之評傳》，南京大學出版社一九九八年版。

（三）專著類

1.田余慶：《秦漢魏晉史探微》（重訂本），中華書局二〇一一年版。
2.周一良：《魏晉南北朝史論集》，北京大學出版社一九九七年版。
3.安作璋、熊鐵基：《秦漢官制史稿》，齊魯書社二〇〇七年版。
4.洪武雄：《蜀漢政治制度史考論》，（臺北）文津出版社二〇〇八年版。
5.牛潤珍：《漢至唐初史官制度的演變》，河北教育出版社一九九九年版。
6.高敏主編：《中國經濟通史·魏晉南北朝卷》，經濟日報出版社一九九八年版。
7.彭信威：《中國貨幣史》，上海人民出版社二〇〇七年版。
8.葉世昌：《中國金融通史（第一卷）：先秦至清鴉片戰爭時期》，中國金融出版社一九九九年版。
9.陳彥良：《通貨緊縮與膨脹的雙重肆虐——魏晉南北朝貨幣史論》，（新竹）清華大學出版社二〇一三年版。

10. 黃冕堂編著：《中國歷代物價問題考述》，齊魯書社二〇〇七年版。
11. 《中國錢幣大辭典》編纂委員會編：《中國錢幣大辭典·秦漢編》，中華書局，二〇〇三年版。
12. 《中國錢幣大辭典》編纂委員會編：《中國錢幣大辭典·魏晉南北朝隋編、唐五代十國編》，中華書局二〇〇三年版。
13. 上海博物館青銅器研究部編：《上海博物館藏錢幣·魏晉隋唐錢幣》，上海書店出版社一九九四年版。
14. 葛劍雄：《中國人口史（第一卷）：導論、先秦至南北朝時期》，復旦大學出版社二〇〇二年版。
15. 盧嘉錫總主編，丘光明等著：《中國科學技術史（第二十四卷）：度量衡卷》，科學出版社二〇〇一年版。
16. 王凱旋：《秦漢社會生活四十講》，九州出版社二〇〇八年版。
17. 吉常宏、吉發涵：《古人名字解詁》，語文出版社二〇〇三年版。
18. 譚良嘯、方北辰主編：《走進成都武侯祠一百問》，成都時代出版社二〇一五年版。
19. 羅開玉：《三國南中與諸葛亮》，四川科學技術出版社二〇一四年版。
20. 方北辰：《一個成都學者的精彩三國》，成都時代出版社二〇一五年版。
21. 桓大司馬（彭治宇）：《宿命三國》，九州出版社二〇一八年版。
22. 黃粱（朱峰）：《三國春秋筆法》，未刊。

23.章太炎著，朱維錚點校：《章太炎全集》第三卷，上海人民出版社二〇一四年版。

三、論文

（一）訓詁類

1.吳金華：《〈三國志〉解詁》，《南京師大學報》（社會科學版）一九八一年第三期，第五五～六〇頁。
2.吳金華：《〈三國志〉拾詁》，《南京師大學報》（社會科學版）一九八五年第三期，第四七～五五頁。
3.吳金華：《〈三國志〉拾詁（續）》，《南京師大學報》（社會科學版）一九八七年第一期，第八二～八八頁。
4.吳金華：《〈三國志校詁〉訂補》，《文教資料》一九九六年第二期，第七四～八一頁。
5.吳金華：《〈三國志校詁外編〉補正》，《文教資料》一九九六年第六期，第九一～九七頁。
6.吳金華：《〈三國志〉考釋》，《南京師大學報》（社會科學版）一九八三年第一期，第七二～七八頁。
7.吳金華：《〈三國志〉待質錄（三）》，《文教資料》一九九八年第四期，第八六～九四頁。

8.吳金華：《〈三國志整理研究長編〉摘錄》，《文教資料》二〇〇一年第六期，第一〇八～一一三頁。

9.吳金華、蘇傑：《易氏〈三國志補注〉評述》，《復旦學報》（社會科學版）二〇〇〇年第六期，第一一七～一二三、一三二頁。

（二）專論類

1.方北辰：〈三國志各卷導讀〉，《成都大學學報》（社科版）二〇〇九年第六期，第六～九四頁。

2.方北辰：〈劉備遺囑問題再考察〉，《成都大學學報》（社科版）二〇〇八年第六期，第一六～二八頁。

3.方北辰：《〈三國志·蜀書·諸葛亮傳〉箚記》，《成都大學學報》（社科版）二〇〇六年第六期，第二〇～二八頁。

4.梁滿倉：〈諸葛玄死於西城考〉，《湖北文理學院學報》二〇一三年第九期，第一八～二一頁。

5.余明俠：〈關於諸葛亮「好為〈梁父吟〉」一事的辨析〉，《徐州師範學院學報》一九九一年第二期，第五二～五七頁。

6.劉治立：《〈正葛〉與〈思葛〉：章炳麟的諸葛亮論述評》，《成都大學學報》（社科版）二〇〇三年第二期，第五三～五五頁。

7. （日）柿沼陽平：〈蜀漢的軍事最優先型經濟體系〉，《史學月刊》二〇一二年第九期，第二八～四二頁。

8. 朱安祥：《魏晉南北朝貨幣研究》，博士學位論文，鄭州大學歷史學院，二〇一八年。

9. 朱成實：《魏晉南北朝惡錢研究——兼及實物貨幣的流通及其質劣化》，博士學位論文，上海師範大學人文與傳播學院，二〇一六年。

10. 張勳燎：〈從考古發現材料看三國時期的蜀漢貨幣〉，《四川大學學報》（哲學社會科學版）一九八四年第一期，第七〇～七六頁。

11. 朱活：《談三國蜀漢錢》，《四川文物》一九九〇年第三期，第三九～四五頁。

12. 藍蔚：〈武昌任家灣六朝初期墓葬清理簡報〉，《文物參考資料》一九五五年第十二期，第六五～七三頁。

13. 劉林：〈江西南昌市東吳高榮墓的發掘〉，《考古》一九八〇年第三期，第二一九～二二八、二九六～三〇〇頁。

14. 熊亞雲、丁堂華：〈湖北鄂城四座吳墓發掘報告〉，《考古》一九八二年第三期，第五七～二六九、三四三～三四四頁。

15. 陳顯雙：〈四川崇慶縣五道渠蜀漢墓〉，《文物》一九八四年第八期，第四六～四八頁。

16. 張才俊：〈四川忠縣塗井蜀漢崖墓〉，《文物》一九八五年第七期，第四九～九五、九七、九九～一〇六頁。

17. 趙新來：〈河南澠池宜陽兩縣發現大批古錢〉，《考古》一九六五年第四期，第二一三～二一四頁。
18. 張典維：〈湖北長陽縣發現一批窖藏古錢〉，《文物》一九七七年第三期，第七六～七八頁。
19. 劉和惠：〈江蘇丹徒東晉窖藏銅錢〉，《考古》一九七八年第二期，第一三〇～一三五頁。
20. 紹興縣文物管理委員會：〈浙江紹興縣出土一批窖藏古錢〉，《考古》一九七九年第六期，第五六八頁。
21. 江建、謝四海、余夏紅、徐勁松：〈六朝武昌城護城壕出土錢幣及相關問題探討〉，《湖北錢幣專刊》（第四期），二〇〇五年十月，第八～一一頁。
22. 安徽省文物考古研究所、馬鞍山市文化局：〈安徽馬鞍山東吳朱然墓發掘簡報〉，《文物》一九八六年第三期，第一～一五、九七～一〇四頁。
23. 費小路：〈三國吳朱然墓出土錢幣〉，《江蘇錢幣》二〇一一年第四期，第一一～一五頁。
24. 莫洪貴：〈四川威遠出土大量「直百五銖」錢〉，《文物》一九八一年第十二期，第五一～五三頁。
25. 曾詠霞、丁武明：〈成都彭縣出土「直百五銖」窖藏錢幣——兼談「蜀五銖」與「直百五銖」〉，《中國錢幣》二〇〇七年第二期，第一九～二三、七九～八〇頁。
26. 陳顯雙：〈成都市出土「太平百錢」銅母范——兼談「太平百錢」的年代〉，《文物》一九八一年第十期，第五五～五七期。
27. 管維良：〈張魯不是「太平百錢」的鑄主〉，《文物》一九八二年第十期，第七二頁。

28.管維良：〈「太平百錢」的鑄行問題〉，《重慶師院學報》（哲學社會科學版）一九八五年第一期，第四四～四七頁。
29.楊榮新：〈「太平百錢」鑄地及年代考〉，《四川文物》一九八七年第一期，第一一～一四頁。
30.劉學梓：〈也談「太平百錢」的鑄主問題〉，《文物春秋》一九九一年第三期，第一九、二九～三一頁。
31.余林森、徐勁松、余夏紅、謝四海：〈湖北鄂州新見太平百金及相關問題探討〉，《湖北錢幣專刊》（總第六期），二〇〇七年十二月，第九〇～九三頁。
32.陳鋼：〈「定平一百」鑄地及年代考〉，《四川文物》一九九二年第六期，第五〇、五一～五三頁。
33.曾詠霞：〈成都小南街遺址出土的直書漢興錢〉，《中國錢幣》二〇〇二年第二期，第四七～四九頁。
34.陳忠海：〈漢末三國的「貨幣戰爭」〉，《中國發展觀察》二〇一五年第一期，第九五～九六頁。
35.繆鉞：〈成都設錦官始於蜀漢〉，《成都晚報》一九六二年七月十二日。
36.劉偉航：〈試論西晉政權在平吳前的對蜀政策〉，《南充師院學報》（哲學社會科學版）一九八二年第四期，第八二～八五、九三頁。
37.李文才：〈兩晉、劉宋統治益、梁政策之異同〉，《漢中師範學院學報》（社會科學版）二〇〇〇年第四期，第二一～二六頁。
38.胡曉明：〈「蜀無史官」之議述評〉，《南京曉莊學院學報》二〇一〇年第五期，第一一四～一一七頁。
39.周景勇：《東漢政治與史學》，碩士學位論文，河北師範大學歷史文化學院，二〇〇八年。
40.杜鑫：《三國史官制度研究》，碩士學位論文，蘭州大學歷史文化學院，二〇一二年。

後記

中國歷史上的人物，我最喜愛與敬重者有兩人，一為岳飛，一為諸葛亮。一個是武將而有文采，一個是文臣而有武略。更重要者，他們一樣鞠躬盡瘁，一樣精忠報國；當然，也一樣壯志未酬，長使英雄淚滿襟。

諸葛亮是中國歷史上的標籤式人物，聰明、公正、忠義、簡樸、廉潔……幾乎所有的傳統美德都可以做為標籤貼在他身上。

一個人身上被貼的標籤太多，太完美，就不真實；不真實，就容易招人厭煩。加之《三國演義》「狀諸葛之多智而近妖」，近代以來，愈來愈多人開始討厭諸葛亮。自民國大家章太炎，至今日坊間網文，「黑諸葛」成為一種時尚。更有甚者，把黑不黑諸葛和懂不懂三國畫上了等號。

這是好事，也是壞事。

說是好事，是大家早已厭惡了不真實的歷史，希望看到真相。大家打破權威，不再盲目崇拜「聖壇」上的「神諸葛」，而是相信自己獨立思考的判斷。

說是壞事，是「黑諸葛」往往黑不到點上，「鞠躬盡瘁」成為「權欲旺盛」，「死而後已」變成「專斷獨裁」，甚至連某些歷史學者都慌裡慌張、粗糙地逼諸葛亮「走下聖壇」。人云亦云中，正能量的東西逐漸被抹殺，負能量的東西卻被人們津津樂道。

還是那句話，諸葛亮是人，不是神，他有毛病，不完美，這是人之常情；但在近二千年的「造神運動」中，他之所以被抬上神壇，正是因為身上有那些不可磨滅的閃光點。一味抹黑諸葛亮是不客觀的。

當然，諸葛亮所處的時代是中國的中古時期。三國時代，因為戰爭環境和社會經濟發展階段的問題，全國各地區普遍剝削嚴重，生活在中古時期的諸葛亮不可能跳脫這個大環境。與曹魏和東吳相比，蜀漢（包括諸葛亮執政時期）絕不可能是什麼世外桃源、人間天堂。因此，一味吹捧諸葛亮也不客觀。

一九九四年，《三國演義》電視劇首播，算是我真正接觸三國的開始。只不過當時才上小學不久，年齡太小，比起電視劇裡的家國天下、愛恨情仇，紅白機和街機裡的三國遊戲反而更讓人感興趣。

我正式讀《三國演義》原著的時間比較晚，已經是國中。那時和絕大多數人一樣，對「多智近妖」的諸葛亮極為崇拜。直到高中時，我還在隨筆裡寫道：「看諸葛亮用計簡直是享受。」

那個年代還沒有《明朝那些事兒》，書店裡的歷史書幾乎都是一本正經的學術專著，像我這種沒事會跑去翻幾頁《全球通史》的學生都已經少得可憐；那個年代也沒有社群軟體，甚至連一些討論三國的元老級部落格還無處可尋，而那個用《水滸傳》場面剪出《西遊記》神片頭的「三國藝苑」也還沒有出世，電腦上網更是被家長嚴格控制。

對一群以考試為己任的高中生來說，給武將、謀士排名幾乎成為班裡三國愛好者的最大樂趣。各種遊戲裡，智力一百的諸葛亮當然是大家頂禮膜拜的大神。後來上了大學，沒有考試包袱，又趕上通俗講史方興未艾，網路論壇百廢待興，於是我的關注點逐漸從演義轉向歷史。

二十一世紀初的網路，翻案風尤甚，不僅過去壞的能被翻成好的，以前善的也往往被翻成惡的。一方面，是隋煬大帝成為千古一帝，「臣構」成為中興令主、崇禎更是生不逢時；另一方面，則是岳飛該殺、袁崇煥該死。不可避免的，過去被抬上神壇的諸葛亮自然成為被「翻」的對象，像諸葛亮借刀殺關羽這種觀點，幾乎成為一個初級網路三國愛好者的必備修養。

用《諸葛亮全傳》的作者楊益的話說，今天看來，那些都是「二十一世紀初網路剛興起時的陳芝麻爛稻草，然後再假設讀者的水準往前退二十年」。

又過了兩年，百家講壇出了易中天教授的《品三國》。雖然這節目爭議極大，但不得不承認，這是第一次把三國歷史研究的部分學術成果，大規模通俗化地展現給大眾。當時我們這些小白觀眾都很震驚，反應幾乎一樣：原來三國可以這樣讀。

特別是《品三國》會告訴你這是誰的觀點，是哪本著作或哪篇論文裡提到。感興趣的人自然可以按圖索驥去找原著來讀，成為許多人讀三國的反曲點。我也是從這時開始逐漸脫離網路文學，真正去閱讀古籍原典、學術專著和論文，真的開始走進三國。

那個曾經被我崇拜又被「遺棄」的諸葛亮，重新映入眼簾。

如實說，三國的人物裡，我喜歡過《三國演義》裡足智多謀的諸葛孔明，崇拜過「對酒當歌，人生幾何」的真性情曹老闆，佩服過白手起家、「折而不撓」的劉皇叔，但轉了一圈，最敬愛者仍是歷史上這位「鞠躬盡瘁，死而後已」的諸葛丞相。

人格魅力可以穿越歷史、穿越時空。

或許正是因為有過這樣的經歷，無論是一味吹捧諸葛亮，還是一味抹黑諸葛亮，我都能夠理解他們的心態。

多年以來，我一直打算為諸葛亮寫一部比較嚴肅的歷史傳記，再寫一部以諸葛亮為主角的歷史小說。這算得上是個大工程，也必然需要充足準備。這些年我對三國史料做了大量的爬梳，準備整理出一部《三國志集釋》和《漢晉長編》，不過至今只完成前一個目標當中《蜀書》的全部內容和《魏書》的部分內容。

這本小書的正文部分是根據我在二〇一八年底錄製的音訊課程《跟諸葛亮學人生布局》整理而成。文字比較淺顯，展現出諸葛亮的一生。

當然，既然叫《究竟諸葛亮：鴻圖之下臥龍世代》，那麼除了諸葛亮，自然還要有「世代」。眾所周知，由於《三國志》太過簡練，魏、晉典籍散佚嚴重，地下出土文獻有限，三國史料一直比較稀缺。特別是蜀漢，史料極為缺乏。雖然如此，我們仍能從有限的素材中，看到蜀漢王朝模糊的輪廓：

有理想與奮鬥的一面，從劉備的「折而不撓」，到諸葛亮、姜維的北伐自不用多論；有仁厚包容的一面，無論是劉備的少殺之於曹操、孫權的好殺，還是諸葛亮的罷廢李嚴之於司馬懿、孫權的動輒夷三族；然而，也有殘忍的一面：文化單調，貨幣貶值，戰爭不斷，這些又是我們不得不面對的歷史。

本書附錄一主要以嚴肅的文字講述蜀漢的經濟情況，由此或許也能感受到蜀漢子民的真實處境。

附錄二不僅涉及「諸葛亮不設史官，是否因為害怕史書對自己不利」這個很多人非常熱衷討論的問題，而且推測了蜀漢史料稀缺的原因。雖然這篇文章說的僅是史官制度，但多少能呈現出蜀漢文化貧瘠的狀態，並初步探索形成這種狀態的原因。

這兩篇正好趕在出版之前完成，因此一併附於書後，做為「諸葛亮世代」的相關內容。其實還有一篇〈蜀漢中都護及統內外軍事的職責、性質與地位〉，全面梳理李嚴擔任的中都護、統內外軍事的沿革、演變和職權，也涉及「李嚴是不是元帥」、「諸葛亮有沒有奪李嚴兵權」的問題。不過由於篇幅較長，而且內容相對枯燥，這次就沒有附在書裡。

附錄三是錄製節目時應約寫的；附錄四是以前籌備《三國穿越指南》時寫的。因為涉及的話題有趣，也一併附錄於本書。

希望這樣的努力能夠讓我們接近一個更加真實的「諸葛亮」。

不過，全書稿件基本都是多年前完成，今天看來，內容仍然不甚嚴謹，甚至有不少地方值得商榷。例如軍事地理方面，我曾提過武功水運糧，也曾引用過西漢武都大地震的觀點。不過，專注於軍事地理的賽百浪子就指出武功水無法運糧；還有西漢武都大地震說也不斷受到學者質疑。

又如文獻方面，最近也有研究者提出通行的《諸葛亮集》其實問題極多，應當在嚴格的考據下出一個新的輯本。

又如現在的人們一聊到蜀史，幾乎都離不開田余慶先生的三大地域集團的框架。但這些集團是否真實存在，或者即便存在是緊密還是鬆散，是否真的發揮那麼大的作用，包括李嚴的身分和地位問題，在史料稀缺的情況下，確實難以給出令人滿意的答案。

此外若考慮到三國時期商品經濟的不發達，附錄一裡對於直百五銖對經濟的破壞性，可能也做了過高的估計，儘管這種破壞的程度依然不輕。還有一些個人觀點，現在看來還是有點輕率，例如魯肅見到劉備的「民心紅利」、常房事件中的李嚴陰謀等。

不過鑑於書稿既然已經自成體系，這次出版時就沒有做更大的修改，也算是基本保持二〇一八年時的「歷史原貌」。在中國歷史的漫漫長河中，三國是個非常短暫的時代。當我們把「三國」放在更長遠的歷史中觀察時，許多問題的答案才會變得更加清晰和廣闊。關於這些觀點和內容，我會寫在新書裡。

總之，本書還相當不完善，希望廣大朋友悉心指正，不吝賜教。這裡，首先要感謝好友安玉霞，感謝東方出版社的徐立頻老師。

因為你們的幫助與支持，才有了這部課、這部書。感謝張永俊、李森兩位編輯老師為此書付梓付出的大量心血。感謝掌閱的溫鐵軍老師、攝影師張旭明老師、音訊剪輯小馬老師為音訊課程所做的大量工作。感謝好友黃粱兄、王功兄，以及「劉史君歷史群」裡的朋友們（請自動對號入座），課程與圖書的內容中，有不少源自你們的幫助與啟發。最後，感謝我的父母，感謝愛妻李田燕和女兒小米樂，感謝家人一如既往的支持。

劉路

二〇二二年六月二十八日

HISTORY 122

究竟諸葛亮：鴻圖之下臥龍世代

作　者—劉路
副總編輯—邱憶伶
責任編輯—陳映儒
封面設計—兒日
內頁設計—張靜怡

董事長—趙政岷
出版者—時報文化出版企業股份有限公司
一〇八〇一九臺北市和平西路三段二四〇號三樓
發行專線—（〇二）二三〇六—六八四二
讀者服務專線—〇八〇〇—二三一—七〇五
（〇二）二三〇四—七一〇三
讀者服務傳真—（〇二）二三〇四—六八五八
郵撥—一九三四四七二四時報文化出版公司
信箱—一〇八九九臺北華江橋郵局第九九信箱
時報悅讀網—http://www.readingtimes.com.tw
電子郵件信箱—newstudy@readingtimes.com.tw
時報出版愛讀者粉絲團—https://www.facebook.com/readingtimes.2
法律顧問—理律法律事務所　陳長文律師、李念祖律師
印刷—勁達印刷有限公司
初版一刷—二〇二三年十月二十日
定價—新臺幣四六〇元
（缺頁或破損的書，請寄回更換）

時報文化出版公司成立於一九七五年，
一九九九年股票上櫃公開發行，二〇〇八年脫離中時集團非屬旺中，
以「尊重智慧與創意的文化事業」為信念。

究竟諸葛亮：鴻圖之下臥龍世代／劉路著. -- 初版. -- 臺北市：時報文化出版企業股份有限公司, 2023.10
368面；14.8×21公分. --（History；122）
ISBN 978-626-374-434-9（平裝）

1. CST：（三國）諸葛亮　2. CST：傳記

782.823　　112016303

ISBN 978-626-374-434-9
Printed in Taiwan